Schriftenreihe
der Juristischen Schulung

Geschäftsführender Herausgeber
Rechtsanwalt Dr. Hermann Weber

Heft 12

Die Strafrechtsklausur

von

Dr. Gunther Arzt

o. Professor an der Universität Erlangen

2. Auflage

C.H.BECK'SCHE VERLAGSBUCHHANDLUNG
MÜNCHEN 1975

CIP-Kurztitelaufnahme der Deutschen Bibliothek

Arzt, Gunther
Die Strafrechtsklausur.
   (Schriftenreihe der Juristischen Schulung;
   H. 12)
   ISBN 3 406 04391 7

ISBN 3 406 04391 7
Druck der C. H. Beck'schen Buchdruckerei Nördlingen

Vorwort zur 2. Auflage

Durch einen unveränderten Nachdruck der 1. Auflage war es möglich, die 2. Auflage verhältnismäßig lange hinauszuzögern. Dies schien mir wünschenswert, weil in der 1. Auflage der Allgemeine Teil des Strafgesetzbuches in der seit 1. 1. 1975 geltenden *und* der früheren Fassung zitiert war, und eine zu rasche Umstellung ausschließlich auf die neue Paragraphenfolge didaktisch nicht sinnvoll erschien.

In der 2. Auflage sind insbesondere die umfangreichen Änderungen der Rechtslage berücksichtigt, die durch das – irreführend als „Einführungsgesetz zum Strafgesetzbuch (EGStGB)" bezeichnete – Reformgesetz vom 2. 3. 1974 eingetreten sind. Rechtsprechungs- und Literaturhinweise sind auf den Stand vom 1. 4. 1975 gebracht und neue oder veränderte Beispiele machen den Leser auf die wichtigsten Änderungen der Rechtslage besonders aufmerksam. Das Auffinden der Verweisungen innerhalb des Buches ist durch die Aufnahme der nun mehr als 100 Beispiele in in die Kolumnentitel erleichtert worden.

Über die *Zielsetzung des Buches* informiert der anschließend wiedergegebene Ausschnitt aus dem Vorwort zur 1. Auflage.

Dres. Werner Beulke und *Thomas Hillenkamp* danke ich insbesondere für zahlreiche Anregungen, die Hilfe bei der Umstellung auf die neue Rechtslage und die Anfertigung der Register.

Erlangen, den 15. 6. 1975   *Gunther Arzt*

Aus dem Vorwort zur 1. Auflage:

Die Ausführungen wenden sich an Anfänger und Fortgeschrittene. Das bedarf der Erklärung, zumal diese Zielrichtung von der abweicht, die *Diederichsen* mit der BGB-Klausur (erschienen als Bd. 1 in derselben Schriftenreihe) verfolgt. Für den Anfänger sind insbesondere der 1. und 2. Teil und die Aufbauhinweise im 6. Teil gedacht. Was zu Sachverhaltsauslegungs- und Sachverhaltsproblemen (3. bzw. 4. Teil) gesagt wird, soll den Anfänger von vornherein von der Gleichsetzung eines Rechtsproblems mit einem Theorienstreit und der Fixierung auf Theorien abhalten. Dem Abschnitt I im 5. Teil (Ausgetragene Probleme und Randprobleme) wird der Anfänger – vielleicht zu seiner Verblüffung – entnehmen, daß vieles, was er lernt, in einer Klausurlösung nichts zu suchen hat. Das Kapitel soll ihm helfen, zu verstehen, warum er solche Fragen trotzdem lernen sollte. Angesichts dieser Zielrichtung schadet es nichts, daß der Anfänger im 3. bis 5. Teil durch die Beispiele – die Examensaufgaben entnommen sind – häufig überfordert sein wird. Den Abschnitt II des 5. Teils (Hauptprobleme) sollte der Anfänger getrost ganz überschlagen.

Den *Fortgeschrittenen* möchte ich dagegen dringend bitten, seinerseits nicht zu überschlagen, was auch für den Anfänger gedacht ist. Die ganze Schrift durchzieht der Gedanke, daß die Hauptursache für schwache Examensleistungen nicht in unzulänglichem Wissen über Spezialfragen, sondern in Unsicherheit bei Grundfragen zu suchen ist. Dementsprechend habe ich mich nicht gescheut, *elementare Faustregeln* anzubieten. Ziel dieses Buches ist nicht, dem Leser die perfekte Klausur beizubringen. Mein Ziel ist vielmehr, dem Leser die bessere Klausur, also auch und gerade die Steigerung von unzulänglich auf ausreichend oder von ausreichend auf befriedigend zu ermöglichen.

Göttingen, den 15. Februar 1973   *Gunther Arzt*

Inhaltsverzeichnis

6. Teil. Aufbauprobleme

Abkürzungsverzeichnis

str. . . . . strittig
StA . . . . Staatsanwalt
StPO . . . . Strafprozeßordnung
StrafR . . . . Strafrecht
2. StrRG . . . . Zweites Strafrechtsreformgesetz vom 4. Juli 1969
s. u. . . . . siehe unten

u. . . . . unten
unstr. . . . . unstreitig

Var. . . . . Variante
Vorbem. . . . . Vorbemerkung
VStS . . . . Vereinigte Strafsenate

ZHR . . . . Zeitschrift für das Gesamte Handelsrecht und Wirt-
schaftsrecht
ZivilR . . . . Zivilrecht
ZPO . . . . Zivilprozeßordnung
ZStW . . . . Zeitschrift für die gesamte Strafrechtswissenschaft
z. T. . . . . zum Teil
zutr. . . . . zutreffend

Literaturverzeichnis

Atzler .... Strafrechtliche Grundfälle I, 29. Aufl., Bad Schussenried 1970

Baumann .... Grundbegriffe und System des Strafrechts, 4. Aufl., Stuttgart usw., 1972

Baumann .... Strafrecht, Allgemeiner Teil, 6. Aufl., Bielefeld 1974

Baumann-Arzt-Weber ...... Strafrechtsfälle und Lösungen, AT, 3. Aufl., Bielefeld 1970

Bockelmann .... Strafrecht, Allgemeiner Teil, München 1973

Diederichsen .... Die BGB-Klausur, 3. Aufl., München 1975.

Dreher .... Strafgesetzbuch, 35. Aufl., München 1975

Engisch .... Einführung in das juristische Denken, 5. Aufl., Stuttgart 1971

Fahse-Hansen .... Übungen für Anfänger im Zivil- und Strafrecht. Eine Anleitung zur Anfertigung von Klausuren und Hausarbeiten, Frankfurt a. M. 1974

Hassenpflug-Schwind-Bringewat Klausurenschreiben leicht gemacht, 5. Aufl., München 1974

Henkel .... Anleitung zur Bearbeitung strafrechtlicher Fälle, Salzgitter 1950

Hupe .... Das System der allgemeinen Strafrechtslehre. Aufbauschemen, Übersichten und Begriffsbestimmungen für die Bearbeitung praktischer Strafrechtsfälle, Marburg 1970

Jescheck .... Lehrbuch des Strafrechts, Allgemeiner Teil, 2. Aufl., Berlin 1972

Kern .... Anleitung zur Bearbeitung von Strafrechtsfällen, 7. Aufl., München 1970

Kern .... Strafrechtsfälle II (BT), 4. Aufl., München und Berlin 1967

Kern .... Rechtsfälle aus dem Strafprozeß, 3. Aufl., München 1969

Kern-Schmidhäuser .... Strafrechtsfälle I (AT), 7. Aufl., München 1975

Kienapfel .... Strafrechtsfälle. Anleitungen, Aufbaumuster, Falltechnik, 2. Aufl., Frankfurt 1971

Kuhnt .... Die Strafrechtsklausur in der großen juristischen Staatsprüfung, 2. Aufl., Berlin-Frankfurt 1952

Lackner .... Strafgesetzbuch, 9. Aufl., München 1975

Larenz .... Methodenlehre der Rechtswissenschaft, 2. Aufl., Berlin 1969

Laube-Wiefels .... Schaeffers Rechtsfälle VII, Strafrecht, Stuttgart-Düsseldorf 1974

LK .... Leipziger Kommentar zum Strafgesetzbuch, begründet von *Ebermayer, Lobe, Rosenberg*, 9. Aufl., Berlin ab 1970, hrsg. von *Baldus* und *Willms*

Maurach .... Deutsches Strafrecht
Allgemeiner Teil, 4. Aufl., Karlsruhe 1971
Besonderer Teil, 5. Aufl., Karlsruhe 1969

Maurach-Gössel .... Fälle und Lösungen nach höchstrichterlichen Entscheidungen – Strafrecht, 2. Aufl., Karlsruhe 1973

Mezger .... Strafrecht, Allgemeiner Teil. Ein Studienbuch, 9. Aufl., Berlin-München 1960

Mezger-Blei .... Strafrecht. Ein Studienbuch
Allgemeiner Teil, 15. Aufl., München 1973
Besonderer Teil, 9. Aufl., München und Berlin 1966

Otto .... Übungen im Strafrecht, Berlin-New York 1974

Peters .... Strafprozeß, 2. Aufl., Karlsruhe 1966

Petters-Preisendanz .... Praktische Strafrechtsfälle mit Lösungen, 13. Aufl., Berlin 1968

Petters-Preisendanz .... Praktische Strafprozeßfälle mit Lösungen, 8. Aufl., Berlin 1966

Roxin .... Strafprozeßrecht, Prüfe Dein Wissen, 5. Aufl., München 1974

Roxin-Schünemann-Haffke ... Strafrechtliche Klausurenlehre mit Fallrepetitorium, Köln-Berlin-Bonn-München 1973

Roxin-Stree-Zipf-Jung ...... Einführung in das neue Strafrecht, München 1974

Schmidhäuser .... Strafrecht, Allgemeiner Teil, Tübingen 1970

Schmidt, Eb. .... Das Strafrechtspraktikum. Anleitung zur Bearbeitung strafrechtlicher Fälle nebst Fallsammlung, 3. Aufl., Göttingen 1949

Schneider, E. .... Strafrechtliche Klausuren und Hausarbeiten in den Übungen und im Referendarexamen, unveränderter Nachdruck der 3. Aufl., Berlin-Frankfurt 1971

Schönke-Schröder, H. .... Strafgesetzbuch, 17. Aufl., München 1974

Schramm .... Klausurentechnik. Anleitung zum Abfassen von Examensklausuren für die erste juristische Staatsprüfung auf dem Gebiet des Bürgerlichen, des Straf- und des Öffentlichen Rechts mit Fällen und Lösungen, Köln-Berlin-Bonn-München 1973

Schroeder, F. C. .... Fälle mit Lösungen nach höchstrichterlichen Entscheidungen, Strafprozeßrecht, Karlsruhe 1969

Schröder, H. .... Urteilsanmerkungen. Frankfurt 1971

Schweichel-Schmidt .... Die strafrechtliche Klausur im Assessorexamen, Berlin-Frankfurt 1967

Schwerdtfeger .... Die öffentlichrechtliche Fallbearbeitung, 2. Aufl., München 1973

Stratenwerth . . . .   Strafrecht, Allgemeiner Teil, Berlin-Bonn-München
1971

Tiedemann . . . .   Fälle und Entscheidungen zum Strafrecht, Besonderer
Teil, Berlin 1970

v. Weber, H. . . . .   Anleitung für die Strafrechtsübung, Schloß Bleckede
a. d. Elbe 1952

Welzel . . . .   Das Deutsche Strafrecht, 11. Aufl., Berlin 1969

Werner, O. . . . .   20 Klausurenprobleme aus dem Strafrecht, Allgemeiner
Teil, 2. Aufl., Frankfurt 1973
40 Klausurenprobleme aus dem Strafrecht, Besonderer
Teil, Frankfurt-Berlin 1970

Wessels . . . .   Strafrecht, Allgemeiner Teil, 4. Aufl., Karlsruhe 1974

1. Teil. Einleitung

§ 1. Zweck und Methode des Buches

Mit Anleitungen zur Fallbearbeitung verhält es sich wie mit Kochbüchern. Obwohl es schon eine ganze Menge gibt,[1] erscheinen immer neue. Den Leser, der sich in dieser Situation fragt, ob er weiterlesen soll, möchte ich *für* die Lektüre gewinnen. Die vorliegende Darstellung schließt an die entsprechenden Anleitungen von *Diederichsen* zum bürgerlichen Recht und *Schwerdtfeger* zum öffentlichen Recht an.[2] Die dort gegebenen Hinweise helfen häufig auch bei Strafrechtsfällen. Nun bleiben Ratschläge zum Stil und zur Argumentationstechnik sowie Warnungen vor typischen Fehlern blaß, wenn sie nicht mit Beispielen untermauert werden. Der Wert der genannten Anleitungen liegt nicht zuletzt in der Illustration mit Beispielen. Deshalb werden anschließend zum Teil schon für zivil- oder öffentlichrechtliche Arbeiten gegebene Hinweise unter strafrechtlichem Blickwinkel an Hand strafrechtlicher Fälle wiederholt.

Was also erwartet den Leser? Keine ausgefallenen Rezepte. Es gibt Kochbücher, die die perfekte Küche für Feinschmecker lehren. Manchem Koch fehlen dafür die Zutaten – und die Begabung. Andere versuchen zu zeigen, wie man aus Wenigem noch eine brauchbare Mahlzeit macht. Auch eine Anleitung zur Fallbearbeitung kann primär den Studenten mit umfangreichem Wissen im Auge haben

---

[1] Nach 1945 erschienene Anleitungen und Fallsammlungen zum StrafR (genauere Titel im Literaturverzeichnis): *Atzler*, Grundfälle; *Baumann-Arzt-Weber*, Strafrechtsfälle AT; *Fahse-Hansen*, Übungen für Anfänger; *Hassenpflug-Schwind-Bringewat*, Klausurenschreiben leicht gemacht; *Henkel*, Anleitung; *Hupe*, Aufbauschemen; *Kern*, Anleitung; *ders.*, Strafrechtsfälle II; *Kern-Schmidhäuser*, Strafrechtsfälle I; *Kienapfel*, Strafrechtsfälle; *Kuhnt*, Strafrechtsklausur; *Laube-Wiefels*, Schaeffers Rechtsfälle; *Maurach-Gössel*, Fälle; *Otto*, Übungen; *Petters-Preisendanz*, Strafrechtsfälle; *Roxin-Schünemann-Haffke*, Klausurenlehre; *Eb. Schmidt*, Anleitung; *Schneider*, Die strafrechtliche Hausarbeit; *Schramm*, Klausurentechnik; *Schweichel-R. Schmidt*, Strafrechtliche Klausur im Assessorexamen; *Tiedemann*, Fälle BT; *v. Weber*, Anleitung; *O. Werner*, Klausurenprobleme. – An Aufsätzen ist insb. *Geerds*, JuS 1961, 360, 394; JuS 1962, 24, 70 zu nennen. Außerdem sind in jedem Jahrgang der JuS zahlreiche Fälle mit Lösungen abgedr. – Zum StrafprozeßR vgl. *Kern*, Rechtsfälle; *Petters-Preisendanz*, Strafprozeßfälle; *F. C. Schroeder*, Fälle. – Darüber hinaus gibt es zum Straf- und StrafprozeßR ein reichhaltiges Angebot an Problem- und Entscheidungssammlungen sowie schwerpunktbildender oder mehr oder weniger induktiver Darstellungen. Bes. zu nennen sind der „Studienkurs StrafR I–IV“, 1971ff. von *Eser* sowie der „Wiederholungs- und Vertiefungskurs, Strafrecht I“ von *Samson*, 1974. – Dieses Angebot überschneidet sich vielfach mit Anleitungen zur Fallbearbeitung und Fallsammlungen.

[2] *Diederichsen, Schwerdtfeger*, aaO.

und versuchen, ihm die perfekte Klausurtechnik beizubringen. Das *Elend der Musterlösungen* liegt darin, daß sie naturgemäß nach Vollkommenheit streben. Sie sind Muster für ein „sehr gut", das nur wenigen erreichbar ist und damit für viele Muster von nur beschränktem Wert. Mancher, der auf „ausreichend" sitzt, wünscht sich eine (für ihn erreichbare) musterhafte befriedigende Lösung. Dieser Wunsch ist nur schwer zu erfüllen. Im folgenden will ich versuchen, auch und gerade dem Studenten mit nur schwach durchschnittlichem Wissen dabei zu helfen, dieses Wissen anzuwenden, daraus das Beste zu machen.

Alle Ratschläge werden an Hand von Fällen verdeutlicht. Die Beispiele sind fast alle Examensfällen oder der Rechtsprechung entnommen. Auch Hausarbeiten sind (bei den Beispielen wie bei den Ratschlägen) berücksichtigt. Ein gewisses *Übergewicht der Klausuren* beruht einmal darauf, daß sich bei ihnen leichter eine Übersicht erlangen läßt, zum anderen darauf, daß das süddeutsche System (keine Hausarbeiten im Examen) im Vordringen begriffen ist.[3]

Es liegt nicht im Sinne dieser Anleitung, zu den *verschiedenen Prüfungsmodellen* Stellung zu nehmen. Wenigstens angedeutet werden soll, daß das norddeutsche Hausarbeitssystem angesichts der steigenden Zahl der Studenten und damit des zunehmenden Bedarfs an Examensaufgaben Gefahr läuft, daß dieselben Texte in immer rascherem Turnus ausgegeben werden und außerdem die Gleichgewichtigkeit der Aufgaben immer mehr verlorengeht. – Die Prüfungsordnungen der *einstufigen Juristenausbildung* verlassen sich mehr oder weniger auf ausbildungsbegleitende Leistungskontrollen. Das hat für den zum Studium zugelassenen Studenten sicher Vorteile. Angesichts des sich ausbreitenden numerus clausus ist die in dieser Form des Leistungsnachweises liegende Abriegelung gegen den Erwerb von Verständnis und Wissen außerhalb der Universität im Auge zu behalten. Eine intensive Abschlußprüfung, wie sie für das süddeutsche wie für das norddeutsche Prüfungssystem der zweistufigen Ausbildung charakteristisch ist, ist ihrem Wesen nach gegenüber der Möglichkeit aufgeschlossener, daß das für das Staatsexamen wesentliche Verständnis und Wissen „extern" erworben und dann in der Prüfung nachgewiesen wird. Natürlich ist das solange ohne Bedeutung, als jeder an einem juristischen Beruf Interessierte das für das Staatsexamen benötigte Wissen universitätsintern erwerben kann.

Wie bei den Anleitungen von *Diederichsen* und *Schwerdtfeger* sollen die Hinweise zur Anwendung des Wissens mit einer *Auffrischung des Wissens* verbunden werden. Das Ziel ist, daß am Ende der Darstellung die typischen examensverdächtigen Probleme aus dem allgemeinen und besonderen Teil des StGB angesprochen worden sind. Allerdings wird die gewohnte Gliederung, insbesondere die Aufteilung in AT/BT verlassen. Oft geht es bei einer Fallbearbeitung gerade darum, die Zusammenhänge von solchen Problemen zu erkennen, die man getrennt voneinander gelernt hat.

---

[3] So hat RhPf. mit Wirkung vom 1. 1. 1971 das süddt. System übernommen (Ges. v. 15. 7. 1970, GVBl S. 229).

§ 2. Wissen und Wissensanwendung, Formalien

Mit der Herstellung einer guten Ware ist es nicht getan. Sie muß auch vertrieben werden. Diese Selbstverständlichkeit wird immer wieder mißachtet, wenn es um den „Absatz" juristischen Wissens geht. Viele Studenten konzentrieren sich auf die „Herstellung", d. h. den Erwerb von Wissen. Der Vertrieb, d. h. die Anwendung des Erlernten, wird vernachlässigt. Wenn das Examen heranrückt, ist mancher bis zum Bersten gefüllt mit Wissen. Gerade im Strafrecht, dessen Stoffülle im Vergleich zum bürgerlichen und öffentlichen Recht begrenzt ist, sind meist recht gute Kenntnisse vorhanden. Es gilt, sie an den Mann zu bringen! Das setzt voraus, daß man die Frage erfaßt, d. h. Probleme, die man kennt, im Fall wiedererkennt. Erst dann kann man sinnvoll auf das Erlernte zurückgreifen. Wer statt dessen den Fall nur als Anregung auffaßt, mehr oder weniger ungezielt die Schleusen seines Wissens zu öffnen, wird trotz seitenlanger zutreffender Abhandlungen von Rechtsfragen nur ein bescheidenes Resultat erzielen. Gewiß gehören zum Gebiet der Wissensanwendung auch so primitive Ratschläge wie der, an die Aufmachung zu denken. Rechtschreibung und Zeichensetzung sollten sich einigermaßen im Rahmen des Herkömmlichen bewegen.[1] Besonders unerfreulich sind Fehler, die schlampige Lektüre des Gesetzes bezeugen, etwa, wenn sich jemand in einer Examenshausarbeit mit „Habgierde" i. S. des § 211 auseinandersetzt. Auch sollten die Namen von so verdienten Autoren wie etwa *Mezger* und *Hellmuth Mayer*, wenn sie zitiert werden, nicht verballhornt werden. Bei dem, der es tut, besteht die Vermutung, daß er die Autoren nicht gelesen hat.

Andererseits ist das juristische Staatsexamen weder eine Rechtschreibe- noch eine Stilprüfung. Das gilt insbesondere für Klausuren, bei denen der Verfasser unter Zeitdruck steht. Er kann hier darauf vertrauen, daß man seine Leistung nicht danach bemißt, ob er unerwünschte selbsterfundene Abkürzungen[2] oder unnötige Fremdworte[3] gebraucht. Auch wird immer wieder geraten, leserlich zu schreiben, die Seiten zu numerieren, einen Rand zu lassen – obwohl die Geduld der Leser (Prüfer) erfahrungsgemäß hier praktisch unbegrenzt ist. Zuzugeben ist, daß das alles Fragen von untergeord-

---

[1] Vgl. insb. *Kern*, Anleitung, S. 14 ff.

[2] Vor selbsterfundenen Abkürzungen warnt *v. Weber*, S. 19. Sie haben in der Tat ihre Tücken, so wenn in einer Examenshausarbeit die Ansicht des *BGH* und die „MM" miteinander konfrontiert werden. Ob MM für Mehrheits- oder Minderheitsmeinung oder Mittelmeinung stehen soll, kann sich der Leser aussuchen.

[3] So warnen z. B. *Kern*, Anleitung, S. 15, und *v. Weber*, S. 20, vor dem Fremdwort Idealkonkurrenz. Es versteht sich, daß die Verwendung eines so eingeführten Fremdwortes nicht als Minuspunkt gewertet werden darf.

neter Bedeutung sind.[4] Das gilt auch für den Gutachtenstil und den richtigen Gebrauch des Konjunktivs.[5] Da gerade bezüglich des Gutachten- bzw. Urteilsstils große Unsicherheit herrscht, werde ich darauf in Zusammenhang mit bestimmten Sachfragen zurückkommen, unten 2. Teil, § 5 2.

Die hier nachdrücklich betonte *Nebensächlichkeit von Formalien hat* allerdings auch *ihre Grenzen.*

Beispiel 1:

Wenn es in einer Examensarbeit heißt, „sicher wollte *T* nicht den Tod des *O*, aber es könnte dolus eventualis in Erwägung zu ziehen sein", ist zunächst einzuwenden, daß Vorsatz nicht in Betracht kommt, wenn *T* „sicher nicht" wollte. Hier mag man – jedenfalls bei einer sonst von elementaren Fehlern freien Arbeit – von bloßer Flüchtigkeit sprechen und unterstellen, daß der Verfasser sagen wollte, *T* wollte „nicht sicher". Auch dann ist die Formulierung unglücklich, denn die für die Abgrenzung der verschiedenen Vorsatzformen herangezogene Abstufung der „Sicherheit" betrifft das Wissenselement, nicht das Wollenselement des Vorsatzes.[6] – Das Beispiel zeigt die innige Verbindung sprachlicher und sachlicher Unklarheit.

Auch die wohlwollendste Auslegung hilft nicht weiter, wenn die Kausalität mit der Floskel bejaht wird, der Erfolg sei „mit einiger Sicherheit" auf die Handlung zurückzuführen.

Insbesondere den Verfassern von *Hausarbeiten* ist dringend zu raten, Formalien nicht allzusehr zu vernachlässigen. So kann man nicht von einer Auseinandersetzung mit Rechtsprechung und Literatur sprechen, wenn eine Examenshausarbeit so flüchtig gefertigt ist, daß die Hälfte aller Fußnoten einfach fehlt, oder wenn der Verfasser die Fundstellen in den Fußnoten nicht einsetzt, sich also durchweg mit *RGSt* (ohne Angabe von Band und Seite) oder *Schönke-Schröder* (ohne nähere Angaben) begnügt. In solchen – nicht seltenen! – Fällen schlägt der formale in einen sachlichen Mangel um. Ebenso ist es kein bloßer Schönheitsfehler, wenn in einer Hausarbeit *jede* Anmerkung mit dem Wörtchen „ähnlich" beginnt. *Für schwache Hausarbeiten ist der Übergang von stilistischen zu sachlichen Fehlern oft charakteristisch.* Es wäre leicht, das an Hand einzelner mißglückter Sätze oder an Hand völlig unbrauchbarer Hausarbeiten zu illustrieren. Die anschließende längere unveränderte Passage ist jedoch bewußt einer Examenshausarbeit entnommen, die an der unteren Grenze eines ausreichend lag.

Beispiel 2:

Hausarbeit Celle 1972: *A, B* und *C* führen vereinbarungsgemäß einen Kfz-Diebstahl so durch, daß *A* und *B* den Pkw aufbrechen und ihn in die Garage des *C* fahren,

---

[4] Ausf. dazu *Kern*, Anleitung, S. 14 ff.

[5] Treffend *Grunsky*, JuS 1972, 29, 32 (Beckmessereien).

[6] Vgl. § 16 E 62: „Vorsätzlich handelt . . ., wer weiß oder als sicher voraussieht, daß er den gesetzlichen Tatbestand verwirklicht, oder wer die Verwirklichung für *möglich* hält und sich mit ihr abfindet." Näher zur Abgrenzung *Baumann*, AT § 26 III 2 b m. Nachw.

wo *C* die Kennzeichen auswechselt. Beim Überqueren der Grenze (Verkauf sollte im Ausland erfolgen) wird *A* mit dem Pkw gestellt. – Der Kandidat bejaht Bandendiebstahl durch *A/B* als Mittäter (Bandendiebstahl, weil weitere Diebstähle vorgesehen waren) und prüft, ob *C* Beihilfe geleistet hat, indem er *A/B* die Garage zur Verfügung stellte und die Schilder auswechselte.

Und hier der wörtliche Auszug aus der Hausarbeit: „Es stellt sich die Frage, ob der Diebstahl nicht schon vorher beendet war; man wird dem entgegenhalten können, daß die Wegnahme dieses Diebstahls, in jedem Fall aber das Entfernen vom Tatort und Unterschlüpfen unbemerkt geblieben ist. Es bestand also zu keinem Zeitpunkt die Gefahr, erkannt worden zu sein, evtl. also die gewisse Sicherung des Gewahrsams schon zu diesem Zeitpunkt gegeben war. Der Sachverhalt gibt keine Auskunft über örtliche und zeitliche Verhältnisse der Tat, es ist jedoch gerade beim Diebstahl eines Pkws zu bedenken, daß dieser durch Größe des Objekts, aber vor allem durch seine amtlichen Kennzeichen immer der Gefahr der Entdeckung ausgesetzt ist. Der Sachverhalt gibt ebensowenig Auskunft, ob der Diebstahl selbst schon entdeckt oder ebenso, wie die Flucht und das Unterschlüpfen unbemerkt geblieben ist. Aber selbst wenn man letzteres annimmt, ist die Gefahr, durch eine Fahndung ausgemacht zu werden, immer gegeben. So wird man das Unterschlüpfen in der Werkstatt des *C* zur Sicherung des Gewahrsams nötig haben und als Beendigung des Bandendiebstahls sehen müssen, so daß das Gewähren des Unterschlüpfens durch *C* als Beihilfe möglich ist.“

Zu den zahlreichen Mängeln nur soviel: Schon die Ausgangsfrage ist unklar. Wenn der Verfasser fragt, ob der Diebstahl vor Auswechslung der Nummernschilder beendet war, so kann man dieser Überlegung nicht *entgegenhalten*, daß die Wegnahme unbemerkt geblieben ist. Im Gegenteil: Die Tatsache, daß die Wegnahme zum Zeitpunkt des Unterschlüpfens *noch* nicht bemerkt worden war (natürlich ist sie nicht auf Dauer unbemerkt geblieben), könnte für – nicht gegen – Beendigung vor Unterschlüpfen sprechen. – Weiter: Anfangs behauptet der Verfasser, die Wegnahme sei unbemerkt geblieben, später stellt er das wieder in Frage. Ist eine ex-post-Gefahr (erkannt worden zu sein) denkbar? – Welchen Zeitpunkt meint der Verfasser, wenn er von „diesem Zeitpunkt" spricht? – Will er ernstlich die These aufstellen, ein Kfz-Diebstahl könne nie beendet werden (wegen der Größe des Objekts und weil die Gefahr, durch Fahndung ermittelt zu werden, „immer" gegeben ist)? Soll Beendigung allenfalls mit Auswechslung der Kennzeichen eintreten? – Gegenüber solchen sachlich kaum haltbaren und auch völlig unbelegten Thesen wiegt die sprachliche Verwirrung gering. Der Diebstahl hat natürlich keine amtlichen Kennzeichen. Im übrigen ist die ganze Fragestellung verdreht, weil die Zusage des späteren physischen Tatbeitrags als psychischer Beitrag zweifellos vor Beendigung des Diebstahls geleistet worden ist. – Gewiß haftet man bei der Deutung von Examensarbeiten nicht am Wortlaut, sondern man sucht das wirklich Gewollte zu erforschen. Mitunter ist das jedoch kaum möglich. Dafür – aus derselben Arbeit – noch ein Beleg für einen Grenzfall, in dem trotz sprachlicher Unbeholfenheit sachlich wohl das Richtige gemeint ist (zur Straflosigkeit einer mit Selbstbegünstigung verbundenen Begünstigung eines Mittäters): „Dieses Ergebnis scheint überzeugend, kommt es doch dem Rechtsgefühl nahe, welches zu verbieten scheint, einen Gehilfen etwa, der dem Vortäter zunächst geholfen hat, die Verbrechensvorteile zu erlangen und ihm später hilft, sie zu behalten, aus den gleichen Gründen – nämlich dem Gedanken der straflosen Nachtat (Selbstbegünstigung) – die diesen unbestraft lassen, zu bestrafen.“

Daß bei der Wissensanwendung solche *Randfragen technischer Art* auftreten, berechtigt nicht zu dem Schluß, die „Falltechnik" bestehe aus einem Haufen unwichtiger Formalien. Es geht vielmehr um erlernbare Hinweise, wie man Probleme erfaßt und darstellt. *Wie man Erlerntes anwendet, ist erlernbar.*

2. Teil. Subsumtion, Auslegung und Argumentationstechnik

§ 3. Die Subsumtion

Das Grundproblem jeder Fallösung liegt darin, zwischen abstrakten Rechtssätzen und konkretem Lebenssachverhalt eine Beziehung herzustellen, zu subsumieren. Dabei kann man *vier Grundfehler* beobachten: (1) langatmige Begründungen bei selbstverständlichen Schlüssen; (2) bei problematischen Schlüssen werden Begründungen durch Behauptungen ersetzt; (3) beim Versuch einer Begründung wird zunächst die Norm interpretiert (richtig), dabei entfernt sich der Verfasser vom konkreten Fall und verliert sich in abstrakten Rechtsproblemen (falsch); (4) die Norm wird im Hinblick auf den konkreten Sachverhalt so detailliert ausgelegt, daß die Subsumtion auf eine bloße Wiederholung hinausläuft.

Beispiel 3:
T gibt O eine Ohrfeige. Wie hat sich T strafbar gemacht? (Das ist ein Splitter aus einem Fall.) – Zu prüfen ist die Anwendbarkeit des § 223, d. h. es ist zu fragen, ob dieser Sachverhalt unter § 223 subsumiert werden kann. Man könnte schreiben: „Zu prüfen ist, ob sich T nach § 223 strafbar gemacht hat. Körperliche Mißhandlung ist jedes unangemessene körperliche Behandeln. T hat O (vorsätzlich)[1] geohrfeigt. Darin ist ein unangemessenes Behandeln zu sehen. Ein anderer i. S. des § 223 ist jeder Mensch außer dem Täter. O ist vom Weibe geboren, also Mensch. *Also* erfüllt das Verhalten des T den Tatbestand des § 223."

Eine solche Argumentation wirkt lächerlich – warum? In ihr findet sich der erste der vier Grundfehler: nämlich langatmige Begründung eines offenbaren Schlusses. – Hier hätte es statt dessen genügt, im *Urteilsstil* kurz festzustellen: „Durch die Ohrfeige hat T den O körperlich mißhandelt, § 223." Die Legitimation für ein solches Vorgehen beruht darauf, daß *am Ende jeder Subsumtion eine Evidenzbehauptung steht.*[2] *Vielfach ist es so, daß die Evidenz der Subsumtion sofort, d. h. ohne sie vorbereitende und auf sie hinführende Schritte, gegeben ist.*

Beispiel 4:
„Anderer" (§ 223), „jemand" (§ 216), „Mensch" (§ 212), „bewegliche Sache" (§ 242), „Kraftfahrzeug" (§ 248b), „körperlich mißhandeln" (§ 223), „töten" (§§ 211 ff.),

---

[1] Die Aufbaufrage, wo der Vorsatz zu prüfen ist, wird u. 6. Teil, § 12 behandelt werden.

[2] *Dubischar*, Grundbegriffe des Rechts, 1968, S. 16; *Klug*, Juristische Logik, 3. Aufl. (1966), S. 48.

„Abbrechen einer Schwangerschaft" (§ 218) auch „Messer" (§ 223 a) sind z. B. Rechts-begriffe, bei denen es in aller Regel evident ist. ob der Sachverhalt unter sie subsumiert werden kann oder nicht.

Natürlich sind auch im Anwendungsbereich der genannten Rechtsbegriffe Sachverhalte denkbar, bei denen von Evidenz der Subsumtion nicht mehr gesprochen werden kann. Wenn als Folge der Abtreibungshandlung ein lebensunfähiges (oder lebensfähiges!) Kind geboren wird, das an der Abtreibungshandlung stirbt, ist weder offenbar, daß die Schwangerschaft abgebrochen wurde, noch versteht sich das Gegenteil von selbst.[3] Die Evidenzbehauptung nimmt also im Rahmen der Subsumtion einen legitimen Platz ein. Das macht den *zweiten Grundfehler* bei der Subsumtion begreiflich, ohne ihn zu rechtfertigen: Man subsumiert nicht, sondern nimmt erst ein Tatbestandsmerkmal, dann einen Sachverhaltssplitter und knüpft daran die Behauptung, der Sachverhalte falle unter das Tatbestandsmerkmal. Wer so verfährt, *verfehlt die gestellte Aufgabe, in nachvollziehbarer Weise zu subsumieren.*

Beispiel 5:
T führt bei Begehung eines Diebstahl eine ungeladene Pistole mit, um damit zu drohen, falls sich ihm jemand entgegenstellen sollte. – Bei diesem von *BGHSt* 24, 339 entschiedenen Sachverhalt ist u. a.[4] zu prüfen, ob § 244 I Nr. 2 (neugefaßt durch das 1. StrRG) vorliegt. Häufig wird dabei so verfahren: „Fraglich ist, ob auch eine *ungeladene* Pistole als Waffe oder Werkzeug i. S. des § 244 I Nr. 2 anzusehen ist. § 244 I Nr. 2 setzt voraus, daß der Täter ‚eine Waffe oder sonst ein Werkzeug . . . bei sich führt, um den Widerstand durch . . . Drohung mit Gewalt zu verhindern oder zu überwinden'. Laut Sachverhalt hatte *T* vor, gegebenenfalls mit der Pistole zu drohen, um Widerstand zu überwinden. Damit liegt § 244 I Nr. 2 vor. Es kann nicht ausschlaggebend sein, daß die Waffe ungeladen war." – Wer § 244 I Nr. 2 ablehnt, argumentiert dagegen so: „Fraglich ist, ob auch eine *ungeladene* Pistole als Waffe oder Werkzeug i. S. des § 244 I Nr. 2 anzusehen ist. Laut Sachverhalt hatte *T* zwar vor, gegebenenfalls mit der Pistole zu drohen, um Widerstand zu überwinden, doch besteht für das Opfer keine wirkliche Gefährdung. Deshalb ist § 244 I Nr. 2 abzulehnen."

In Beispiel 5 leidet die Subsumtion unter einem charakteristischen Mangel: Der als bekannt vorauszusetzende Gesetzestext und der ebenfalls als bekannt vorausgesetzte Sachverhalt werden unnötigerweise nacherzählt. Dann folgt statt einer Subsumtion eine

---

[3] *BGHSt* 10, 5 bereitet es einige Mühe, darzutun, daß die *Leibesfrucht* abgetötet wird, wenn es als Folge der Abtreibungshandlung zur Frühgeburt eines lebenden *Kindes* kommt, das bald nach der Geburt infolge der Abtreibungshandlung stirbt. – Vgl. auch *BGHSt* 10, 291 und zu der Frage, *ab wann* eine Leibesfrucht vorliegt, den Fall von *Eser*, JuS 1970, 459. – Der Sache nach hat sich an der Problematik nichts geändert, obwohl § 218 n. F. nicht mehr vom Abtöten der Leibesfrucht, sondern vom Abbrechen der Schwangerschaft spricht.

[4] Zu denken ist auch an § 244 I Nr. 1 (abzulehnen, weil Schußwaffe hier als zum Schießen *gebrauchsbereite* Waffe interpretiert wird, ausf. zum Schußwaffenbegriff *BGHSt* 24, 136 anläßlich der problematischen Einbeziehung der Gaspistole). – Auch versuchter Raub ist zu prüfen, dazu *Arzt*, JuS 1972, 578.

Subsumtionsbehauptung. Diese Behauptung wird nicht begründet. Auf die Begründung kommt es jedoch an, weil das Resultat hier nicht selbstverständlich (evident) ist. Erst im Nachsatz der zweiten der fiktiven Lösungen des Falles findet sich die Andeutung einer Begründung.

Der *BGH* hat den Sachverhalt unter § 244 I Nr. 2 subsumiert. Die Frage ist nicht wichtig. Trotzdem lohnt es sich, das Urteil nachzulesen, weil der Subsumtionsprozeß deutlich wird.

> Der *BGH* setzt sich zunächst mit dem *Wortlaut* des Gesetzes auseinander: „Der Wortlaut . . . erfaßt also – von der gebrauchsfertigen Schußwaffe abgesehen (Nr. 1) – *jedes* Mittel, das den Täter in den Stand versetzt, den Widerstand des anderen, sei es durch Gewalt, sei es durch Drohung mit ihr, zu brechen. Dazu gehört auch ein Gegenstand, der, wie hier die ungeladene Pistole, zwar objektiv nicht gefährlich ist, seiner Art nach sich aber dazu eignet, bei dem anderen den Eindruck hervorzurufen, er könne zur Gewaltanwendung verwendet werden und deshalb für ihn gefährlich sein", *BGHSt* 24, 339, 341.

Diese Argumentation ist deshalb lehrreich, weil sie zeigt, daß das Wesen der Subsumtion darin besteht, durch Erörterung des Für und Wider einer Einbeziehung des konkreten Sachverhalts unter das Tatbestandsmerkmal den dann evidenten Schluß vorzubereiten. Nachdem der *BGH* das sachliche Argument für die Subsumtion angeführt hat, ist der daraus zu ziehende Schluß offenbar. Am Ende steht auch beim *BGH* der Appell an die Evidenz. Im Urteil heißt es abschließend, es könne „keinen entscheidenden Unterschied machen, ob der . . . Gegenstand objektiv gefährlich ist oder nach dem Willen des Täters von dem Widerstandsleistenden nur für gefährlich gehalten werden soll". – Der Unterschied der fiktiven Lösung des Falles 5 zu der Argumentation des *BGH* liegt darin, daß bei der Fall-„Lösung" eine schlichte Evidenzbehauptung vorliegt – ohne daß sie (wie der *BGH* es getan hat) durch ein Sachargument vorbereitet wird.[5]

Auch der *dritte Grundfehler* bei der Subsumtion, nämlich das *Abgleiten in der Erörterung abstrakter Rechtsfragen* ohne Bezug zum konkreten Fall beruht auf dem ungenügenden Verständnis des Wesens der Subsumtion.

---

[5] Das Erg. des *BGH* ist nicht zwingend, vgl. dazu die in *BGHSt* 24, 339, 340 angeführte Lit. Es ist auch zu beachten, daß die Auseinandersetzung um die Interpretation einzelner Merkmale qualifizierter Tatbestände „oft nur das prozeßtechnische Mittel (ist), um einer . . . Strafbemessung des Tatrichters, die auf andere Weise nicht angreifbar ist, mit Erfolg entgegentreten zu können", so *Fränkel*, Anm. zu *BGH*, LM § 250 Nr. 21 (= *BGHSt* 14, 384). Näher zu diesem durch die Änderungen des § 250 überholten Beispiel die 1. Aufl. S. 7 f. – Auch ist stets die Versuchung im Auge zu behalten, dem *Verdacht* eines klar unter den Tatbestand fallenden Sachverhalts (hier: geladene Pistole) einen Einfluß auf die Subsumtion des sich aus in dubio pro reo ergebenden Grenzfalles einzuräumen (hier: Annahme zugunsten des Täters, daß die Pistole ungeladen war).

Beispiel 6:
Der Erblasser X hinterläßt ein maschinenschriftliches, von X eigenhändig unterschriebenes Testament, in dem er seinen Sohn A enterbt und seinen Sohn B zum Alleinerben einsetzt. A findet das Testament und ändert es dahin ab, daß er A und B im Text jeweils vertauscht. – Hier ist u. a. an § 267 zu denken. In Fallbearbeitungen liest sich das dann oft so: „Es ist zu prüfen, ob A eine echte Urkunde verfälscht hat. Urkunde ist eine verkörperte Gedankenerklärung, die den Aussteller erkennen läßt. Sie muß beweisbestimmt und beweisgeeignet sein. Eine Minderheitsmeinung *(Maurach, Welzel)* möchte nur Schriftstücke als Urkunden gelten lassen. Dem ist jedoch nicht zu folgen. Maßgebend ist die wortvertretende Eigenschaft. Sie kann auch Zeichen zukommen, die keine Schriftstücke sind (Waldhammerschlag). Was die Beweisbestimmung angeht, unterscheidet man Absichtsurkunden und Zufallsurkunden; usw. usw."

Wer nach der Lektüre des etwas übertriebenen Beispiels meint, eine derart unsinnige, vom konkreten Fall losgelöste Erörterung abstrakter Rechtsfragen könne ihm nicht passieren, der lege sich einmal die Frage vor, ob er bei Fallbearbeitungen noch nie die Vorzüge bzw. Nachteile der materiell-objektiven Teilnahmetheorie gegenüber der subjektiven Teilnahmetheorie abgewogen hat. Wer das getan hat, frage sich, ob das nicht im Prinzip derselbe Fehler ist, den die fiktive Lösung des vorstehenden Beispiels an Hand des Urkundenbegriffs veranschaulicht (näher dazu unten 5. Teil, § 10 1 b).

Das Abirren vom Fall und die Abhandlung abstrakter Rechtsfragen unterläuft so häufig, daß die Annahme gerechtfertigt ist, daß sich hier eine prinzipielle Unklarheit über den Subsumtionsvorgang auswirkt. Am Ende der Subsumtion steht die Berufung auf die Evidenz. Dieser letzte Schritt bedarf der Vorbereitung. Die Norm muß im Hinblick auf den konkreten Sachverhalt ausgelegt werden. Die Norm wird dabei aufgegliedert in eine ausführlichere Norm. Man definiert. Man bildet Mittelbegriffe.[6] Aus den zahllosen dem Tatbestandsmerkmal unterfallenden Sachverhalten greift man gedanklich diejenigen heraus, die offenbar von der Norm erfaßt sind. Von diesem Kern des von der Norm verwendeten gesetzlichen Begriffs heraus bewegt man sich dann auf den in Rede stehenden Sachverhalt zu und führt die für oder gegen seine Einbeziehung unter die Norm sprechenden Gesichtspunkte an. Man fragt danach, *ob der Sachverhalt* den evident von der Norm erfaßten Sachverhalten *genügend ähnlich*[7] ist, um seinerseits unter die Norm zu fallen.

Beispiel 7:
Im vorangegangenen Beispiel 6 ist die Beziehung zwischen Tatbestandsmerkmal („Urkunde") und Sachverhalt etwa wie folgt herzustellen: „Der Erblasser X hat im Testament die Erbfolge regeln wollen. Damit liegt eine in einem Schriftstück verkörper-

---

[6] Näher zur Definition *Larenz,* S. 215 ff.
[7] *Dubischar,* Grundbegriffe des Rechts, 1968, S. 14; *Engisch,* S. 56 ff.

te, auf X zurückführbare und zum Beweis bestimmte Gedankenerklärung vor. Problematisch ist die Beweiseignung. Nach §§ 2247 I, 125 S. 1 BGB ist Wirksamkeitsvoraussetzung für ein Testament, daß es nicht nur – wie hier – vom Erblasser eigenhändig *unter*schrieben, sondern daß es von ihm eigenhändig geschrieben ist. Daran fehlt es, so daß das Testament rechtsunwirksam ist. Es liegt nahe, daraus die mangelnde Beweiseignung des Schriftstückes zu folgern. Zwar ist richtig, daß auch einer wegen Formverstoßes nichtigen Erklärung nicht immer die Beweisgeeignetheit abgesprochen werden muß. Auch aus einer formnichtigen Erklärung können sich Rechtsfolgen ergeben. Beim Testament ist die h. M. jedoch nicht bereit, trotz des Formverstoßes dem Willen des Testators – sei es auch in beschränktem Umfang – zur Geltung zu verhelfen, usw. Es fehlt also an der Beweiseignung und damit an der Urkundenqualität des Schriftstückes."[8]

Die Argumentation führt über den evidenten Fall der Beweisgeeignetheit eines formgültigen Testaments zur Erörterung der Beweiseignung bei Formmangel. Da auch bei Formverstoß regelmäßig die Erklärung nicht völlig folgenlos bleibt, wird diese abgeschwächte Beweiseignung prinzipiell für ausreichend angesehen (= hinreichende Ähnlichkeit mit den evident unter den Begriff Urkunde fallenden Sachverhalten). Beim Testament besteht aber – nach der im Beispiel 7 verfochtenen Meinung – die Besonderheit, daß auch keine abgeschwächte rechtliche Relevanz des formungültigen Testaments gegeben ist. Damit ist der Boden für die conclusio vorbereitet: Im konkreten Fall fehlt es an der Beweiseignung. Das Schriftstück ist den unter § 267 fallenden Urkunden nicht ähnlich genug, um den Urkundenbegriff auf diesen Fall zu erstrecken.

Bei der Fallbearbeitung kommt es also darauf an, die Norm im „Hin-Blick" auf den in Rede stehenden Sachverhalt auszulegen. Mit der Definition und Interpretation, kurz, *mit der Auslegung des gesetzlichen Begriffs beginnt die Subsumtion.* Umgekehrt bereichert jede Subsumtion eines neuen Sachverhalts unser Wissen über die Bedeutung der Norm. Die Subsumtion wirkt so auf die Auslegung zurück. – Verschiedentlich[9] wird demgegenüber Definition und Subsumtion schärfer geschieden. Es trifft zu, daß die Auslegung eines gesetzlichen Begriffs ohne Rücksicht auf einen konkreten Fall vorgenommen werden kann. So handeln Lehrbücher und Kommentare die Bedeutung der einzelnen Tatbestandsmerkmale ab. Bei der Fallbearbeitung geht es jedoch darum, mit Blick auf den konkreten Fall auszulegen. Dabei verfließen dann die Grenzen zwischen Auslegung (abstrakt) und Subsumtion (konkret). Wer sich das vor Augen hält, kann einen Fehler vermeiden, der sich sonst häufig in

---

[8] Vgl. *Schönke-Schröder*, § 267 Rdnr. 9; *RGSt* 57, 235; *OLG Düsseldorf*, NJW 1966, 749.

[9] *Geerds*, JuS 1962, 73; für das ZivilR *Diederichsen*, S. 150. – Die Grenze zwischen Auslegung und Subsumtion wird unterschiedlich gezogen, vgl. insb. *Engisch*, S. 56 ff., 68 ff.; *Larenz*, S. 254 f.

Arbeiten findet, und zwar *ohne Rücksicht auf den Wissensstand* der Bearbeiter: Das Ausbreiten von Problemen, die mit dem konkreten Fall nur gemein haben, daß sie bei demselben Tatbestandsmerkmal – aber in anderen Fällen – eine Rolle spielen. Die Neigung, bei Fallbearbeitungen zu dozieren, allgemeine Rechtsfragen zu erörtern, führt nicht nur zu unnötigen, sondern zu schädlichen Ausführungen. Die damit verbundene Zeitvergeudung führt in aller Regel dazu, daß die eigentlichen Probleme zu kurz kommen. Selbst wenn auch die wesentlichen Punkte abgehandelt werden, belegen unnötige Erörterungen die Unfähigkeit, sich auf das Wesentliche zu konzentrieren. Je mehr Bedeutung man einer praxisnahen Ausbildung beimißt, desto größeres Gewicht kommt der Fähigkeit zu, rationell zu arbeiten. Überflüssiges schadet!

Bei Klausuren verhindert der Zeitdruck meist ein allzu weites Abirren von den Fragen des konkreten Falles, insofern hat die Knappheit der Zeit also auch ihre positiven Seiten. Bei *Hausarbeiten* findet sich dagegen häufig eine verkehrte Gründlichkeit. Statt der Behandlung des konkreten Falles werden bei Gelegenheit des konkreten Falles allgemeine Rechtsfragen erörtert. Um beim *Beispiel* des § 267 zu bleiben: Statt an Hand des gegebenen Sachverhalts den Fragen nachzugehen, wer Aussteller der Urkunde sein und worin die Beweiseignung liegen könnte, werden die mit dem Urkundenbegriff ganz allgemein zusammenhängenden Rechtsfragen dargestellt. Der Obersatz (= jedes Tatbestandsmerkmal) ist jedoch nur insoweit klärungsbedürftig, als die Subsumtion des konkreten Sachverhalts von dieser Klärung abhängt (dazu nochmals unten 5. Teil, § 10 1).

Die Erkenntnis, daß bei der Fallbearbeitung Definition der Tatbestandsmerkmale und Subsumtion ineinander übergehen, bewahrt den Bearbeiter vor dem *vierten Grundfehler*. Die Auslegung darf nicht so weit gehen, daß die *Subsumtion auf eine bloße Wiederholung* hinausläuft. Gerade denjenigen, der ausführlich und gründlich definiert (d. h. auslegt) und dabei (richtig) den konkreten Fall im Auge behält, dies (falsch) nicht offen ausweist, weil er die Verbindung von definiertem Tatbestandsmerkmal und Sachverhalt der Subsumtion vorbehalten will, trifft gar nicht selten ein fast kurioses Mißgeschick. Er findet gar keine Fragen mehr vor, die erst bei der Subsumtion zu entscheiden wären! Die Subsumtion wird zur leeren Wiederholung.[10]

---

[10] Die scharfe Trennung von (abstrakter) Auslegung und Subsumtion (Fußn. 9) führt dazu, daß fast alles Auslegung wird und der Subsumtion nichts bleibt, vgl. *Jesch*, AöR 82, 178 ff.; *Larenz*, S. 255 Fußn. 1; *Diederichsen*, S. 155: „Hat der Bearbeiter erst einmal durch Auslegung der Bestimmung abstrakt herausgearbeitet, daß die Vorschrift auch auf einen Fall wie den zu lösenden angewendet werden muß, so bleibt für die

Beispiel 8:

BGHSt 24 (die folgenden Formulierungen sind diesem Urteil und *BGHSt* 17, 161; *RGSt* 14, 344 möglichst wörtlich entnommen): *T* schlägt *O* durch einen vorsätzlichen Hieb auf den Mund vier Schneidezähne des Oberkiefers aus. *O* läßt sich eine aus fünf Zähnen bestehende gut sitzende und gut aussehende Prothese anfertigen (aus fünf Zähnen, weil die vier Zähne soweit auseinander gestanden hatten, daß für einen fünften Zahn Platz war). – Bei der Frage, ob *T* nach § 224 zu bestrafen ist, könnte man schreiben: „Eine dauernde schwere Entstellung setzt eine unbestimmt langwierige Beeinträchtigung voraus. Maßgebend ist dabei allein die Beeinträchtigung des äußeren Erscheinungsbildes. Es kommt auf das Aussehen, nicht auf die Funktion an." (Soweit die Auslegung. Jetzt zur Subsumtion, zunächst in Anlehnung an *BGHSt* 17, 161; *RGSt* 14, 344): „Im konkreten Fall liegt demnach eine dauernde schwere Entstellung vor. Der menschliche Mund, der in aller Regel unverdeckt ist, gibt häufig und bestimmungsgemäß den Blick auf die dahinter liegenden Zahnreihen frei. Das durch künstliche Zähne mögliche Verbergen des Defektes, selbst bis zum Grade der Unkenntlichkeit, reicht nicht aus, um die Entstellung zu beseitigen. Es kann nicht auf ein solches die Entstellung verbergendes nachträgliches Verhalten des Verletzten ankommen, denn sonst würde das Tatbestandsmerkmal seine objektive Bedeutung verlieren und dem Willen des Verletzten anheimgestellt." ... „Schwer verständlich wäre es insbesonders und unvereinbar mit dem Gerechtigkeitsempfinden" *(Evidenzappell!)*, wenn eine erhebliche körperliche Entstellung „die ... straferhöhende Wirkung verlöre, weil der Fortschritt der medizinischen Wissenschaft und ihre technischen Hilfsmittel jene Entstellung weitgehend wettmachen kann", *BGHSt* 17, 161, 164.

Nun – bei unveränderter Auslegung – zur Subsumtion mit dem gegenteiligen Ergebnis, in Anlehnung an *BGHSt* 24, 315: „Im konkreten Fall liegt demnach keine dauernde schwere Entstellung vor. Die Prothese mag von der Funktion her gesehen weniger gute Dienste leisten als natürliche Zähne. Es kommt jedoch nicht auf die Funktion, sondern auf das Aussehen an. Die aus fünf Zähnen bestehende Prothese hat das äußere Erscheinungsbild gegenüber den vier auseinander stehenden natürlichen Zähnen sogar verbessert. – Die Beeinträchtigung des äußeren Erscheinungsbilds durch das Ausschlagen der Zähne mag zwar schwer gewesen sein, sie war jedoch nicht von Dauer, da *O* sich die Prothese bald anfertigen ließ. Nur eine dauernde Beeinträchtigung wird jedoch von § 224 erfaßt."

Im *Beispiel 8* werden alle Entscheidungen schon im Rahmen der Auslegung getroffen. Dabei wird (richtig) der konkrete Fall im Auge behalten. Das wird aber nicht offen gesagt, damit die Trennung von Auslegung und Subsumtion durchgeführt werden kann. Das Resultat: Die Subsumtion *scheint* problemlos. Sie wird auf ein schematisches Übertragen der im Rahmen der Auslegung abstrakt vorgezeichneten Gesichtspunkte auf den konkreten Fall reduziert.

Das führt dazu, daß bei der Subsumtion die Ausführungen zur Auslegung wiederholt werden. Vor allem verführt das Gebot vorgängiger abstrakter Auslegung den Bearbeiter dazu, im Rahmen der Auslegung vom konkreten Fall zu abstrahieren und den in

konkrete Subsumtion in der Tat nur noch übrig, den durch Auslegung in einem bestimmten Sinne verstandenen Rechtsbegriff und den Sachverhaltsumstand miteinander in Beziehung zu setzen." – Entscheidend ist nicht die Abgrenzung zwischen Subsumtion und Auslegung, sondern daß der Bearbeiter bei der rechtlichen Beurteilung Wiederholungen vermeidet.

Frage kommenden Tatbestand erst einmal in seiner generellen Problematik zu erörtern. Das geht ins Uferlose. Verlangt man dagegen eine zwar abstrakte, aber auf den konkreten Fall zielende Auslegung, ist es letztlich ein Streit um Worte, ob das wirklich noch abstrakte Auslegung oder schon Subsumtion des konkreten Falles ist (zu diesen Fragen nochmals unten 2. Teil, § 5 2 bei der direkten Methode).

§ 4. Auslegung, Subsumtion und Analogie

Charakteristikum der Subsumtion ist die durch Sachargumente vorbereitete Feststellung einer Ähnlichkeit des konkreten Falles mit vom Tatbestandsmerkmal evident erfaßten Sachverhalten. Was für Folgen das für die Fallbearbeitung hat, habe ich vorstehend in § 3 zu zeigen versucht. Dabei ging es vor allem um die Art der Darstellung. Die *Feststellung der Ähnlichkeit* betrifft zugleich ein *spezifisch strafrechtliches Sachproblem*: Wann beruht die Bejahung der Ähnlichkeit auf (u. U. extensiver) Auslegung, wann auf verbotener *Analogie*? Mit dem Analogieverbot dürfte es zusammenhängen, daß den Fragen der Auslegung und der Subsumtion von strafrechtlicher Seite besondere Beachtung geschenkt wird.[1] Das kann hier nicht weiterverfolgt werden. Hinzuweisen ist jedoch darauf, daß sich diese grundsätzlichen Probleme auch auf der alltäglichen Ebene der Fallbearbeitung auswirken. Für die Subsumtion, also für die Bejahung hinreichender Ähnlichkeit des konkreten Falles mit zweifelsfrei unter die Norm fallenden Sachverhalten, *genügt die Berufung auf die ratio legis und auf das kriminalpolitische Bedürfnis nicht.* Aus der Lückenhaftigkeit des Strafrechts, seiner fragmentarischen Natur, folgt, daß das kriminalpolitische Bedürfnis nach Bestrafung oft unerfüllt bleibt. Deshalb kann das im Zivilrecht so wichtige Judiz[2] im Strafrecht dann irreführen, wenn es zur Strafbarkeit tendiert (vgl. dazu auch unten 3. Teil, § 7 1).

Beispiel 9:
Der klassische Fall betrifft die Frage, ob die Entziehung elektrischer Energie als Diebstahl gem. § 242 bestraft werden kann. *RGSt* 29, 11; 32, 165 haben das verneint. Dazu *RGSt* 32, 165 (186): „Der . . . in den Rücksichten auf Rechtssicherheit und persönliche Freiheit begründete Satz nulla poena sine lege bildet für den Richter eine streng zu wahrende Schranke, über welche ihn auch das Bestreben, einem sittlichen Rechtsgefühl, einer Anforderung des Verkehrslebens auf Schutz gegen Beeinträchti-

---

[1] Vgl. *Engisch*, Logische Studien zur Gesetzesanwendung, 3. Aufl. (1963); *ders.*, Die Idee der Konkretisierung, 2. Aufl. (1968); *ders.*, Einführung; *Arthur Kaufmann*, Analogie und Natur der Sache. Zugleich ein Beitrag zur Lehre vom Typus, 1965; *Klug*, Juristische Logik, 3. Aufl. (1966); *Sax*, Das strafrechtliche Analogieverbot, 1953.
[2] *Diederichsen*, S. 30.

gung von Rechtsgütern gerecht zu werden, nicht hinwegtragen darf. Das gewiß nicht zu verkennende Rechtsschutzbedürfnis der elektrischen Betriebe und Industrien kann strafrichterlich eben nur insoweit berücksichtigt werden, als das bestehende Gesetz es gestattet. Auch der Zweck des Gesetzes kann für dessen Anwendung nicht allein maßgebend sein . . ." (Vgl. jetzt § 248 c StGB.)
Ähnlich begründet *BGHSt* 24, 140, 141 f. die Ablehnung, die Fotokopie als Urkunde i. S. des § 267 anzusehen: „Der Senat verkennt nicht, daß im Rechts- und Geschäftsverkehr der Gebrauch von Fotokopien zunehmend Bedeutung erlangt, die eine erhöhte Schutzbedürftigkeit bedingen mag . . . Eine allgemeine Einbeziehung der Fotokopien in den Strafschutz des geltenden § 267 . . . würde aber dem Begriff der Urkunde das wesentlichste Kriterium der Erkennbarkeit des Ausstellers entziehen und damit zu einer nicht zulässigen Rechtsfortbildung . . . führen. Es ist Sache des Gesetzgebers, dieser Entwicklung gegebenenfalls durch eine . . . besondere Schutzbestimmung Rechnung zu tragen".

Für die Fallösung bedeutet das: Wie in anderen Rechtsgebieten ist auch im Strafrecht „jede Fallentscheidung als eine Abgrenzung einander gegenüberstehender Interessen aufzufassen" *(Philipp Heck)*.[3] Insbesondere muß man sich darüber Rechenschaft ablegen, ob das in Frage stehende Verhalten wirklich mit *strafrechtlichen* Mitteln unterdrückt werden soll.

Beispiel 10:
Bei Ehrverletzungen ist stets zu untersuchen, ob es für das Sozialleben wirklich förderlich ist, wenn die beleidigende Äußerung bestraft wird. Bei Drohungen mit einem empfindlichen Übel ist zu fragen, ob es für das soziale Miteinander gut ist, wenn derartige Drohungen als Nötigung bestraft werden. Sowohl bei der Beleidigung als auch bei der Nötigung wird man durch das Gesetz auf eine solche Interessenabwägung gestoßen, § 193 bzw. § 240 II. Aber auch ohne solche ausdrücklichen Anhaltspunkte im Gesetz ist bei vielen Tatbeständen eine „*stillschweigende Güterabwägung*" *(Baumann)*[4] erforderlich, die z. T. auf der Tatbestandsebene, z. T. auf der Rechtswidrigkeitsebene vorzunehmen ist. Das gilt insbesondere bei gemeinschaftsbezogenen Rechtsgütern.[4] Auch das Strafrecht ist verfassungskonform auszulegen. Auf der Rechtswidrigkeitsebene ist „unbefugt" als Hinweis auf eine Interessenabwägung zu verstehen, so bei der Verletzung des persönlichen Lebens- und Geheimbereichs, §§ 201 ff. Auch wenn es darum geht, wie weit der Strafschutz „nach unten", d. h. in den Bereich der geringfügigen Rechtsgutsverletzungen zu erstrecken ist, bedarf es einer Interessenabwägung. Sie verbirgt sich hier oft hinter der sog. *Sozialadäquanz.* – Auch hinter der *Fahrlässigkeit* steht der Gedanke der Interessenabwägung, und zwar in der Form, daß man fragen muß, ob das betreffende Maß an Sorgfalt von den Mitgliedern der Gesellschaft sinnvollerweise verlangt werden kann. Ist es z. B. sinnvoll, nachts auf einer wenig befahrenen Autobahn einen Schnellverkehr nur bei Mondschein zuzulassen, so *BGH-St(GS)* 16, 145?

Kommt man bei diesen Interessenabwägungen zu dem Resultat, daß der Sachverhalt vom strafrechtlichen Verbot nicht erfaßt werden sollte, hat man den Fall gelöst. Die Besonderheit der strafrecht-

---

[3] *Heck,* Das Problem der Rechtsgewinnung, 1912; leicht zugänglich in: Studien und Texte zur Theorie und Methodologie des Rechts, Bd. 2, 1968, S. 9 ff., 35.
[4] *Baumann,* LB § 22 II 3; vgl. auch *Schönke-Schröder,* Vorb. § 51 Rdnr. 62 a (Interessenabwägung bei gemeinschaftsbezogenen Rechtsgütern).

lichen Argumentation und die besondere Schwierigkeit strafrechtlicher Fälle liegt jedoch darin, daß dann, wenn die Interessenabwägung zur Bejahung des kriminalpolitischen Bedürfnisses nach Bestrafung führt und die ratio legis für Erfassung des konkreten Sachverhalts durch den Tatbestand spricht, die Entscheidung i. S. der
Subsumtion noch nicht gefallen ist. Es ist vielmehr weiter zu fragen,
*ob das interessengerechte Ergebnis begrifflich-konstruktiv durch (extensive)
Auslegung oder nur durch Analogie zu erreichen ist.* Der Siegeszug der
Interessenjurisprudenz kommt im Strafrecht am Analogieverbot
zum Stillstand. Nachdem man ein Strafbarkeitsbedürfnis bejaht hat,
muß man im Strafrecht begrifflich weiterargumentieren.

Beispiel 11:
BGH, LM § 249 Nr. 16: Der Angeklagte *A,* der zu einer längeren Freiheitsstrafe
verurteilt ist, schlägt den Aufseher *S* mit einem eisernen Wasserkrug nieder. *S* erleidet
dabei eine Gehirnquetschung, an deren Folgen er stirbt.[5] *A* nimmt *S* die Schlüssel
ab, öffnet damit die Gittertüren und flieht in Gefangenenkleidung. Den Krug wirft
A im Gefängnisgarten, die Schlüssel an unbekannt gebliebener Stelle auf der Flucht
weg.
Hier ist ein Strafbedürfnis unverkennbar. Auch mag das Bedürfnis nach harter Strafe zu bejahen sein. Da sich aus dem Sachverhalt kein Tötungsvorsatz entnehmen läßt
(dazu unten 3. Teil, § 7), könnte dem Bedürfnis nach hoher Strafe durch Anwendung
des § 251 Rechnung getragen werden. Das setzt begrifflich u. a. Zueignungsabsicht
voraus, die hier bezüglich Kleidung, Krug und Schlüsseln getrennt zu prüfen ist. Dabei ist die Stelle zu finden, an der der konkrete Fall in dem sehr komplizierten begrifflichen Netz anzusiedeln ist, mit dessen Hilfe Zueignung von bloßer Gebrauchsentwendung geschieden wird. Es wäre völlig sachfremd, statt dessen die Zueignungsabsicht, d. h. die Anwendung des hohen Strafrahmens des § 251, damit zu begründen,
daß „die Erlangung der Schlüssel dem Angeklagten immerhin das brutale Niederschlagen eines alten Mannes ‚wert‘ (war)“. Verfehlt wäre es auch, zu argumentieren:
„An den Aneignungswillen sind überdies bei solch gesellschaftsfeindlichen Tätern,
wie sie der Angeklagte darstellt, und angesichts der spannungsgeladenen, erregenden
Situation eines gewaltsamen Ausbruchs keine allzu hohen Anforderungen zu stellen.“
– Daß der *BGH,* a. a. O., diese Argumente gebraucht hat, ist wenig vorbildlich.

Im Strafrecht ist man – mehr als in anderen Rechtsgebieten – gezwungen, sich mit dem *Wortlaut der Norm* auseinanderzusetzen.[6]
Wer die mit der Gesetzesauslegung zusammenhängenden Fragen
vernachlässigt hat, wer sich z. B. nie gefragt hat, ob es einen eindeutigen Wortlaut gibt (oder nur einen relativ eindeutigen Begriffskern, der von einem relativ unbestimmten Begriffshof umlagert
wird),[7] kann es gerade im Strafrecht erleben, daß diese verdrängten

---

[5] Im vom *BGH* entschiedenen Sachverhalt verfiel *S* in Siechtum, was nach dem bis
zum EGStGB geltenden Fassung von § 251 gedeckt war.
[6] Als Beispiel nehme man einmal Bd. 22 der Amtl. Slg. der *BGH*-Entsch. zur Hand.
Auseinandersetzung mit dem Wortlaut S. 5, 20, 55, 229, 261, 304, 348.
[7] Zum eindeutigen Wortlaut und zum noch möglichen Wortsinn insb. *Sax* aaO; –
zu Begriffskern/Begriffshof *Jesch,* AöR 82, 172 ff.

„theoretischen" Fragen bei der Bearbeitung praktischer Fälle relevant werden.

Vielen Bearbeitern fällt es auch schwer, *begriffliche und kriminalpolitische Argumentation zu verbinden.* Insbesondere von der Vielfalt kriminalpolitischer Argumentationsmöglichkeiten ist in Übungs- oder Examensarbeiten kaum etwas zu spüren. Oft wird nur „begrifflich" argumentiert und untersucht, ob das in Rede stehende Verhalten die Tatbestandsmerkmale erfüllt. Die Frage, ob das betreffende Verhalten überhaupt und – wenn ja – ob es mit strafrechtlichen Mitteln unterdrückt werden sollte, wird gar nicht gestellt. In dem Fehlen bewußt kriminalpolitischer Argumentation liegt ein empfindlicher Mangel. Er wird noch dadurch verschärft, daß hinter der vermeintlich rein begrifflichen Ableitung des Resultats *auch* eine Interessenbewertung steht, die dem Bearbeiter jedoch nicht bewußt wird. – Es ist auch keineswegs so, daß Überlegungen, ob das Verhalten so sozialschädlich ist, daß strafrechtlich dagegen vorzugehen ist, nur in einigen wenigen Fällen anzustellen sind. Es gibt Situationen, in denen sich die Notwendigkeit einer Güterabwägung geradezu dramatisch bemerkbar macht, wie etwa im Fall *Pätsch.*

Beispiel 12:
    BGHSt 20, 342: Im Fall *Pätsch* ging es an Hand der Veröffentlichung (vermeintlich) illegaler Staatsgeheimnisse um den Konflikt zwischen Staatssicherheit nach außen und innerer Gesundheit des Staates. Zu letzterer gehört die Information der Öffentlichkeit über illegale Praktiken, nicht nur (so der *BGH*) das stillschweigende Abstellen dieser Praktiken. – Vgl. jetzt die detaillierte Regelung der inzwischen neugefaßten §§ 93 ff.

Über solchen spektakulären Konflikten dürfen jedoch die vielen alltäglichen Situationen nicht vergessen werden, in denen vergleichbare Überlegungen anzustellen sind. Beim Bruch von Privatgeheimnissen ist die Notwendigkeit einer Güterabwägung schon weniger augenfällig als beim Landesverrat.[8] Am unauffälligsten verweisen die §§ 222, 230 auf eine Güterabwägung. Sie steckt im Fahrlässigkeitsbegriff und ist praktisch von außerordentlicher Tragweite, vgl. oben Beispiel 10.

Bewußtes kriminalpolitisches Argumentieren ist also bei der Subsumtion fragwürdiger Fälle unentbehrlich. Die Argumente hängen vom jeweiligen Tatbestand ab. Typisch sind Erwägungen zur *Beweisbarkeit der Verstöße* gegen das strafrechtliche Verbot (in der ins Auge gefaßten Auslegung) sowie zur *Erzwingbarkeit* eines solchen Verbots. Die Erzwingbarkeit kann im Hinblick auf die Wirkungslosigkeit der Strafdrohung problematisch sein, Beispiel

---

[8] Als Beispiel für eine Abwägung vgl. *BGH*, NJW 1968, 2288 m. Anm. *Händel,* NJW 1969, 555.

§ 175 a. F., oder wegen der hohen Dunkelziffer. Die Dunkelziffer[9] kann ihrerseits u. a. auf schwierige Beweisbarkeit des Verstoßes zurückgehen, Beispiel § 218, oder auf eine sporadische Verfolgung, Beispiel Straßenverkehrsdelikte oder der Bereich geringfügiger Verletzungen, der an die Sozialadäquanz angrenzt, dazu Beispiel 10.

Beispiel 13:
  Die Auslegung des § 142 ist deshalb so umstritten, weil die hinter dem Tatbestand stehende kriminalpolitische Entscheidung unklar ist. Insbesondere ist zweifelhaft, ob § 142 eine grundsätzliche Absage an den Gedanken der Straflosigkeit der Selbstbegünstigung enthält oder ob dieser Gedanke dazu herangezogen werden darf, um § 142 restriktiv auszulegen. Dieser Hintergrund darf nicht verdrängt werden!
  Weiteres klausurträchtiges Beispiel: die (umstrittene) berichtigende Auslegung des § 246. Danach soll es genügen, wenn Gewahrsamserlangung und Zueignung zusammenfallen. Sie ruht zunächst auf einem *begrifflich-systematischen Argument:* § 242 ist Zueignung mit, § 246 Zueignung ohne Gewahrsamsbruch. Das System ist fugenlos. – *Kriminalpolitisch* argumentieren die Vertreter der berichtigenden Auslegung damit, daß der Gegenstandpunkt „zu einer rechtspolitisch bedenklichen Lücke zwischen Diebstahl und Unterschlagung (führt)".[10] Diese Behauptung sollte man aber nicht formelhaft lernen, sondern durchdenken. Welche Fälle bleiben eigentlich straflos, wenn man der berichtigenden Auslegung *nicht* folgt?[11] Stellt es auch kriminalpolitisch eine Inkonsequenz dar, wenn man die Fundunterschlagung straflos läßt? Ist die Lücke im System nicht kriminalpolitisch sinnvoll, weil hier die Versuchung für den Täter besonders groß ist und regelmäßig ein hohes Mitverschulden des Opfers vorliegt, so daß es nicht unbillig erscheint, das Opfer auf zivilrechtliche Sanktionen zu beschränken?

  Bei der kriminalpolitischen Argumentation muß man stets im Auge behalten, daß hinter dem Straftatbestand eine *kriminalpolitische Entscheidung des Gesetzgebers* steht. Die begrifflich-abstrakte Fassung dieser Entscheidung führt zu einer Arbeitserleichterung. Soweit die gesetzgeberische Entscheidung den konkreten Sachverhalt evident deckt, braucht man sich mit den kriminalpolitischen Erwägungen nicht auseinanderzusetzen. Als *Faustregel* gilt: Ist eine Subsumtion fragwürdig, muß man kriminalpolitisch *und* begrifflich argumentieren. Steht eine Subsumtion fest, ist kriminalpolitisches Argumentieren de lege lata überflüssig.
  Selbstverständlich kann man de lege ferenda kriminalpolitisch argumentieren und für oder gegen die Entscheidung des Gesetz-

---

[9] Zur Rolle der Dunkelziffer in der kriminalpolitischen Argumentation *Lüderssen,* StrafR und „Dunkelziffer", Tübingen 1972.
[10] *Schönke-Schröder,* § 246 Rdnr. 9.
[11] Bes., wenn man der Meinung ist, daß bei nicht berichtigender Auslegung zwar das Zusammenfallen von Gewahrsamserlangung und Zueignung straflos bleibt, aber jede spätere erneute Betätigung der Zueignungsabsicht bestraft wird, wird die Argumentation mit der Strafbarkeitslücke fragwürdig. Vor der – erneuten – Betätigung der Zueignungsabsicht hat der Täter nämlich Gewahrsam, vgl. den Sachverhalt *RGSt* 53, 302. *BGHSt* 14, 38 steht dieser Konstruktion nicht im Wege. Zwar sind nach dieser Entsch. spätere Akte der Herrschaftsausübung tatbestandsmäßig keine Zueignung, doch setzt der *BGH* voraus, daß die *erste* Zueignung *strafbar* ist.

gebers Stellung beziehen, Beispiel § 218. Das gehört jedoch nicht in eine Fallösung.[12] Dagegen gehört es zur Ausbildung eines Juristen, daß er auch über die kriminalpolitische Fragwürdigkeit de lege lata feststehender Entscheidungen des Gesetzgebers Bescheid weiß. Wer glaubt, diese Fragen aussparen zu können, weil sie für die Fallösung keine Rolle spielen und folglich für die spätere Praxis belanglos seien, irrt. Die Forderung an den Gesetzgeber, einen kriminalpolitisch verfehlten Tatbestand de lege ferenda abzuschaffen oder zu ändern, kehrt in der richterlichen Praxis in dem Verlangen wieder, wenigstens bei der *Strafzumessung* den kriminalpolitischen Fehler des Gesetzgebers zugunsten des Angeklagten zu berücksichtigen. Wer sich als Student weigert, angesichts eines klaren Tatbestandes nach der kriminalpolitischen ratio legis zu fragen, wird das als Richter nachholen müssen.

Philipp Heck, Das Problem der Rechtsgewinnung, 1912:[13] „Mit besonderem Nachdruck (muß) gefordert werden, daß die Wissenschaft die Wertung des Gesetzes, die Interessengrundlage der gesetzlichen Bestimmungen erforsche und hervorhebe. Jeder Rechtssatz ist auf seinen Interessengehalt zu prüfen. Zweitens ist aber zu fordern, daß die Rechtswissenschaft auch das Leben erforsche, die Lebensgrundlagen und Lebensbedürfnisse, die Wirkung des Rechtes auf das Leben, die funktionelle Seite der Rechtsinstitute ... In der Betonung der Interessenforschung bei Rechtserkenntnis und Lebenserkenntnis liegt der berechtigte Kern des stark betonten Verlangens nach einer soziologischen Rechtswissenschaft, einer Rechtssoziologie oder einer die dogmatische Rechtswissenschaft ergänzenden soziologischen Rechtswissenschaft.“

Letztlich besteht zwischen kriminalpolitischem und begrifflichem Argumentieren kein Gegensatz.[14] Wer „begrifflich“ argumentiert, beruft sich auf den Begriff und damit auf eine kriminalpolitische Entscheidung des Gesetzgebers. Umgekehrt muß jede kriminalpolitische Argumentation „begrifflich“ geführt werden, d. h. vom Einzelfall weggeführt werden. Der Verantwortung, die darin liegt, einen Konflikt entscheiden zu müssen, obwohl es keine eindeutige Lösung gibt, darf man sich nicht dadurch entziehen, daß man zu übertriebenem Formalismus oder gefühlsmäßiger Fall-zu-Fall-Entscheidung flüchtet.[15] Der *Wert begrifflicher Argumentation* liegt im

[12] Die Fallsammlung von *Baumann-Arzt-Weber* macht (seit der 3. Aufl.) den Versuch, dadurch zu kriminalpolitischen Überlegungen anzureizen, daß verschiedentlich der Lösung anhand der lex lata eine lex ferenda gegenübergestellt wird.

[13] Studien und Texte zur Theorie und Methodologie des Rechts, Bd. 2, 1968, S. 40.– Zur Studienreform vgl. die Loccumer Beschlüsse, JuS 1969, 599.

[14] Näher zum Verhältnis von „Kriminalpolitik und Strafrechtssystem“ die gleichnamige Schrift von *Roxin* 1970 sowie *Hassemer*, Strafrechtsdogmatik und Kriminalpolitik, 1974.

[15] *Talcott Parsons*, A Sociologist looks at the Legal Profession (Essays in Sociological Theory, rev. ed. Glencoe, Ill., 1958) S. 370, 377 deutet sowohl „exaggerated legal ,formalism‘“ als auch „the ,sentimental‘ exaggeration of ...,interests‘“ als Flucht vor der Belastung, die die Pflicht zur Streitentscheidung ohne klaren Anhalt mit sich bringt.

Schutz vor Willkür und gefühlsbedingten Kurzschlüssen im Einzelfall. Manche Bearbeiter versuchen, „grundsätzlichen" Problemen dadurch auszuweichen, daß sie es dahingestellt sein lassen, ob z. B. der subjektiven Teilnahmetheorie *stets* zu folgen sei. Jedenfalls im konkreten Fall folge ihr der Verfasser, weil sie zu einem befriedigenden Resultat führe. – Eine solche Argumentation verkennt den Wert der Kontrolle der Einzelfallentscheidung durch Abstraktion.

Beispiel 14:
BGHS*t* 16, 155: Eine dogmatische Grundsatzentscheidung, nämlich die Einordnung des Irrtums über die Garantenpflicht beim unechten Unterlassungsdelikt, hatte der *BGH* an Hand folgenden Sachverhalts zu treffen: „Der Angeklagte fuhr nach den Feststellungen der Strafkammer mit seinem Wagen, den er steuerte, die Mitangeklagten *St., H., J.* und *K.* sowie die 16jährige *Annegret M.*, das Opfer der späteren Notzucht, von einer Gastwirtschaft in H. zu einem einsamen Feldweg. Dort wollte man mit dem Mädchen geschlechtlich verkehren. Das wußte der Angeklagte. Ob er damit rechnete, daß der Geschlechtsverkehr auch gegen den Willen des Mädchens gewaltsam erzwungen werden sollte, hat die Strafkammer nicht feststellen können. Nachdem der Angeklagte seinen Wagen auf dem Feldweg angehalten hatte und zunächst er und *H.*, später auch *J.* und *K.* ausgestiegen waren, vollzog *St.* in dem Wagen mit dem sich wehrenden Mädchen gewaltsam den Geschlechtsverkehr. Der Angeklagte dachte sich, nachdem er ausgestiegen war, daß in seinem Wagen möglicherweise Gewalt angewendet würde. Er wurde von *J.*, der noch mit angesehen hatte, wie *St.* und *K.* begannen, das sich heftig wehrende Mädchen mit Gewalt zu entkleiden, darüber unterrichtet, was sich im Wagen abspielte. Er hörte auch das Mädchen laut schreien. Er unterließ es gleichwohl einzugreifen, obwohl er die Tat hätte verhindern können. Der *5. Strafsenat* entnimmt den Urteilsgründen als Überzeugung der *Strafkammer*, daß der Angeklagte diese Möglichkeit auch erkannte. Sie hat ihm jedoch nicht nachweisen können, daß er sich seiner Rechtspflicht zum Eingreifen bewußt war, sie meint aber, er hätte diese Rechtspflicht erkennen können und müssen; sein Irrtum hierüber sei ein Verbotsirrtum, der vermeidbar gewesen sei und daher die Schuld nicht ausschließe. Die Entscheidung über die Revision hängt hiernach von der Beantwortung der Vorlegungsfrage ab. Gehört das Bewußtsein von der Rechtspflicht, zur Erfolgsabwendung tätig zu werden, zum Vorsatz, so fehlt es für die Verurteilung des Angeklagten wegen Beihilfe zur Notzucht am Nachweis dieses Vorsatzes."
Vielleicht wäre die dogmatische Entwicklung anders verlaufen, wenn das Rechtsgefühl einen Freispruch nahegelegt hätte. – Zum Verhältnis des Rechtsgefühls im Einzelfall und der dogmatischen Generalisierung vgl. auch den Raub der Gefängnisschlüssel, oben Beispiel 11.

Die Entscheidung eines Interessenkonflikts kann so sehr vom Einzelfall abhängen, daß eine generelle Entscheidung unmöglich wird. Ein trotzdem vorhandener begrifflicher Konsens ist dann oft trügerisch. Die Fall-zu-Fall-Entscheidung wird durch ihn nicht ausgeschaltet, sondern verschleiert. Bemerken wird das nur derjenige, der sich mit diesem begrifflichen Konsens im einzelnen auseinandersetzt.

Beispiel 15:
Die streitige und komplizierte Lösung des *Verbotsirrtums* deutet darauf hin, daß nicht generalisierbare Umstände des Einzelfalles so wichtig sind, daß sie eine begrifflich-generelle Lösung verhindern. In seiner Grundsatzentscheidung BGHS*t* 2, 194,

203 bemerkt der *BGH* zur Rechtsprechung des *RG* und der Unterscheidung von beachtlichem außerstrafrechtlichen und unbeachtlichem strafrechtlichen Irrtum: „Zwar hat die Rechtsprechung des *RG*, wie auch ihre Gegner anerkennen, gleichwohl meist zu befriedigenden Ergebnissen geführt; doch ist dies vor allem dem Umstand zu verdanken, daß die logische Undurchführbarkeit jener Unterscheidung gestattete, die Entscheidung nach dem Rechtsgefühl zu treffen und mit der strafrechtlichen oder außerstrafrechtlichen Natur der verkannten Rechtsnorm zu begründen, je nachdem, ob nach dem Rechtsgefühl der Irrtum Beachtung verdiente oder nicht."

Man lege sich die Frage vor, ob für die Rechtsprechung des *BGH* mit der dogmatisch komplizierten Abgrenzung von Verbots- und Tatumstandsirrtum nach der sog. eingeschränkten Schuldtheorie nicht dasselbe gilt.

§ 5. Argumentationstechnik

1. Autoritäten sind keine Argumente

Bei der Subsumtion des Sachverhalts unter die in Mittelbegriffe aufgeschlüsselten Tatbestandsmerkmale wird sich oft ergeben, daß das Problem nicht neu ist. Die Fragwürdigkeit der Subsumtion ist anhand ähnlicher Sachverhalte in Rechtsprechung und Literatur erörtert. Dann sind bei der Fallbearbeitung die für bzw. gegen die Subsumtion sprechenden Gesichtspunkte abzuwägen. Die Aufgabe ist also eine doppelte: Der Gutachter muß zunächst einmal herausfinden, daß der konkrete Fall anderen schon entschiedenen oder in der Literatur diskutierten Fällen so weitgehend entspricht, daß für ihn dieselben Argumente zutreffen. Darüber hinaus muß der Bearbeiter diese Argumente kennen.

In dieser Situation wird die Darstellung, die *Argumentationstechnik*, besonders wichtig. Sie entscheidet darüber, ob der Leser den Eindruck gewinnt, daß der Bearbeiter nicht nur das Ergebnis der h. M. kennt, sondern auch die Gründe verstanden hat, die zu diesem Ergebnis geführt haben. Statt sich zu merken, wie der *BGH* einen bestimmten Fall entschieden hat (Wissensfrage), sollte man versuchen, die zugrunde liegende Kontroverse zu erfassen (Verständnisfrage). Manche Klage über das viele Auswendiglernen geht von irrigen Vorstellungen darüber aus, was bei der Fallbearbeitung erwartet wird. Schlagwortartig ausgedrückt: *Verständnis geht vor Wissen.*[1] Daraus ergibt sich ein erster, leider nicht überflüssiger Hinweis: Weder *BGH*-Urteile noch literarische Stellungnahmen können als Begründungen verwendet werden.[2] *Autoritäten sind keine Argumente.* Dazu ein relativ ausführliches Beispiel:

[1] Vgl. § 17 IV Nds JAO v. 7. 6. 1972: „Die mündliche Prüfung soll in erster Linie eine Verständnisprüfung sein ..." – Dieses Primat gilt m. E. auch für den schriftlichen Teil der Prüfung. Richtig daher die ähnliche, für die ganze Prüfung geltende Formulierung in § 2 II NRW JAG.

[2] So auch *Kern*, Anleitung, S. 20.

Beispiel 16:

Tübinger Examensfall 1970; z. T. abgewandelt: *A* schlägt aus Rachsucht gegenüber den Eheleuten *X* dem *B* vor, *B* solle mit der 10jährigen Tochter *X* unzüchtige Handlungen vornehmen. *B* erklärt sich dazu bereit. Eines Tages nimmt er nach reichlichem Alkoholgenuß entsprechende Handlungen mit der Tochter *X* vor. Es kann nicht geklärt werden, ob *B* bei Vornahme der unzüchtigen Handlungen volltrunken war oder nur mehr oder weniger stark angetrunken.

Lösung: (Bitte nicht einfach lesen, sondern erst selbst überlegen!) Für § 176 I fehlt es am Nachweis der Schuldfähigkeit. Dem Sachverhalt ist nicht zu entnehmen, daß *B* sich zur Vornahme des § 176 I betrunken hat (vorsätzliche actio libera in causa). Die Trunkenheit fällt zufällig mit einer allgemeinen Geneigtheit zusammen, unzüchtige Handlungen an der *X* vorzunehmen.[3] Für § 330a fehlt es am Nachweis des Rausches und damit auch am Nachweis, daß er „in diesem Zustand" eine rechtswidrige Tat begangen hat. In dieser Situation muß man sich auseinandersetzen mit in dubio pro reo, insbesondere ob der Grundsatz zweimal anzuwenden ist, d. h. erst auf § 176 I, dann auf § 330a, oder ob Annahme von Trunkenheit bei Gesamtbetrachtung ein für den Täter günstigeres Minus (Stufenverhältnis!) gegenüber voller Schuldfähigkeit darstellt.[4] Von der h. M. aus ist dann auf Wahlfeststellung zwischen § 330a und § 176 I einzugehen (abzulehnen, weil die rechtsethische und psychologische Vergleichbarkeit fehlt).[5] Schließlich kommt man zu der vom *BGH*[6] verfochtenen Konstruktion des § 330a als eines Auffangtatbestandes. Diese Konstruktion wollte sich der Gesetzgeber des EGStGB mit der Formulierung zu eigen machen, „infolge des Rausches schuldunfähig … oder … dies nicht auszuschließen", vgl. BT-Dr 7/550 S. 268.

An die Stelle einer solchen, hier umrißhaft angedeuteten *Begründung* wird allzuoft eine *Autorität* gesetzt. Das liest sich etwa so: „*B* kann nicht aus § 176 I bestraft werden, weil zu seinen Gunsten davon auszugehen ist, daß er sich so betrunken hat, daß er schuldunfähig war, § 20 i. V. mit dem Satz in dubio pro reo. *B* ist aber aus § 330a zu bestrafen. Zwar steht sein Vollrausch nicht fest. Mit dem *BGH* ist jedoch davon auszugehen, daß in solchen Fällen § 330a die Rolle eines Auffangtatbestandes übernimmt, d. h. *B* ist aus § 330a zu bestrafen, obwohl sein Rausch nicht sicher feststeht." Hier soll die Autorität des *BGH* die Begründung ersetzen. Eine solche Fallösung befriedigt nicht. Das Beispiel zeigt außerdem, wie gefährlich eine solche Speicherung von Ergebnissen (statt des Verständnisses von Streitfragen!) ist. Das Ergebnis ist nämlich (vom Boden des *BGH* aus) falsch. Weil der Hintergrund der Theorie vom Auffangtatbestand nicht erfaßt wird, wird sie auf eine Situation angewendet, in der der *BGH* zum Freispruch des *B* gelangt wäre. Die Konstruktion des Auffangtatbestandes setzt nämlich voraus, daß feststeht, daß der Täter sich wenigstens so sehr betrunken hat, daß seine Schuldfähigkeit vermindert ist, § 21. Im Beispiel war dagegen der Grad der Trunkenheit offen gelassen. Sind Schuldfähigkeit, verminderte Schuldfähigkeit und Schuldunfähigkeit möglich, ist freizusprechen.[7] – Auch die im EGStGB erfolgte Umformulierung des § 330a, mit der die Interpretation i. S. eines Auffangtatbestandes gesetzlich verankert werden sollte, führt an diesem merkwürdigen Resultat nicht vorbei. Zwar liegt die Voraussetzung des § 330a (n. F.) am Ende vor, denn es ist „nicht auszuschließen", daß der Täter wegen seines Rausches für die im

---

[3] Die gegenteilige Sachverhaltsauslegung wäre zur Not vertretbar. Hierzu wird u. 3. Teil § 7 1 Stellung genommen, wo derselbe Fall als Sachverhaltsauslegungsproblem (Beispiel 23) behandelt wird.

[4] So *Peters*, S. 248; anders die h. M., vgl. *BGHSt (GS)* 9, 390.

[5] *BGHSt (GS)* 9, 390.

[6] AaO.

[7] Zur Begründung dieses merkwürdigen Erg. (warum merkwürdig?) vgl. *BGH* bei *Dallinger*, MDR 1967, 369 = GA 1967, 281; *BGH*, GA 1968, 371.

Rauschzustand begangene Tat nicht bestraft werden kann, doch ist nicht nachzuweisen, daß sich der Täter überhaupt „in einen Rausch versetzt" hat.

Von dem Satz, daß die Anführung von Autoritäten die Begründung nicht ersetzt, gibt es eine Ausnahme. Die *Berufung auf das Gesetz als Autorität genügt zur Begründung.* So selbstverständlich das sein sollte, so hartnäckig wird in einigen Fällen das Gesetz ignoriert. Insbesondere im Allgemeinen Teil, wo allerdings Vieles nicht im Gesetz steht, wird auch dort mit Schrifttum, Rechtsprechung und h. L. argumentiert und etwas begründet, das – weil gesetzlich geregelt – der Begründung nicht bedarf. Diese Gefahr besteht vor allem nach Inkrafttreten des 2. StrRG. Der Bearbeiter darf den neuen Gesetzestext nicht aus den Augen verlieren und auf altbekannte Streitfragen eingehen, obwohl sie jetzt durch den Gesetzgeber eindeutig entschieden wurden. Empfehlenswert ist die Einführung in das neue Strafrecht durch *Roxin-Stree-Zipf-Jung* (vgl. Literaturverzeichnis).

Beispiel 17:
    Im Beispiel 16 wäre es verfehlt, die Strafbarkeit des *A* (trotz Freispruchs des *B*) aus §§ 176 I, 26 damit zu begründen, „daß nach h. M. vom Grundsatz der limitierten Akzessorietät auszugehen ist". Statt dessen ist auf § 29 hinzuweisen.

Zu den *vergessenen Vorschriften* im Allgemeinen Teil gehören: § 23 I (der Versuch eines Vergehens ist nur strafbar, wenn das Gesetz es ausdrücklich bestimmt – deshalb ist weder versuchte Körperverletzung noch versuchte Untreue strafbar!); § 18 (diese Bestimmung erspart Ausführungen zum Schuldprinzip und zum Grundgesetz); §§ 15–17 (oft wird unnötigerweise das Ergebnis aus der Vorsatz- oder Schuldtheorie statt aus dem Gesetz begründet, ein Fehler, der angesichts der ausführlichen gesetzlichen Regelung schwer wiegt); § 11 I Nr. 2 (die Einordnung in den AT ist ungewohnt) und § 11 II (bis 1973 umstrittene Fragen der Teilnahme an der Verwirklichung von Tatbeständen, die Fahrlässigkeitselemente enthalten – z. B. § 224 – werden dadurch und durch § 18 teilweise geklärt). – Auch §§ 25, 26, 27 geraten über der Auseinandersetzung mit den verschiedenen Teilnahmetheorien leicht aus dem Blickfeld. – Auch bei der Problematik der Garantenpflicht muß zunächst mit dem Gesetz (§ 13) argumentiert werden! Man hüte sich auch vor der Berufung auf „übergesetzlichen Notstand". Dieser Rechtfertigungsgrund ist zu einem wesentlichen Teil seit dem 2. StrRG gesetzlich in § 34 geregelt.

Im *Besonderen Teil* sind die Fehler nicht so typisch. Oft verstellt § 253 den Blick auf § 255; bei § 263 I sollte man die Worte „oder einem Dritten" unterstreichen. Auch § 221 wird leicht übersehen, weil man nach § 217 nicht mehr an Tötungs- und vor § 223 noch nicht an Körperverletzungsdelikte denkt. – Als *Faustregel* ist insbesondere für den Besonderen Teil anzuraten, Paragraphen ganz zu lesen, statt sich mit dem ersten Absatz zu begnügen. Ein primitiver Rat; aber wie oft wird die Frage des Versuchs des erfolgsqualifizierten Delikts deshalb nicht gesehen, weil z. B. Abs. II des § 239 nicht gelesen wird. Ebenso wird häufig § 229 II übersehen. Auf den neuen § 223 a sei ausdrücklich hingewiesen.

2. *Das Erfordernis eigener Begründung*

Immer wieder liest man in Hinweisen zur Fallbearbeitung, zuerst seien die verschiedenen Meinungen darzustellen, dann habe der Verfasser dazu eigenständig Stellung zu beziehen.[8] – M. E. wird damit den Bearbeitern (sogar in Hausarbeiten,[9] sicher in Klausuren) mehr abverlangt, als sie leisten können. Ich rate dringend, die in die gleiche Richtung zielenden Ausführungen von *Schwerdtfeger*[10] nachzulesen.

Beispiel 18:
T bedroht O mit der Pistole und verlangt Geld. O, von der Hoffnungslosigkeit des Widerstandes überzeugt, gibt dem T seinen Geldbeutel. – Bei der *Lösung* kommt es u. a. darauf an, § 255 von § 249 abzugrenzen. Angenommen, der Bearbeiter weiß, daß die Rechtsprechung[11] in § 255 die lex generalis sieht, der § 249 als lex specialis vorgeht, wenn nach dem „äußeren Erscheinungsbild" eine Wegnahme vorliegt (also hier § 255, da O gibt – T nimmt nicht). Angenommen, der Bearbeiter weiß auch, daß ein Teil der Literatur im Anschluß an *Schröder*[12] §§ 249, 255 anders abgrenzt, nämlich danach, ob das unter Druck gesetzte Opfer eine Vermögensverfügung i. S. des § 263 trifft (dann § 255, also auch bei Wegnahme durch T, wenn das Verhalten des O als relativ freiwillige Duldung = Vermögensverfügung interpretiert werden kann), während bei fehlender Vermögensverfügung, also auch bei unfreiwilliger *Herausgabe*, § 249 eingreifen soll. – Es wäre völlig unrealistisch, wollte man erwarten, daß der Bearbeiter zu diesem Meinungsstreit mit eigenständiger Argumentation Stellung bezieht.

Die Unmöglichkeit eigener Stellungnahme bringt es mit sich, daß vieles auf die Argumentationstechnik ankommt. Es stellt eine Vergeudung kostbaren Wissens dar, wenn es in Arbeiten heißt: „Das Problem ist, ob . . . oder ob . . . Die erstere Meinung vertritt der *BGH*, die letztere ist im Schrifttum herrschend. Ich schließe mich dem *BGH* an". Bei dieser Art der Darstellung wird man das Gefühl nicht los, daß der Schreiber einen Losentscheid herbeigeführt hat. *Man hüte sich vor dem Schema: Meinung a – Meinung b – eigene Meinung.*

[8] Vgl. *Kern*, Anleitung S. 20.
[9] Nach § 14 I 2 Nds JAO soll die Hausarbeit „dem Prüfling Gelegenheit geben, darzutun, daß er fähig ist, wissenschaftlich zu arbeiten und sich ein selbständiges Urteil zu bilden". – Das bedeutet nicht, daß ihm zu einem allgemein diskutierten Rechtsproblem eine auf neue Argumente gestützte Lösung einfallen muß.
[10] S. 9.
[11] *BGHSt* 7, 252; 18, 75.
[12] *Schönke-Schröder*, § 249 Rdnr. 2.

Besser ist es, zuerst die später abgelehnte Meinung zu Wort kommen zu lassen. Dann folgt das nach der Ansicht des Verfassers durchschlagende Argument der „richtigen" Meinung. Die zweite, bessere Meinung wird vom Verfasser also gleich als seine eigene Meinung dargestellt. Dabei werden alle Quellenangaben (soweit man in Klausuren überhaupt Quellen anzuführen imstande ist) in den Nebensatz abgeschoben.

> Also nicht: „Der *BGH* sagt", sondern: „Zu erwägen ist, ob . . . Gegen diese vom *BGH* vertretene Auslegung bestehen aber durchschlagende Bedenken. Es ist nämlich, worauf *Schröder* zutreffend hinweist . . .".

Gewiß wird bei dieser Art der Darstellung die fehlende eigene Stellungnahme nur optisch kaschiert. Immerhin erfährt man, welchem Argument der Verfasser besonderes Gewicht beimißt.

Beispiel 19:
> Der Fall 18 wäre also etwa so zu lösen: „Man könnte daran denken, *Wegnahme* i. S. des § 249 auch bei unfreiwilliger *Weggabe* durch *O* anzunehmen. Diese, besonders von *Schröder* begründete Ansicht würde §§ 255, 249 mit Hilfe des Merkmals der Vermögensverfügung parallel zu §§ 263, 242 abgrenzen. Dagegen bestehen Bedenken, weil es dann auf die bei § 255 stets problematische ‚Freiwilligkeit' der Verfügung ankäme. Deshalb ist mit der Rechtsprechung auf das äußere Erscheinungsbild abzustellen. In concreto liegt das äußere Bild einer Weggabe vor. § 249 scheidet somit aus. § 255 . . ."

Das Schema, erst die abzulehnende Ansicht, dann die Gegenmeinung als eigene Ansicht darzustellen, kann man gelegentlich variieren. Man kann das für richtig gehaltene Ergebnis einer Behauptung *im Urteilsstil* voranstellen. Etwa, vgl. Beispiel 18: „§ 249 scheidet aus, weil es am äußeren Erscheinungsbild der Wegnahme fehlt. Wenn gegenüber diesem Abgrenzungskriterium eingewendet wird . . ., so ist das nicht richtig, denn . . ." – Diese gelegentliche Verwendung des Urteilsstils belebt das Gutachten. Sie ist besonders bei fast ausgetragenen Streitfragen zu empfehlen.[13]

Mit der Frage des Gutachten- oder Urteilsstil verwandt ist die schon mehrfach, insbesondere oben 2. Teil berührte Frage der Trennung von Auslegung und Subsumtion. Die insbesondere von *Kienapfel*[14] und *Deubner*[14] sogenannte „*direkte*" *Methode* hebt die Trennung von Auslegung (abstrakt) und Subsumtion des konkreten Sachverhalts weitgehend auf. Es wird direkt subsumiert, d. h. die schwierige Auslegung des in Rede stehenden Tatbestandsmerkmals wird nicht generell erörtert, sondern sofort in bezug auf den konkreten Sachverhalt. *Die direkte Methode ist Fortgeschrittenen zu empfehlen.*

---

[13] So auch *Schneider*, S. 42. Vgl. hierzu auch die Überlegungen zur sog. direkten Methode bei *Kienapfel*, JuS 1967, 414 Erl. 5 und *Deubner*, JuS 1967, 470 Erl. 3.
[14] *Kienapfel*, Strafrechtsfälle, S. 18, 115; *Deubner*, JuS 1967, 470 Erl. 3.

Beispiel 20:

In einer Klausur (Baden-Württemberg, 1971) hatte der Bauer B dem Eierhändler E „bei einer Gelegenheit . . . ein Blankoformular zu einer Erklärung für das Finanzamt übergeben. E sollte dieses Formular am Jahresende mit der im Laufe des Jahres gekauften Eierzahl ausfüllen. Vereinbarungswidrig hatte E dieses Formular jedoch zu einer Bestätigung des Empfangs des Kaufpreises benutzt" (und, gestützt darauf, Abweisung der auf Kaufpreiszahlung gerichteten Klage des B erreicht). – Bei der *Lösung* und Subsumtion unter § 267 kann man mit der Auslegung der Tatbestandsmerkmale beginnen, also insbesondere die Definition der Urkunde voranstellen. Das Mißliche dieses Verfahrens liegt darin, daß man nie weiß, wie weit man mit dieser generellen Auslegung gehen soll, daß sich dabei natürlich auch Fehler einschleichen können und daß man schließlich bei der Subsumtion Gefahr läuft, sich zu wiederholen. – Bei der direkten Methode wendet man sich sofort der Subsumtion zu. Man geht davon aus, daß dem Leser (Prüfer) die Urkundendefinition geläufig ist und daß er voraussetzt, daß man selbst (als Gutachter) die abstrakten Rechtsfragen kennt. So kann man sich auf den konkreten Fall konzentrieren. Man könnte etwa so formulieren: „Das Ausfüllen des von B blanko unterschriebenen Scheines könnte Herstellen oder Verfälschen i. S. des § 267 sein. Fraglich ist, ob vor Ausfüllen schon eine Urkunde (mit B als Aussteller) vorlag. Auch eine Blankounterschrift kann eine auf B als Aussteller hinweisende beweiserhebliche Gedankenerklärung darstellen, wenn sich aus den Umständen, insbesondere dem Formular selbst nähere Angaben entnehmen lassen. So bringt z. B. ein Blankoakzept den Willen zum Ausdruck, wechselmäßig zu haften. Hier liegt es jedoch so, daß ein objektiver Beobachter der bloßen Unterschrift des B keinen Erklärungswert beilegen kann. Es lag damit vor Ausfüllung keine Urkunde vor, so daß Verfälschen (durch Ausfüllen) ausscheidet. Da E mit der abredewidrigen Komplettierung dem B eine Erklärung, nämlich den Kaufpreis erhalten zu haben, unterschoben hat, B also nicht Aussteller dieser Erklärung ist, hat E eine unechte Urkunde hergestellt. § 267, 1. Var. liegt vor. E hat von der unechten Urkunde durch Vorlage bei Gericht auch Gebrauch gemacht, § 267, 3. Var."

Die direkte Methode erreicht eine Konzentration auf die eigentlich problematischen Punkte und geht von einer gewissen *Partnerschaft zwischen dem Verfasser eines Gutachtens und dem Leser aus.* Im Beruf ist diese Partnerschaft und die Beschränkung auf die kritischen Fragen selbstverständlich. Entsprechend sollte die Ausbildung über die anfängliche indirekte Methode (erst allgemeine Auslegung, dann konkrete Subsumtion) hinaus zur direkten Methode hinführen. Die direkte Methode setzt jedoch voraus, daß man über das Wissen verfügt, dessen Ausbreitung man sich schenkt (in Beispiel 20 die Definition des Urkundenbegriffs und Ausführungen zur Körperlichkeit, zur Schriftlichkeit und zur Beweisbestimmung). Wer über solches Wissen nicht verfügt, kann auch nicht beurteilen, was die in concreto wesentlichen Probleme sind. Deshalb ist die Befürchtung, man könnte bei der direkten Methode Wissen (und Punkte) verschenken, bei Klausuren und Hausarbeiten gleichermaßen unbegründet.

Die in den vorstehenden Ausführungen enthaltene Wendung gegen das Erfordernis eigener Begründung betrifft die eigenständige Stellungnahme zu dogmatisch strittigen Fragen. Die Erwartung, daß dem Examenskandidaten zu den viel diskutierten Streitfragen keine neue Lösung und zumeist auch kein neues Argument einfallen werde – daß man dies folglich auch von ihm nicht verlangen solle – bedeutet *keine Unterdrückung der Kreativität und Ich-Identität des Lernenden*. *Winter*[15] befürchtet „Erziehung zum Positivismus" durch entsprechende Aufgabenstellung im Examen. Er konfrontiert in einem Raster „Einfallsreichtum" mit „Reproduktion von Theorien und Lösungsschemata". Die „eigenständige Lösung" wird der „Lösung nach erwartetem Muster" gegenübergestellt. *Winter* meint, in den Klausuren werde zuviel Gewicht auf letzteres gelegt. Dazu im Rückgriff auf oben 1. Teil, § 2, 2. Teil § 5 1 und Vorgriff auf unten, insbesondere 4. Teil, nur soviel: Die Kenntnis der Dogmatik ist in der Tat examenswichtig. *Die Falllösung besteht jedoch gerade nicht in der „Reproduktion von Theorien".* Einfallsreichtum und Eigenständigkeit sind gefragt, wenn es darum geht, im konkreten Fall mit Hilfe der den Lösungshintergrund bildenden allgemeinen Theorien zu einem befriedigenden Ergebnis zu gelangen. Sehr grob als *Faustregel* gesagt: Die Theorien sind das Handwerkszeug, mit dem aus dem Sachverhalt eine gerechte Lösung herausgeholt werden soll. Eigenständigkeit und Originalität kann man regelmäßig nicht dadurch zeigen, daß man sich mit dem reichhaltigen Instrumentarium abstrakt auseinandersetzt, und nur selten wird es gelingen, ein neues Instrument zu entwickeln. Aber die Anwendung des juristischen Werkzeugs auf den konkreten Fall bietet mehr als genug Chancen, den eigenen Einfallsreichtum unter Beweis zu stellen. Wer sich jedoch für kreativ hält, weil er die Menschen ohne das übliche Handwerkszeug behandelt, verwechselt Einfall mit Einfalt. Das ist die „Kreativität" eines Dr. Eisenbart, kuriert die Leut nach eig'ner Art.

---

[15] *Winter*, JuS 1972, 107; das im Text in Bezug genommene „Raster" ebd. S. 108.

3. Teil. Sachverhaltsauslegungsprobleme

§ 6. Alle Sachverhaltsdetails sind wichtig

Einer der wichtigsten Unterschiede zwischen dem akademischen „Fall", wie er im 1. Staatsexamen gestellt wird, und der Praxis besteht darin, daß in den theoretischen Fällen die Wirklichkeit schon auf die für die rechtliche Beurteilung relevanten Tatsachen verkürzt ist. Damit wird dem Bearbeiter ein wesentlicher Teil *der* Arbeit abgenommen, die später in der Praxis auf ihn zukommt: aus dem Wust an Tatsachenmaterial, Vermutungen und Verdächtigungen das herauszufinden, was rechtlich relevant und voraussichtlich auch beweisbar sein wird. – Der akademische Fall bietet zunächst eine *feststehende tatsächliche Grundlage.* Darüber hinaus kann man in aller Regel davon ausgehen, daß alle in der Aufgabe enthaltenen Angaben für Rechtsfragen relevant sind.

Beispiel 21:
Ein *Fall* (Freiburg 1961), den der Leser zunächst selbst lösen sollte: Der Jagdberechtigte findet in einer von einem Wilderer gelegten Schlinge ein Reh. Er nimmt es heraus, legt es aber zurück, um dem Wilderer aufzulauern. Es erscheint nicht der Wilderer, sondern der Holzsammler X, der sich (vom Jagdberechtigten beobachtet) mit dem Reh davonmacht. – Hier ist es entscheidend wichtig, daß man sich fragt, welchen Sinn das Nehmen und Zurücklegen des Rehs durch den Jagdberechtigten haben könnte.

Die Relevanz der in der Aufgabe enthaltenen Angaben für Rechtsfragen bedeutet nicht, daß das fragliche Sachverhaltsdetail das *Ergebnis* der rechtlichen Beurteilung beeinflussen muß. In *Beispiel 21* muß man jedoch auf die Frage eingehen, ob das Nehmen und Zurücklegen des Wildes den Effekt hat, daß der Holzsammler das Eigentum – nicht das Aneignungsrecht – des Jagdberechtigten verletzt, mit den sich dann ergebenden weiteren Verwicklungen.

Natürlich ist auch die Faustregel, daß bei der Fallösung keine Angabe mit Stillschweigen übergangen werden darf, mit gesundem Menschenverstand zu handhaben. Der Aufgabensteller wird bemüht sein, seinen Fall mehr oder weniger plausibel zu machen. Seine Akteure sind deshalb oft keine abstrakten Schemen *(A, B, C),* sondern Männer oder Frauen mit Namen und einem Beruf. Sie haben für die Straftaten meist ein in Umrissen mitgeteiltes Motiv. Diese Angaben sind häufig für die strafrechtliche Beurteilung *irrelevant.*

Beispiel 22:

Das *Motiv* für Vermögens- oder Körperverletzungsdelikte ist, wie die entsprechenden Tatbestände zeigen, grundsätzlich irrelevant. Auf entsprechende Angaben im
Sachverhalt braucht daher nicht eingegangen zu werden. Anders ist es bei Tötungs-
delikten (§§ 211, 213).

Strafzumessungserwägungen sind zu unterlassen, so daß auch unter
diesem Gesichtspunkt Angaben über die Motive der Beteiligten
mit Stillschweigen übergangen werden können.[1] Ebenso überflüssig
sind Ausführungen zu der Frage, ob ein unbenannter *minder schwerer
Fall* angenommen werden kann. – Dagegen ist auf die obligatorische Strafrahmenänderung, die sich aus § 28 I ergibt, hinzuweisen.
In den Fällen, in denen die Anwendung dieser Bestimmung problematisch ist, kann darüber hinaus durch Errechnung und Vergleich der Strafrahmen ein Argument für oder gegen ein strafbegründendes persönliches Merkmal gewonnen werden. So spricht
es gegen den *BGH*, daß von seinem Standpunkt aus der Anstifter
zum Totschlag härter bestraft werden kann als der Anstifter zu
einem Mord, bei dem beim Täter, nicht aber beim Anstifter ein
Mordmerkmal der ersten oder dritten Gruppe des § 211 vorliegt.

Ebenso sind bei der Frage der *Regelbeispiele* (z. B. § 243) alle Angaben des Sachverhalts auszuschöpfen, wenn es um die Feststellung
des Regelbeispiels und damit des besonders schweren Falles (oder
um die Annahme eines atypischen einfachen Falles trotz Vorliegens
eines Regelbeispiels) geht. Hier darf man sich keinesfalls auf den
Standpunkt stellen, die Regelbeispiele seien keine echten Tatbestandsmerkmale, sondern vertypte Strafzumessungserwägungen
– und Strafzumessungsfragen seien nicht Gegenstand des Gutachtens!

§ 7. Das Gebot der Sachverhaltsergänzung und das Unter-
stellungsverbot

1. Allgemeines

Unter § 6 ist als Faustregel festgehalten, daß alle Sachverhaltsangaben für die rechtliche Beurteilung relevant sind. Problemati-

---

[1] So die ganz überwiegende Ansicht, vgl. die Fallsammlungen von *Baumann, Kienapfel* und *Maurach*. – Abw. *Kern*, Anleitung S. 12, wo Angabe des Strafrahmens
und der Strafmilderungs- und Strafschärfungsgründe verlangt wird. – Mit diesem
Problem dürfen die Fälle nicht verwechselt werden, in denen in der Aufgabe Strafzumessungserwägungen mitgeteilt werden. Sie müssen auf ihre Vertretbarkeit
überprüft werden. Beispiele die Fälle bei *Walter*, JuS 1973, 171 und JuS 1974, 519 und
die Aufgaben Nr. 222–224 bei *Kern-Schmidhäuser*, Strafrechtsfälle AT. Es geht dabei
meist um den Umfang der Revisibilität der Strafzumessung, vgl. unten 5. Teil, § 10.

scher ist die Umkehrung dieses Satzes. Sind alle nicht im Sachverhalt erwähnten Details rechtlich irrelevant? Wieweit muß man Angaben aus dem Sachverhalt herauslesen, wieweit darf man Angaben in den Sachverhalt hineinlesen? Die Fragen sind mit einer *Regel* zu beantworten, die allerdings nur anhand von typischen Beispielen Farbe gewinnt: *Der Sachverhalt ist sinnvoll zu ergänzen. Dabei sind Unterstellungen strikt zu vermeiden.* Viele Bearbeiter haben Schwierigkeiten, zwischen dem Ergänzungsgebot und dem Unterstellungsverbot die Balance zu halten. Warum? Zunächst begegnet im Strafrecht wie in anderen Rechtsgebieten bei diesem Balanceakt die Versuchung, daß der Bearbeiter aufgrund oberflächlicher Überlegungen meint, der Sachverhalt laufe auf ein bestimmtes Rechtsproblem hinaus. Eine derartige verfrühte Festlegung führt dann vielfach dazu, daß der Sachverhalt (durch sinnwidrige Auslegung und willkürliche Unterstellungen) so lange gebogen wird, bis er die Erörterung des dem Verfasser vorschwebenden Rechtsproblems rechtfertigt. *Diederichsen*[1] warnt mit Recht vor der „Suche nach dem ähnlichen Fall". Diese Warnung gilt auch für das Strafrecht. Anzumerken wäre noch, daß gelegentlich der umgekehrte Weg beschritten wird. Der Verfasser eines Gutachtens erkennt zutreffend, welche Probleme der Fall aufwirft. Da er jedoch in diesen Fragen nicht Bescheid weiß, biegt er den Sachverhalt so lange, bis er einen Weg *um das Problem herum* ermöglicht. Formulierungen wie „sagt der Sachverhalt *nicht eindeutig*" verraten häufig den festen Willen des Gutachters, durch gekünstelte Interpretation einem Problem zu entrinnen.

Beispiel 23:
In einer Examensklausur (Tübingen 1970) heißt es: „*A*, der mit der Familie *F* verfeindet ist, bringt den *B*, der sich gern an kleine Kinder heranmacht, auf den Gedanken, die 10jährige Tochter der Eheleute *F* sexuell zu mißbrauchen. *B* läßt sich für den Plan gewinnen. Er nimmt nach reichlichem Alkoholgenuß mit dem Kinde unzüchtige Handlungen vor. In der Hauptverhandlung kann nicht geklärt werden, ob *B* vollständig betrunken war oder nicht", vgl. oben 2. Teil, § 5 1 mit Beispiel 16.
Die schwierige Frage zu § 330a (zweimalige Anwendung des in dubio pro reo – erst bezüglich §§ 176 I, 21; dann bezüglich §§ 330a, 20 –; Wahlfeststellung zwischen § 330a und §§ 176 I, 21; schließlich die Konstruktion des § 330a als Auffangtatbestand)[2] wurde mitunter gesehen, aber umgangen. Man unterstellte, daß sich *B* betrunken hatte, um seine Hemmungen zu überwinden (§ 176 I als vorsätzliche actio libera in causa). Der Sachverhalt besage nicht eindeutig, daß *B* sich nicht in dieser Absicht betrunken habe. – Als ob ein Sachverhalt jemals eindeutig sagen kann, daß etwas *nicht* geschehen ist!
Andere Bearbeiter kamen beim ersten Überfliegen des Sachverhalts zu dem Schluß, daß der Fall auf die actio libera in causa abziele. – Daran muß man denken, aber man muß sich von solchen prima-vista-Überlegungen auch wieder freimachen können. Auf den ersten Blick muß ein zweiter folgen.

---

[1] *Diederichsen*, S. 19.
[2] Vgl. *BGHSt (GS)* 9, 370.

Für die Auslegung strafrechtlicher Sachverhalte gilt also zunächst dasselbe wie für Fälle aus anderen Rechtsgebieten. Man soll einerseits *Sachverhalte problemfreundlich auslegen*, d. h. Probleme nicht durch gekünstelte Auslegung umgehen. Andererseits gilt es, voreilige Festlegung auf ein Problem und die daraus resultierende Verbiegung des Sachverhalts zu vermeiden. Beispiel 23 veranschaulicht beide Fehler. Darüber hinaus begegnen bei der Auslegung strafrechtlicher Sachverhalte einige besondere Probleme, auf die anschließend einzugehen ist. – Wieweit bei wirklich oder vermeintlich unklarem Sachverhalt eine *Alternativlösung* anzuraten ist, wird unten 6. Teil § 14 im Zusammenhang mit anderen Fällen des Eventualgutachtens erörtert werden.

Der Rat, Sachverhalte problemfreundlich auszulegen, bedeutet zunächst nur, daß der Sachverhalt so interpretiert werden sollte, daß man zur Erörterung von Straftatbeständen und ihrer Problematik kommt. Damit ist noch nicht gesagt, daß diese Tatbestände gegeben sein müssen. Zuzugeben ist, daß man nur *selten* mit einem *Fall* befaßt sein wird, *bei dem die Beteiligten straflos ausgehen*.

Beispiel 24:
Ausnahmen bestätigen auch hier die Regel. So lag z. B. in Niedersachsen bei einer Examensklausur der Clou in der Straflosigkeit der Beteiligten (Celle, 1970). Im Vermögensstrafrecht läßt sich ein solches Resultat dadurch erzielen, daß nur furtum usus vorliegt (vgl. dazu unten 5. Teil, § 11 3). – Das *OLG Hamburg*[3] kam zur Straflosigkeit, „wenn ein Kraftfahrer, der unzulässigerweise auf dem Gehweg parkt, von einem dort gleichfalls abgestellten Pkw einen an diesem von der Polizei angebrachten Zettel (mit der Aufforderung, auf dem Polizeirevier vorzusprechen, andernfalls mit einer Anzeige wegen Verkehrsübertretung zu rechnen sei) entfernt und ihn für die Dauer seines Parkens an der Windschutzscheibe seines Wagens befestigt, um den Eindruck zu erwecken, er sei bereits als Verkehrssünder von der Polizei notiert, dabei aber die Absicht hat, bei seiner Rückkehr den Zettel wieder an dem fremden Wagen zu befestigen, falls dieser dann noch am Platz stehen sollte". – Nachdem man den sachlichen Gehalt dieses Schachtelleitsatzes erfaßt hat, überlege man, welche Tatbestände in Frage kommen (auch bei der vom *OLG* offengelassenen Abwandlung, daß der Täter von vornherein vorhatte, den Zettel zu vernichten).
Aus dem Bereich der Delikte gegen die Person vgl. die von *R. Schmitt* veröffentlichte Fallösung „*Der Klinikschreck*"[4], deren Witz auch in der weitgehenden Straflosigkeit der Beteiligten liegt.

Der juristische Nachwuchs wird darauf geschult, einen Sachverhalt auf einschlägige Straftatbestände abzusuchen. Diese Suche wird in Übungs- und Examensfällen dadurch belohnt, daß man regelmäßig solche Tatbestände findet. Diese Regel kann man für die Sachverhaltserfassung nutzbar machen. – In der Praxis gelangt

---

[3] NJW 1964, 736. Zu diesem Urt. *Baumann*, NJW 1964, 705; *Schröder*, JR 1964, 229. – Als Klausur mit ausf. Musterlösung (in der § 242 bejaht wird) kehrt der Fall wieder bei *Blei*, JA 1974, 37.
[4] JuS 1970, 185.

man bei der Suche nach einem einschlägigen Straftatbestand viel häufiger zu einem negativen Ergebnis. Das führt zu der bangen Frage, ob die an der Universität den Juristen anerzogene Entdeckerfreude darüber, den passenden Straftatbestand gefunden zu haben, später nicht eine *latente Erwartung* begünstigt, *das in Frage stehende Verhalten werde schon unter irgendeine strafrechtliche Norm fallen*. Daß die in den Übungsfällen agierenden Personen die fraglichen Delikte auch stets begangen haben und nie zu Unrecht verdächtigt werden (dazu vorstehend § 6), könnte später eine latente Erwartung begünstigen, die in den Sachverhalt verwickelten Personen seien schuldig. Fragmentarische Natur des Strafrechts, Analogieverbot und in dubio pro reo werden so psychologisch geschwächt.

2. *Sachverhaltsauslegung und in dubio pro reo*

Im Strafprozeß wirken sich Unklarheiten in tatsächlicher Hinsicht zugunsten des Angeklagten aus, in dubio pro reo (vgl. jetzt Art. 6 II MRK). Es ist verständlich, daß dieser Grundsatz immer wieder bemüht wird, um eine bestimmte Sachverhaltsauslegung zu rechtfertigen. Meistens ist das jedoch überflüssig, mitunter einfach falsch. Zunächst versteht es sich, daß bei Zweifeln hinsichtlich der *rechtlichen Beurteilung* nicht mit Hilfe des in dubio pro reo entschieden werden kann.

Beispiel 25:
Die Rechtsfrage, ob man Rücktritt vom unbeendeten Versuch trotz Erfolgseintritts annehmen kann oder nicht[5] hat mit in dubio pro reo nichts zu tun. – Die Frage *Mittäter oder Gehilfe* kann über in dubio pro reo gelöst werden, wenn der Sachverhalt angibt, daß der Umfang des Tatbeitrages nicht nachgewiesen werden kann.[6] Steht – wie meistens – die Beteiligung und ihr Umfang fest, ist die Beurteilung als Beihilfe oder Mittäterschaft dagegen eine Rechtsfrage. Es ist dann falsch, sich der Subsumtion anhand einer der Teilnahmetheorien dadurch zu entziehen, daß man in dubio pro reo Beihilfe annimmt.

Auch im tatsächlichen Bereich braucht bei Fallösungen nur selten auf in dubio pro reo zurückgegriffen zu werden. Die Aufgabe grenzt den bewiesenen Sachverhalt ab, vgl. oben § 6. Diese Begrenzung darf nicht durch Unterstellungen gesprengt werden, weder zum Nachteil des Täters (insoweit besteht keine Versuchung, in dubio pro reo heranzuziehen) noch zu seinem Vorteil. Die Gefahr des in

---

[5] Vgl. *Arzt*, GA 1964, 1, 7. – Erörterung des Problems anhand eines Falles (mit Lösung) bei *Baumann-Arzt-Weber*, Fall Nr. 20.
[6] Das war in Bayern 1969 eine der Examensfragen. – Vgl. dazu *BGHSt* 23, 203 m. Anm. *Fuchs*, NJW 1970, 1052; *Schröder*, JZ 1970, 422. Der *BGH* lehnt ein Stufenverhältnis zwischen Beihilfe und Täterschaft und damit die direkte Anwendung des i. d. p. r. ab. Dasselbe Erg. wird über eine komplizierte Konstruktion erreicht (nachlesen!). – Vgl. dazu auch u. 5. Teil § 11 4.

dubio pro reo bei der Sachverhaltsauslegung liegt darin, daß der
normale, durch den Sachverhalt hinreichend klar gekennzeichnete
Lauf der Dinge, daß die natürliche Interpretation und Ergänzung
des Sachverhalts unter Berufung auf in dubio pro reo durch eine
ganz entfernte, für den Täter günstigere Möglichkeit ersetzt wird.
*In dubio pro reo rechtfertigt es bei der Sachverhaltsauslegung nicht, vom
Normalen abzuweichen!*

Beispiel 26:
  In einem Bayerischen Examensfall (1966) heißt es: „Frau *A*, deren Ehemann eine
  fünfjährige Zuchthausstrafe verbüßt, führt einen liederlichen Lebenswandel. Als sie
  sich von einem ihrer Liebhaber . . . namens *B* schwanger fühlte . . .‟ *B* rät dann zur Abtreibung durch *G*. *A* lehnt das ab, erklärt sich aber zur Eigenabtreibung bereit. *B* verschafft ihr ein geeignetes Pulver.
  Hier ist *B Anstifter* zur Eigenabtreibung. Man kann zweifeln, ob er Mittäter ist.
  Z. T. wird vertreten, ein Garant, der durch positives Tun zur Erfolgsherbeiführung
  beitrage, sei stets Mittäter, d. h. ohne Rücksicht auf das Gewicht des Tatbeitrages und
  den „animus".[7] – Stellt man sich auf den Boden dieser Ansicht, kommt es bei *B* darauf
  an, ob er Garant ist. Trotz des „liederlichen Lebenswandels" der *A* darf hier der Sachverhalt nicht zugunsten des *B* unter Berufung auf in dubio pro reo dahin abgeändert
  werden, daß man davon ausgeht, daß auch jemand anders die *A* geschwängert haben
  könnte.
  Als zweites Beispiel vgl. man den von *R. Schmitt*, JuS 1969, 326, veröffentlichten
  Freiburger Examensfall. Ein Nichtstudent hatte in der Mensa gegessen. Im Sachverhalt heißt es, im Gebäude „befindet sich ein deutlich sichtbarer Hinweis" (daß nur
  Studenten Mensaessen beziehen dürfen). Der Sachverhalt sagt nichts darüber, ob der
  Täter diesen Hinweis gesehen hat. Eine am normalen Hergang orientierte Interpre-
  tation muß den Sachverhalt in diesem Detail ergänzen (statt unter Berufung auf *in dubio pro reo* zu unterstellen, der Täter habe das Schild übersehen!).
  Als drittes Beispiel lese man den Fall „Die Meineidbauern", *Blei*, JuS 1963, 405,
  nach. Hier klagen sich zwei Bauern, von denen der eine auf Unterhalt, der andere aus
  Kauf verklagt wird, ihr Leid. Sie kommen auf den Gedanken, jeweils zugunsten des
  anderen auszusagen. – Obwohl der Sachverhalt mit keinem Wort erwähnt, daß die
  Ansprüche zu Recht bestehen, ist bei der Prüfung des § 263 davon auszugehen, daß
  die Meineidbauern einer begründeten Forderung entgehen wollen, richtig *Blei*, aaO
  Erl. 9.

Dieses Verbot, bei der Sachverhaltsauslegung vom Normalen abzuweichen, ist noch dahin zu ergänzen, daß es unangebracht ist,
entlegene Interpretationen überhaupt zu erörtern. Leider kommt es
insbesondere bei Anstiftung oder mittelbarer Täterschaft (Drohung
oder Ausnutzung der intellektuellen Unterlegenheit des Werkzeugs) immer wieder vor, daß *Geisteskrankheit* oder *unwiderstehlicher
Zwang* unterstellt oder unnötigerweise erörtert werden.

Beispiel 27:
  T findet in ihrer Wohnung Diebesgut, das ihr Sohn dort versteckt hat. Sie „bekommt Angst" und will die Gegenstände ins Wasser werfen. In dieser Klausur (Heidelberg 1970, Celle 1972) ist es unnötig und *unrichtig*, Ausschluß oder Verminderung
  der Schuldfähigkeit im Hinblick auf die Angst der *T* zu untersuchen. Leider ist dieser

----
[7] Vgl. *Schönke-Schröder*, Vorb. § 47 Rdnrn. 105 ff.

Fehler oft gemacht worden. Befindet man sich erst einmal auf dem falschen Gleis der §§ 20, 21, führt es rasch zu zusätzlichen Fehlern. So haben einige Bearbeiter bei *T* verminderte Schuldfähigkeit schließlich mit der Erwägung abgelehnt, der Umfang der Straflosigkeit der Selbstbegünstigung (Angst!) ergebe sich abschließend aus dem (jetzigen) § 258 V, nicht aus §§ 20, 21. Mit einer solchen „Begründung" gelangt man wieder zum rechten Weg zurück. Beim unnötigen Umweg hat man jedoch Zurechnung mit Zumutbarkeit durcheinandergebracht. – Heißt es in einem Sachverhalt, „*G*, der nur schwach begabt und im Denken sehr langsam . . . ist" (Bonner Hausarbeit 1969), wird damit auf mittelbare Täterschaft hingewiesen. Es besteht kein Anlaß, an der Schuldfähigkeit des *G* auch nur zu zweifeln. – Selbst wenn ein Sachverhalt davon spricht, „in stundenlangen Auseinandersetzungen geraten alle Beteiligten in höchste Erregung" (Bayerisches Staatsexamen 1968; Selbstmordproblematik), darf Schuldunfähigkeit nicht unterstellt werden. Das wäre eine problemfeindliche Interpretation.[8]

Bei normalen *Sittlichkeitsdelikten* darf nicht unterstellt oder auch nur erörtert werden, daß (ob) der Täter unter einem seine Schuldfähigkeit ausschließenden sexuellen Zwang gehandelt habe. Bei der Bearbeitung des in Beispiel 23 mitgeteilten Falles ist es trotzdem häufig geschehen.

3. Sachverhaltsauslegung und innere Tatsachen

a) *Die Unterstellung von Vorsatz (dolus eventualis) und Irrtum*

Die Unsicherheit bei der Interpretation des Sachverhalts in tatsächlicher Hinsicht ist besonders bei *inneren Tatsachen* zu spüren. Welche Vorstellungen sich die Beteiligten gemacht haben, ob der Täter irrig etwas angenommen hat, ob er fahrlässig, vorsätzlich, absichtlich gehandelt hat, hat der Bearbeiter eines Examensfalles (und der Richter) aus äußeren Umständen zu folgern. Auch hier gilt, daß der Sachverhalt durch Schlüsse zu ergänzen ist, die sich am Normalfall orientieren, daß zugleich Unterstellungen zu vermeiden sind.

Zunächst zu *typischen unzulässigen Unterstellungen.* Den häufigsten Fall bildet die Unterstellung des Vorsatzes, wobei man sich als „Begründung" des *dolus eventualis* bedient.

Beispiel 28:
Der Gefangene schlägt mit einem eisernen Wasserkrug den Aufseher nieder und flieht. Der Aufseher erleidet eine Gehirnquetschung und verfällt in Siechtum (*BGH, LM* § 249 Nr. 16). – Aus dem äußeren Geschehen ist auf den Körperverletzungsvorsatz zu schließen, ohne daß das lang zu begründen wäre. Bei solchen Sachverhalten (Messerstechereien, gefährliche Eingriffe zwecks Abtreibung, gewaltsame Wegnahme) wird häufig dolus eventualis bezüglich der Tötung unterstellt; vor allem dann, wenn das Opfer wirklich stirbt. Die Arbeit gerät dadurch in ein ganz anderes, oft sehr kompliziertes Fahrwasser.

---

[8] Auch sonst sprechen Sachverhalte von starker oder heftiger Erregung, ohne daß §§ 20, 21 angesprochen werden sollen. Es geht nur um die Motivation der Beteiligten, etwa wenn plausibel zu machen ist, wie eine Schlägerei (mit Notwehrproblematik) aus der Frage entsteht, wer wessen Braut heimbringen darf, vgl. *OLG Neustadt*, NJW 1961, 2076 (Examensfall in Baden-Württemberg 1963).

Die Unterstellung des dolus eventualis ist unzulässig. Die vom Täter erkannte Wahrscheinlichkeit des Erfolgseintritts rechtfertigt nach h. M.[9] die Annahme von Vorsatz nicht. Vielmehr muß eine positive innere Reaktion des Täters hinzukommen. Der Täter muß (mindestens) die Tat „trotzdem"[10] durchführen, sich mit dem Erfolgseintritt „abfinden",[11] er muß (nach h. M.) den Erfolgseintritt „billigen."[12] Vertraut der Täter dagegen darauf, daß trotz des an sich wahrscheinlichen Erfolgseintritts der Erfolg ausbleibt, handelt er mit bloßem *Gefährdungsvorsatz* und bezüglich der Verletzung nur bewußt fahrlässig. – Für die Sachverhaltsinterpretation folgt daraus, daß für dolus eventualis nicht genügt, daß der äußere Hergang ergibt, daß der Erfolgseintritt wahrscheinlich war. Zwar kann man bei am Normalfall orientierter Interpretation darauf schließen, daß der Täter die Wahrscheinlichkeit des Erfolgseintritts erkannt hat. Er handelt dann entweder in der Vorstellung, es werde bei der bloßen Gefährdung verbleiben (= Gefährdungsvorsatz, bewußte Fahrlässigkeit bezüglich der Verletzung) oder er vertraut nicht darauf, daß es bei der Gefährdung verbleibt, sondern findet sich mit dem Erfolgseintritt ab (dolus eventualis). Solange der Sachverhalt dazu keine Angaben enthält, darf letzteres nicht unterstellt werden.

Ich möchte an diesen Ausführungen trotz der von *Blei* in der Besprechung der 1. Auflage erhobenen Einwände (JA 1973, 542) festhalten. Der Bearbeiter mag sich angesichts der unter Prüfern bestehenden Divergenzen mit einer knappen Ablehnung des dolus eventualis absichern, indem er beispielsweise schreibt: „T ist nicht nachzuweisen, daß er bezüglich eines tödlichen Erfolges mit dolus eventualis gehandelt hat. Daß er das Risiko eines tödlichen Ausgangs erkannt hat, begründet erst den Gefährdungsvorsatz. Mehr als dieser Gefährdungsvorsatz läßt sich dem Sachverhalt nicht entnehmen, so daß es keiner Auseinandersetzung mit den im einzelnen streitigen Elementen des dolus eventualis (Billigung des Erfolgseintritts etc.) bedarf. Nur mit Hilfe der von der Minderheitsauffassung vertretenen Wahrscheinlichkeitstheorie ließe sich im vorliegenden Fall vielleicht Vorsatz begründen, doch ist diese Ansicht abzulehnen, weil sie die Grenze zwischen Gefährdungs- und Verletzungsvorsatz verwischt". – *Ich sehe auch keinen Anlaß für eine Alternativlösung* (Tötungsvorsatz, unterstellt, der Täter habe den Erfolgseintritt gebilligt), denn mit einer solchen Unterstellung wird der Sachverhalt geändert. Es ist auch nicht so, daß man mit einer solchen Alternativlösung etwa in einer Hausarbeit sicherer geht, denn insbesondere die Praktiker pflegen auf die Unterstellung des dolus eventualis negativ zu reagieren (m. E.

[9] Nachw. bei *Schönke-Schröder*, § 59 Rdnrn. 54ff.
[10] „Gleichwohl", *BGHSt* 14, 240.
[11] *BGHSt* 7, 368f.
[12] Vgl. bes. *BGHSt* 7, 368f. Wieweit diese Billigung ein selbständiges Element ist oder ob sich die Billigung aus dem Abfinden, dem „trotzdem"-Handeln ergibt, ist str. Unstr. ist, daß der Täter auch unerwünschte Erfolge „billigend" in Kauf nehmen kann. – Wer sich hier nicht sicher fühlt, sollte wenigstens *BGHSt* 7, 363; 14, 240 und *Schönke-Schröder*, § 59 Rdnrn. 54–63, 152 nachlesen. Dringend zu empfehlen ist auch die Lektüre von *Roxin*, JuS 1964, 53.

zu Recht), weil nicht ersichtlich ist, wie der unterstellte Vorsatz dem Täter nachgewiesen werden kann.[13] Näher zur Alternativlösung unten 6. Teil § 14.

Eine zweite, ebenfalls typische Unterstellung betrifft den *Tatbestands- oder Verbotsirrtum*. Die komplizierte Irrtumsproblematik wird allgemein und mit gutem Grund gefürchtet. Damit mag es zusammenhängen, daß sich viele Bearbeiter diese Problematik selbst (durch Unterstellung eines Irrtums) schaffen. Es versteht sich, daß dann oft die Arbeit danebengeht, weil für die wirklichen Probleme keine Zeit bleibt.

Beispiel 29:
X nimmt *T* in gefährlicher Weise die Vorfahrt, § 315 c I Nr. 2 a, III Nr. 2. *T* möchte *X* bestraft wissen, glaubt aber, daß sein Zeugnis allein nicht ausreicht. *T* schildert deshalb den Vorfall dem *B* und bittet *B*, auszusagen, er *(B)* sei bei ihm *(T)* im Auto gesessen und habe alles mitangesehen. *B* erklärt sich bereit, so an der Überführung des *X* mitzuwirken. *T* und *B* machen entsprechende Aussagen im Strafverfahren; *B* wird vereidigt, *T* bleibt gem. § 61 Nr. 2 StPO unvereidigt. *X* wird zu einer Freiheitsstrafe verurteilt, wie es *T* und *B* erwartet hatten. (Abgewandelte Klausur einer Münchner Vorgerücktenübung 1970.)
Die *Lösung* (bitte erst überlegen) muß sich mit §§ 153, 154 auseinandersetzen. Der Sachverhalt gibt keinen Anlaß, zu unterstellen, *B* und *T* hätten sich bezüglich der §§ 153, 154 in einem Verbotsirrtum befunden, „weil sie geglaubt haben, die Überführung des *X* rechtfertige ihr Verhalten" (so oder ähnlich argumentierte eine starke Minderheit der Bearbeiter). Das Problem liegt vielmehr darin, ob die Freiheitsberaubung deshalb rechtmäßig ist, weil die Strafe im Ergebnis verdient ist, oder ob aus der prozessualen Rechtswidrigkeit auch die Rechtswidrigkeit der Freiheitsberaubung folgt, begangen durch *B* und *T* in mittelbarer Täterschaft, mit dem Richter als gutgläubigem und rechtmäßig handelndem Werkzeug.

Von der Unterstellung eines Irrtums, insbesondere eines Verbotsirrtums sollte folgende *Faustregel* abhalten: Sagt der Sachverhalt nichts über vorhandenes oder fehlendes Unrechtsbewußtsein des Täters aus, ist mit einer am Normalfall orientierten, ergänzenden Interpretation davon auszugehen, daß sich der Täter des Unrechts bewußt war. Das gilt auch dann, wenn der Bearbeiter Anhaltspunkte für einen Rechtfertigungsgrund entdeckt, eine Rechtfertigung aber letztlich nicht durchgreift, vgl. Beispiel 29. Hier darf eine etwaige *Unsicherheit des Bearbeiters bezüglich der Rechtfertigung nicht dadurch kompensiert werden, daß dem Täter ein Verbotsirrtum zugute gehalten wird.*

[13] Die Schwierigkeiten der Behandlung des dolus eventualis liegen zu einem guten Teil in der Vermengung des Vorsatzes mit seiner Nachweisbarkeit. Eine auf dolus eventualis gestützte Verurteilung ist nur zu häufig eine Verdachtsstrafe für dolus directus, wie die Verurteilung aus einem Fahrlässigkeitstatbestand oft eine Verdachtsstrafe für Vorsatz darstellt. Dementsprechend liegt der unbestreitbar richtige Kern der Wahrscheinlichkeitstheorie nicht im materiellen Recht, sondern im Beweisrecht: Je größer das von *T* erkannte Risiko ist, desto leichter fällt der Schluß, daß er nicht nur das Risiko gesehen, sondern es (i. S. der Einwilligungstheorie) gebilligt hat.

Beispiel 30:

Als *Beispiel* für einen Grenzfall mag folgender Sachverhalt dienen (Freiburg, 1970): „*A* versuchte, das Siegel vorsichtig abzulösen, was ihm aber nicht gelang. Das Siegel zu verletzen, wagte er nicht." Hier darf nicht unterstellt werden, *A* sei davon ausgegangen, nur die Verletzung, nicht aber das Ablösen sei tatbestandsmäßig und strafbar, § 136.

Soweit die Erörterung der Irrtumsproblematik verlangt wird, kann der Bearbeiter erwarten, durch Formulierungen wie „gab *A* glaubhaft an, daß er sich für berechtigt gehalten habe, ggf. mit Gewalt bei *G* zu seinem Geld zu kommen",[14] unzweideutig auf das Problem gestoßen zu werden.

b) *Der Schluß auf Vorsatz und Fahrlässigkeit durch ergänzende Sachverhaltsauslegung*

Was dagegen das alltägliche Problem des Vorsatzes und der Fahrlässigkeit angeht, bleibt es dem Bearbeiter (wie dem Richter) nicht erspart, aus äußeren, nicht immer eindeutigen Umständen auf Vorsatz, Fahrlässigkeit und Gutgläubigkeit zu schließen (vgl. dazu schon vorstehend a am Anfang). Hier wird besonders wichtig, daß die Interpretation am Normalfall zu orientieren ist.

Beispiel 31:

Keine Schwierigkeiten macht die Annahme fahrlässiger Körperverletzung, wenn es heißt: „Da er nicht sonderlich auf die Straße achtete, bemerkte *A*, der den Wagen steuerte, zu spät einen Fußgänger, der vor ihm auf der rechten Straßenseite . . . ging. Da *A* in seinem Schrecken die Bremse nicht gleich fand, fuhr er den Fußgänger an und verletzte ihn schwer" (1. Staatsprüfung Bayern 1963). – Schwieriger ist es schon, ob man in der in Beispiel 23 erwähnten Klausur den Vorsatz bezüglich des § 330a (wozu nach h. M. Kenntnis der Berauschung und der generellen Gefährlichkeit im Rauschzustand gehört) aus der knappen Angabe („nach reichlichem Alkoholgenuß") folgern kann und muß. M. E. ist das zu bejahen. Schon im 1., vermehrt dann im 2. Staatsexamen treten derartige Probleme häufig in der Form auf, daß ein Angeklagter bestreitet, vorsätzlich gehandelt zu haben. Der Bearbeiter wird also gezwungen, zu entscheiden, ob er das als eine durch die tatsächlichen Feststellungen widerlegte Schutzbehauptung ansehen kann und soll. Aus dem 1. Staatsexamen (Bonner Klausur 1960): Wenn *A* durch langes Zureden die Hebamme *H* veranlaßt, ihm für 10 DM einen Abtreibungstee zu geben, die schwangere *B* auf Drängen des *A* eine Tasse trinkt, sich am folgenden Tag über *A* ärgert, den übrigen Tee wegschüttet und die Frucht nicht abtreibt und der Sachverhalt fortführt: „In dem eingeleiteten Strafverfahren macht die *H* geltend, sie hätte sich wohl gehütet, dem *A* ein taugliches Mittel zu liefern; sie habe den harmlosen Tee nur hergegeben, um *A* loszuwerden" – ist diese Einlassung dann als widerlegt anzusehen oder ist ihr zu folgen? Das Beispiel zeigt, daß mangels näherer Angaben der Sachverhalt beide Möglichkeiten offenläßt, so daß

---

[14] So eine Klausur aus dem 2. Staatsexamen (BadWürtt. 1963) in enger Anlehnung an *BGHSt* 17, 87. Zur selben Klausur vgl. auch die Notwehrproblematik (Beispiel 34). – Ähnlich unzweideutig auch die Formulierung (Bonn 1971): „*E* läßt sich unwiderlegbar dahin ein, er habe sich kraft seines Vermieterpfandrechts für berechtigt gehalten, das Fernsehgerät . . . herauszuverlangen und zu verkaufen."

man zum klassischen Problem §§ 218, 22, 27, 28 II (die Straflosigkeit der versuchten Abtreibung durch *A* wirkt nicht zugunsten der *H*) *oder* § 263¹⁵ kommt (vgl. unten 6. Teil, § 14).

So wichtig die Fähigkeit ist, aus äußeren Tatsachen darauf zu schließen, ob der Täter vorsätzlich oder fahrlässig gehandelt hat, ob er gutgläubig gewesen ist, sich in einem Irrtum befunden hat etc., so ärgerlich sind natürlich Fallösungen, die deshalb fehlgehen, weil sich der Bearbeiter z. B. wegen allzu großzügiger Anwendung des in dubio pro reo den Zugang zu den Problemen verbaut. Ich habe den Eindruck, daß diejenigen, die *Klausuren* stellen, einer Verfehlung des Themas oft dadurch zuvorkommen, daß bereits der Sachverhalt alle Zweifel auch bezüglich des Vorsatzes, der Gutgläubigkeit etc. ausschließt.

Beispiel 32:
   Bei Vermögensdelikten wird vom Bearbeiter relativ selten verlangt, Gut- und Bösgläubigkeit aus äußeren Tatsachen festzustellen. – Am meisten wird diesbezüglich bei § 259 gefordert. Zwar heißt es hier gelegentlich deutlich, der gewilderte Hase sei an die „gutgläubige Nachbarin" verschenkt worden (Staatsexamen Bayern 1965). Mitunter muß man jedoch zeigen, ob man den Vorsatz des § 259 aus den Sachverhaltsangaben erschließen kann. Dabei ist zu beachten, daß die Streichung der Beweisregel in § 259 durch das EGStGB nicht bedeutet, daß jetzt an den Nachweis des Vorsatzes strengere Voraussetzungen zu stellen sind. Die Beweisregel hatte nur deklaratorische, keine konstitutive Bedeutung (str.).¹⁶ – Einfach ist der Schluß auf Vorsatz, wenn jemand ein Auto stiehlt und es seinem Stiefvater bringt, mit der Bitte, es umzulackieren. Im Sachverhalt (Freiburg 1967)¹⁷ heißt es: „Der Stiefvater denkt sich seinen Teil, fragt nicht weiter und besorgt das Gewünschte eigenhändig". Diese Angaben genügen, um auf die Kenntnis des Stiefvaters vom deliktischen Erwerb zu schließen! – Schwieriger ist das bei folgendem Sachverhalt (Tübingen 1968): „Auf einem gemeinsamen Gang über den Wochenmarkt entdeckt *A* bei einem Bauern *(B)* einige Hasen

---

¹⁵ Zur Frage, ob in der Lieferung eines untauglichen Abtreibungsmittels Betrug liegt, vgl. *RGSt (Vereinigte Strafsenate)* 44, 230.
¹⁶ Die Mat. sind unklar und widersprüchlich. In BT-Dr. 7/550 S. 253 wird die Streichung der Beweisregel u. a. mit dem Widerspruch zu dem Grundsatz, „daß dem Täter die Schuld voll nachgewiesen werden muß", begründet. Man kann das nicht anders verstehen als i. S. einer sachlichen Änderung des Angeklagten als Folge der Streichung, wenn auch „vielfach . . . in den Fällen, in denen die bisherige Beweisregel zutrifft, bedingter Vorsatz nachgewiesen werden können" wird (aaO.). – Nimmt man Bd. 2 der Mat. zum EGStGB zur Hand, so erfährt man (BT-Dr. 7/1261 S. 19), daß der Anwendungsbereich der Beweisregel „außerordentlich schmal" sei, „in aller Regel" werde „zumindest" (!) bedingter Vorsatz nachgewiesen werden können und es gebe kein einziges Urteil, das ein Bedürfnis für die Weitergeltung der Beweisregel erkennen lasse. Abschließend heißt es, die Regel habe zu Fehlern geführt, weil verkannt worden sei, daß sie erst eingreife, „wenn direkter oder bedingter Vorsatz nicht festzustellen ist". – Einerseits greift die Regel erst ein, wenn bedingter Vorsatz nicht nachweisbar ist, andererseits soll sie überflüssig sein, weil in Fällen, „in denen die bisherige Beweisregel zutrifft . . . vielfach . . . bedingter Vorsatz nachgewiesen werden" könne.
¹⁷ Vgl. hierzu die Lösung dieses Falls von *Kienapfel*, JuS 1967, 408.

und fordert seine Frau auf, einen dieser Hasen für die häusliche Küche zu erwerben. *A* ist bekannt, daß *B*, der die Hasen verkauft, mehrfach wegen Wilderei bestraft worden ist und er hat wegen des ungewöhnlich günstigen Preises Zweifel daran, ob *B* die Hasen auf legale Weise erworben hat." (Die Hasen waren in der Tat gewildert.) – Auch hier darf man nicht zugunsten des *A* davon ausgehen, daß *A* seine Zweifel überwunden hat und sich sagt, die Hasen werden schon nicht gewildert sein (sonst würde *B* sie nicht auf offenem Markt verkaufen), sondern daß *A* mit Erwerb durch Wilderei rechnet.[18]

Ein letztes Beispiel zu diesen wichtigen Fragen: Ein 17jähriger, schwach begabt und im Denken langsam, wird dazu gebracht, einen (was er nicht weiß, gestohlenen und gefälschten) Scheck einzulösen. Als ihm danach 50 DM als Belohnung geboten werden, „lehnt er das ab, weil es ihm als Belohnung für die erwiesene Gefälligkeit zuviel, und weil ihm die Sache nunmehr auch bedenklich erscheint. Er läßt sich aber, weil ... er für sein Fahrrad einen Kilometerzähler haben möchte, und ihn das Geld deshalb lockt, 10 DM aushändigen". Anschließend läßt er sich vom Dieb noch bewirten. Dem 17jährigen kommen „zunehmend Bedenken"; schließlich geht er zur Polizei. Dem Beamten gibt er die 10 DM mit der Bitte, ihn nicht zu bestrafen. – In dieser Hausarbeit (Bonn 1969, Celle 1971) wird vom Bearbeiter bezüglich der Feststellung, ob (und wann) vorsätzliche Hehlerei vorliegt, eine ganze Menge auf dem Gebiet der Beweiswürdigung verlangt. In Klausuren ist das seltener!

Vielleicht wird der Schluß von äußeren auf innere Tatsachen bei der Fallbearbeitung *zu* selten verlangt. Es ist dann kein Wunder, wenn es den späteren Tatrichtern schwerfällt, das Ungewohnte zu tun und innere Tatsachen aus äußeren Geschehensabläufen zu erschließen.[19] Kein Wunder schließlich, daß man bemüht ist, die Bedeutung der inneren Tatsachen (und ihrer Feststellung) mit Hilfe dogmatischer Konstruktionen einzuschränken. Man erspart dem Tatrichter die Feststellung, ob der Angeklagte das Unerlaubte der Tat erkannt hat;[20] man erspart ihm die Feststellung, ob der Angeklagte irrig einen Rechtfertigungsgrund angenommen hat, etc.

Eine praxisbezogene Ausbildung kann auf die Behandlung der Frage nicht verzichten, wann normalerweise aus bestimmten äußeren Anhaltspunkten auf Vorsatz, Fahrlässigkeit, Irrtum, guten

---

[18] Der von *Diederichsen*, S. 17, im Rahmen eines zivilrechtlichen Falls angeführte Wildbrethändler, der einen Hasen zur Schonzeit und außerordentlich preisgünstig erwirbt, wäre in einem strafrechtlichen Fall bezüglich der vorangegangenen Wilderei nicht nur als grob fahrlässig sondern als vorsätzlich handelnd anzusehen. Für das ZivilR genügt die Feststellung, daß der Erwerb mindestens grob fahrlässig war.

[19] Die Revisionsgerichte sind gegenüber solchen tatrichterlichen Feststellungen oder vielmehr Nichtfeststellungen weitgehend machtlos. *BGHSt* 22, 200 moniert, daß bei § 316 die Tatrichter Vorsatz „auffallend selten für erwiesen erachten".

[20] Nach der jetzt in § 17 i. d. F. d. 2. StrRG verankerten Schuldtheorie ist wegen vorsätzlicher Tat schon zu verurteilen, wenn der Täter Unrechtsbewußtsein hätte haben können; vgl. die grds. Beschl. *BGHSt (GS)* 2, 194; 16, 155. – Hätte in *BGHSt* 2, 194 der Tatrichter die Einlassung des angekl. RA auch geglaubt, wenn es für die Verurteilung darauf angekommen wäre? (Der Angekl. hatte vorgebracht, er habe angenommen, seine Mandantin während der Hauptverhandlung zur Unterzeichnung eines Honorarscheins durch die Drohung nötigen zu dürfen, sonst die Verteidigung

Glauben geschlossen werden muß. Es ist daher erfreulich, daß es jedenfalls bei Examenshausarbeiten im 1. Staatsexamen (vgl. Beispiel 32) und bei Klausuren im 2. Staatsexamen oft auf solche Fähigkeiten ankommt.

niederzulegen.) – Hätte in *BGHSt* 16, 155 der Tatrichter der Einlassung des angekl. Autofahrers auch geglaubt, wenn es für die Verurteilung darauf angekommen wäre? (Vgl. zu dem zugrunde liegenden Sachverhalt o. 2. Teil, § 4, Beispiel 14).

4. Teil. Sachverhaltsprobleme

Die bei der Sachverhaltsauslegung auftretenden Fragen[1] lassen sich von den Rechtsproblemen, die der auszulegende Sachverhalt aufwirft, nicht scharf trennen. Das zeigt schon der Rat, den Sachverhalt problemfreundlich auszulegen. Das belegen auch die Fälle, in denen der Bearbeiter zeigen muß, ob er zu einer vernünftigen Beweiswürdigung fähig ist.[2] – Wer sich über den Sachverhalt klar geworden ist, strebt bei der Lösung danach, endlich Rechtsausführungen zu machen, zu Rechtsproblemen vorzustoßen. Das kann verhängnisvoll werden. Viele Aufgaben, mögen sie nun mehr im Allgemeinen Teil oder mehr im Besonderen Teil spielen, werfen keine Rechtsfragen auf, wenn man darunter die schwierige, meist strittige Auslegung der Norm in Grenzfällen versteht.[3] Bei diesen *Aufgaben* geht es statt dessen einfach darum, *eine in ihrer Auslegung unproblematische Rechtsvorschrift auf den Sachverhalt anzuwenden.* Um den Gegensatz zu den Rechtsproblemen i. e. S. zu betonen, möchte ich hier von „Sachverhaltsproblemen" sprechen.

§ 8. Sachverhaltsprobleme aus dem Allgemeinen Teil

Aus dem Allgemeinen Teil kann man dazu viele Vorsatz- und Irrtumsfälle rechnen. Auch bei der Abgrenzung der Teilnahme von der Täterschaft steht man häufig nicht vor einer rechtlich schwierigen Aufgabe, sondern vor dem Problem, einen rechtlich relativ unproblematischen Obersatz auf den Sachverhalt anzuwenden, nach Überwindung der schon erörterten Sachverhaltsauslegungsprobleme. Auch die meisten Notwehrfälle stellen solche Sachverhaltsprobleme dar.

Beispiel 33:
BGH, NJW 1962, 308: In diesem mehrfach besprochenen Urteil[4] hatte sich der *BGH* mit folgendem Sachverhalt zu befassen: „Der Angeklagte hatte eine Auseinan-

---

[1] Vgl. dazu o. 3. Teil.

[2] Vgl. Beispiel 32 zu § 259.

[3] In § 7 III NRW JAO (ähnlich § 15 III Nds JAO) heißt es: „Die Aufgaben sollen einen rechtlich und tatsächlich einfachen Fall betreffen, der dem Prüfling jedoch Gelegenheit gibt, seine Fähigkeit zur Erörterung von Rechtsfragen darzutun." – Vielfach bereiten sich die Prüflinge auf rechtlich schwierige Fälle vor. Die Erörterung von Rechtsfragen anhand eines rechtlich und tatsächlich einfachen Falles (häufig „Sachverhaltsprobleme" i. S. d. obigen Textes) wird zu wenig geübt.

[4] *Baumann,* MDR 1962, 349; *Gutmann,* NJW 1962, 286; *Schröder,* Urteilsanm. S. 31 ff. (= JR 1962, 188) – s. auch den Bericht von *Seibert,* MDR 1971, 1046 über ein entgegengesetztes *BGH*-Urt.

dersetzung mit dem als Raufer bekannten *M. M* war von vornherein der Angreifer. Er randalierte schon, als er die Wohnbaracke betrat, in der er bei der ledigen *B* und der Angeklagte bei der in anschließenden Räumen untergebrachten Witwe *K* wohnten. Der Angeklagte und die übrigen Anwesenden mit Ausnahme der *B*, welche mit *M* ihre Wohnung aufsuchte, zogen sich deshalb in die *K*'schen Räume zurück. Später drang *M*, anscheinend durch von ihm abgehörte mißfällige Bemerkungen in der Nachbarwohnung gereizt, in die Wohnküche der Frau *K* ein und versetzte dort unter drohenden Äußerungen dem Angeklagten einen so heftigen Stoß, daß dieser mitsamt dem Stuhl rücklings auf den Boden fiel. Dem vereinten Bemühen der Anwesenden gelang es, *M* zur Rückkehr in die Wohnung der *B* zu bewegen. Als jedoch der Angeklagte nach einer Weile zum Sohn der Frau *K* äußerte, ,Der soll nur kommen, dann hau'n wir'n g'scheit', suchte sich *M* erneut gewaltsam Einlaß zu verschaffen und riß dabei die Türklinke ab. Einige Zeit später verließ der Angeklagte die Baracke durch das Fenster, um im nahen Wald seine Notdurft zu verrichten. Zu seinem Schutz steckte er ein Messer mit einer 13 cm langen feststehenden Klinge in den Hosenbund. Vorher hatte er geäußert: ,Wenn er nochmal anfängt, dann renn' ich ihm das Messer 'nei!' Bei seiner Rückkehr durch den Barackenflur wurde *M* auf den Angeklagten aufmerksam, als dieser leise an die Tür der Nachbarwohnung klopfte und Frau *K* ihn aufforderte, wieder durch das Fenster zu steigen. *M* setzte ihm sogleich nach. Der Angeklagte wich an den nahen Waldrand aus, wo er durch einen Schuppen gedeckt zunächst verweilte und abwartete. *M* tobte, stieß heftige Drohungen aus und begab sich, von der *B* gefolgt, an die Außenseite der Baracke zu dem offenstehenden und von innen erhellten Fenster des *K*'schen Schlafzimmers. Während er dort stand, gelang es den beiden Frauen, ihn zu beruhigen. Unterdessen hatte sich der Angeklagte dem Fenster bis auf etwa neun Meter genähert. Als er der Beruhigung des *M* gewahr wurde, trat er hinzu, um auf der rechten Fensterseite einzusteigen. *M*, der auf der anderen Seite stand, bemerkte ihn und rief: ,Da ist er ja', schob die im Wege stehende *B* zur Seite, stürzte sich auf den Angeklagten und riß ihm das Hemd vom Ärmelansatz bis in Gürtelhöhe auf. In diesem Augenblick zog der Angeklagte das Messer aus dem Hosenbund und stach blindlings auf *M* ein. Er brachte ihm zwei oder drei leichtere Stiche am linken Arm und eine 15 cm tiefe Brustwunde bei. Unter dieser Einwirkung ging *M* ein paar Schritte rückwärts, stürzte sich aber dann erneut auf den Angeklagten. Dieser machte einen Spreizschritt nach vorne und stach dem Angreifer in den Leib. Das Messer durchschlug mit einem 15 cm langen Stichkanal zweimal die Bauchschlagader. *M* taumelte und brach zusammen. Die Verletzung war tödlich.''

Wer sich die *Lösung von Beispiel 33* überlegt, wird rasch sehen, daß der Fall rechtlich nicht sonderlich kompliziert ist. Das Notwehrrecht besteht gegenüber einem rechtswidrigen Angriff. Über diese sich aus dem Gesetz (§ 32 II) ergebende Voraussetzung hinaus muß man noch wissen, daß eine mißbräuchliche Ausübung des Notwehrrechts nicht gerechtfertigt ist. Solche Abwehr ist nicht „geboten", § 32 I.[5] Man sollte auch noch wissen, daß streitig ist, ob man die *Provokation als Unterfall des Mißbrauchs* anzusehen hat oder ob man das Notwehrrecht trotz Provokation zubilligt, aber den Abwehrenden wegen der vorangegangenen Provokation bestraft

---

[5] Zur Gebotenheit als dem gesetzlichen „Aufhänger" für das Mißbrauchsverbot bes. *Baumann*, LB § 21 II 1 a ξ. Die str. Frage, ob sich das (unstr.) Mißbrauchsverbot aus dem Merkmal der gebotenen Handlung ergibt, wird durch § 32 I entschieden. Der Gesetzgeber hält an der Gebotenheit fest, weil sie Sitz des Mißbrauchsverbots sei, BT-Dr. V/4095, S. 14.

(actio illicita in causa).[6] Wer im Besitze dieser Rechtskenntnisse sich anschickt, den Fall zu lösen, wird merken, daß die Schwierigkeiten erst anfangen. Wer hat hier wen angegriffen? Worin könnte die Provokation (oder der Rechtsmißbrauch) liegen? Ist es richtig, den die Notwehrlage auslösenden Angriff des *M* darin zu sehen, daß er sich auf den zur Baracke zurückkehrenden Angeklagten stürzt (so der *BGH*)? Oder könnte man den Angriff schon darin sehen, daß *M* die Baracke besetzt hält, den Angeklagten gewissermaßen ausgesperrt hat? – Geht man von letzterem aus, liegt in der Rückkehr des Angeklagten der Beginn der Angriffsabwehr. Geht man von ersterem aus, liegt in der Rückkehr die Provokation des *M* durch den Angeklagten zum nachfolgenden Angriff.

Beispiel 34:
OLG Neustadt, NJW 1961, 2076: Hier ging es um eine Auseinandersetzung darüber, wer wessen Braut heimbringen darf, mit anschließender Notwehrproblematik, ähnlich wie im vorangegangenen Beispiel. Mit z. T. wörtlichen Übernahmen aus dem Urteil wurde der Fall 1963 im 2. Staatsexamen in Baden-Württemberg gestellt. *Derartige Fälle sind examenswichtig!* – Ähnlich folgender Fall (Heidelberg 1973):
A und *B* möchten ihrem früheren Kumpanen *C* eine „Abreibung" verpassen. Sie wollen ihn reizen und dann „in Notwehr" krankenhausreif schlagen. Als *C* sie sieht, ahnt er Schlimmes und greift vorsichtshalber nach einem Springmesser. *A* glaubt, *C* wolle seinen Revolver ziehen und schießen und schlägt deshalb *C* nieder. Auch *B* prügelt mit, um dem *C* „den Rest zu geben". Als *C* wieder zu sich kommt, schlägt er kräftig zurück.[7]

Vom Bearbeiter wird, wie die Beispiele 33 und 34 zeigen, oft nur verlangt, einen rechtlich relativ unproblematischen Obersatz auf den Sachverhalt anzuwenden, also sauber zu subsumieren. Zu den vier Grundfehlern, die bei der Subsumtion unterlaufen, vgl. oben 2. Teil, § 3. Weil solche Fälle vom Rechtlichen her relativ reizlos sind, werden sie nur selten veröffentlicht, sei es nun mit oder ohne Musterlösung. Das ändert nichts daran, daß sie im Examen häufig gestellt werden.

Die Gefahr, Sachverhaltsprobleme zu übersehen, wird immer dann besonders groß, wenn der Bearbeiter im Hintergrund ein schönes Rechtsproblem wittert und zu dessen Behandlung drängt, vgl. auch oben 3. Teil, § 7 zur selben Situation bei der Sachverhaltsauslegung. Die Aussicht, sich in die juristischen Probleme der Abgrenzung Täterschaft/Teilnahme oder Tun/Unterlassen versenken zu können, führt nicht selten zu einer lebensfremden Sachverhalts-

---

[6] Vgl. *Baumann,* LB, § 21 I 3 b; *Bertel,* ZStW 84, 1; *Bockelmann,* Festschr. Honig, 1970, S. 19; *Lenckner,* GA 1961, 299; *Roxin,* ZStW 75, 541; *Rudolphi,* JuS 1969, 461.
[7] Instruktiver Mißbrauchsfall (Notwehr nach fahrlässiger Beschädigung eines Autos) bei *BGH,* NJW 1972, 1821 m. Anm. *Roxin.* Zum selben Fall auch *Schröder* JuS 1973, 157.

interpretation. *Das Nachdenken über den konkreten Sachverhalt und die Auseinandersetzung mit seinen Besonderheiten wird durch Nachlesen allgemeiner Rechtsfragen und eine abstrakte Auseinandersetzung mit ihnen ersetzt.* Dieser Fehler ist in Hausarbeiten häufiger als in Klausuren anzutreffen, weil bei letzteren glücklicherweise meist die beschränkte Zeit zu einer zu weiten Entfernung vom konkreten Fall nicht ausreicht.

Beispiel 35:
Abgewandelte Examenshausarbeit Celle 1972: *T* fährt in angetrunkenem Zustand einen Fußgänger *O* an und verletzt ihn so schwer, daß er – wie *T* erkennt – ohne baldige ärztliche Hilfe sterben wird. Um nicht entdeckt zu werden, fährt *T* trotzdem weiter, wobei er damit rechnet, daß *O* niemand rechtzeitig helfen werde. Er setzt seine Fahrt auch weiter fort, obgleich seine neben ihm sitzende Ehefrau *F* sagt, halt an, der *O* stirbt doch ohne Hilfe. *O* stirbt, obwohl er bei baldiger Hilfe hätte gerettet werden können. – Bei der *Lösung* (nicht weiterlesen – bitte erst selbst Subsumtion nur unter §§ 222, 212 versuchen!) ist zunächst vor Bildung von *Sachverhaltskomplexen* zu warnen, seien es nun drei oder zwei Komplexe (vor Unfall, Unfall, nach dem Unfall bzw. bis zum Unfall, nach dem Unfall). Jedenfalls bei der fahrlässigen Verletzung des *O* (Unfall) wäre eine solche Trennung nicht durchzuhalten. Die Frage, ob auch fahrlässige *Tötung* vorliegt, muß gestellt werden und sprengt die „Komplexe", weil der Erfolg im letzten Komplex eintritt. Wer die Sachverhaltsteile zu sehr voneinander isoliert, läuft Gefahr, die Problematik realkonkurrierender fahrlässiger und vorsätzlicher Tötung gar nicht zu empfinden. Hier empfiehlt sich eine Lösung im Bereich des Tatbestandes des § 222 (ohne Komplexbildung). Daß *T* später für den Erfolg (Tod) vorsätzlich eine Ursache setzt (durch unechtes Unterlassen), beseitigt zwar nicht die Kausalität der früheren causa (durch Anfahren). Das spätere Verhalten könnte jedoch die Annahme einer erheblichen Abweichung im Kausalverlauf rechtfertigen. Wer Komplexe bildet, muß die Verdoppelung des Erfolgs bei den Konkurrenzen wieder korrigieren.[8] Zusammenfassend zu den Tücken der Komplexbildung unten 6. Teil, § 13 2.

Was die vorsätzliche Tötung angeht, muß man zunächst erkennen, daß im Weiterfahren Tötung durch Unterlassen liegt. Daß der Täter irgend etwas tut (fährt), ist nicht maßgebend. Entscheidend ist, daß er nicht hilft und dadurch tötet. Nach h. M. begründet vorangegangenes gefährliches rechtswidriges Tun eine Garantenpflicht. Auf den Streit, ob *rechtmäßiges* Vorverhalten eine Garantenpflicht begründen kann, darf nicht eingegangen werden. – Nun gibt es eine interessante Streitfrage, wieweit derjenige, der einen Rettungswilligen von der Rettung abhält, nicht (nur) Anstifter zu *dessen* Unterlassen ist, sondern Täter durch Tun (Tun = Vereitelung der Rettung). Betrachtet man den vorliegenden Sachverhalt unter diesem Aspekt, könnte man *T* als Täter durch Tun ansehen, weil er die Rettung des *O* durch *F* vereitelte. Es ist verdienstvoll, wenn dieser Aspekt gesehen wird, verhängnisvoll jedoch, wenn man sich sofort auf diese schöne Streitfrage stürzt und sie abstrakt behandelt. Vorher gilt es, den konkreten Sachverhalt nochmals genau zu durchdenken. War hier *F* rettungswillig? Wollte sie nicht nur *T* veranlassen, *er* solle *O* retten? Vereitelt hier *T* wirklich die Rettung durch *F* – die nicht insistiert – durch Tun? Fügt sich *F* nicht einfach dem Nichtstun des *T*? Ist das Unterlassen des *T* von der Vereitelung der Rettung durch Tun hier so zu trennen, wie das in den Beispielen, die im Rahmen der Streitfrage erörtert werden, möglich ist?

Auf die Herausarbeitung dieser Fragen kommt es mehr an als auf die Erörterung des abstrakten Rechtsproblems.

[8] *Maurach*, AT § 45 I C 3.

§ 9. Sachverhaltsprobleme aus dem Besonderen Teil

Aus dem Besonderen Teil geht es bei einem großen Teil der im
Bereich der *Vermögensdelikte* angesiedelten Fälle um derartige Sachverhaltsprobleme.

Beispiel 36:
  Lehrreich der interessante, von *R. Schmitt* in JuS 1969, 326 mit Lösung veröffentlichte Freiburger Examensfall 1968 („*Der Pseudo-Student*", Mensaessen durch Nicht-
berechtigten). Seine Betrugsproblematik bestand nicht, jedenfalls nicht in erster Linie,
in einer rechtlich komplizierten Auslegung der Tatbestandsmerkmale des § 263. Primär kam es vielmehr darauf an, elementares Wissen (§ 263 = Täuschungshandlung
+ Irrtumserregung etc.) auf den konkreten Sachverhalt richtig anzuwenden.

Bei diesen Sachverhaltsproblemen geht es also „nur" darum, herauszufinden, worin im konkreten Fall die *Täuschungshandlung, Irrtumserregung, Vermögensverfügung* etc. i. S. des § 263 zu sehen ist. Es
geht nicht um rechtlich schwierige Grenzfälle der Täuschungshandlung, Irrtumserregung, Vermögensverfügung oder des Ver-
mögensschadens. Bei der Vorbereitung auf das Examen wird – um
beim Beispiel des § 263 zu bleiben – vielfach allzu einseitig Gewicht
auf solche rechtlich schwierigen Fragen gelegt. Man befaßt sich bei
der Täuschungshandlung mit dem Täuschen durch Unterlassen; bei
der Irrtumserregung mit der Abgrenzung zur fehlenden Vorstellung überhaupt; beim Vermögensschaden mit dem Problem der
nichtigen Forderung usw. – Das alles ist nützlich. Ehe man jedoch
so sein Wissen aufstockt, muß man eine *feste Grundlage* schaffen.
Man muß seine Fähigkeit schulen, in einem Sachverhalt die (rechtlich unkomplizierte) Täuschungshandlung oder den Vermögensschaden herauszufinden.

Beispiel 37:
  BGHSt 16, 367 (Sachverhalt vereinfacht): Beim Bau der Mensa in Freiburg wurde
eine auf 6 Firmen beschränkte Ausschreibung durchgeführt; 5 dieser Firmen überlies-
sen der 6. Firma ihre Angebotsblankette. Die 6. Firma kalkulierte äußerst scharf (jedenfalls war das Gegenteil nicht nachzuweisen) und setzte in die Angebotsblankette
der anderen Firmen höhere Beträge ein. Liegt Betrug vor, wenn man unterstellt, die 6.
Firma habe erwartungsgemäß den Zuschlag erhalten; weiter unterstellt, den anderen 5
Firmen sei nicht nachzuweisen, daß sie ein billigeres Angebot hätten einreichen können, und wenn man schließlich noch unterstellt, daß andere, an der Ausschreibung
nicht beteiligte Wettbewerber billiger hätten liefern können und sich auch an einer
neuen offenen Ausschreibung beteiligt hätten?

Bei der *Lösung des Beispiels 37* kommt es darauf an, daß man erkennt, worin die Täuschung liegen könnte und was als Vermögensverfügung in Frage kommt, die zum – möglichen – Schaden hin-
führt. Bei rechtlich keineswegs komplizierten Sachverhalten stellt
sich immer wieder heraus, daß diese Fähigkeit zu wenig geübt wird.
§ 263 ist wie ein Labyrinth mit der Täuschungshandlung als Ein-

gang und dem Vermögensschaden als Ausgang. Wer – systematisch richtig – mit der Täuschungshandlung beginnt, wird in diesem Labyrinth herumirren und von einer Sackgasse in die andere geraten. Die zahlreichen Sachverhaltsprobleme bei § 263 sind nur zu bewältigen, wenn man immer auch den möglichen Schaden im Auge behält. Vielfach *empfiehlt es sich* sogar, *bei § 263 gedanklich von hinten anzufangen*, also zu fragen, worin der Vermögensschaden liegen könnte; dann die diesen Schaden herbeiführende Verfügung zu suchen; dann den Irrtum, der die Verfügung beeinflußt hat. Bei der Niederschrift beginnt man die Untersuchung dagegen mit der Täuschungshandlung und kommt – wegen des vorangegangenen umgekehrten Gedankenprozesses – schließlich folgerichtig zum Schaden, ohne immer wieder abbrechen zu müssen, weil man an einem toten Ende angelangt ist. Im *Beispiel 37* ist zunächst wichtig, daß man sieht, daß *zwei Geschädigte* in Betracht kommen: der Ausschreibende und der nicht beteiligte Wettbewerber. Was den Ausschreibenden angeht, so könnte sein Schaden entweder damit begründet werden, daß die scharfe Kalkulation der 6. Firma nicht durch konkurrierende Angebote gewährleistet ist, sondern nur durch Prüfung der Interna dieser Firma (also nicht oder nur sehr schwer) festzustellen ist = schadensgleiche Vermögensgefährdung. – Man könnte den Schaden auch damit begründen, daß der Ausschreibende – hätte er die Absprache der 6 Firmen gekannt – neu ausgeschrieben und den Zuschlag einer anderen, billigeren Firma erteilt hätte. Diese Überlegung leitet über zu der Prüfung, ob die 6. Firma nicht die billigere Firma dadurch geschädigt hat, daß sie eine neue Ausschreibung – und den Zuschlag an diese Firma – verhindert hat. Man mache sich einmal die Mühe, diese drei Schadenskonstruktionen bis zur Täuschungshandlung zurückzuverfolgen. *BGHSt* 16, 367 hat die erste Konstruktion (Gefährdung) nicht erörtert.[1] Die zweite Konstruktion versagt nach *BGHSt* 16, 367, weil es beim Eingehungsbetrug nur auf die Gleichwertigkeit von Leistung und Gegenleistung der konkreten Vertragspartner ankommt, die bei scharfer Kalkulation der 6. Firma auch dann gewahrt ist, wenn andere Firmen billiger liefern könnten (zweifelhaft); zur dritten Konstruktion vgl. *BGHSt* 17, 147.

Beispiel 38:
Als weiteres, leicht variierbares und deshalb stets examensverdächtiges Sachverhaltsproblem zu § 263 überlege man sich die Fälle des *Betrugs durch Provisionsvertreter*, dazu zuletzt *BGHSt* 21, 384.– Weiteres Sachverhaltsproblem zu § 263 der Spätwettenfall, *BGHSt* 16, 120; dazu *Bockelmann*, NJW 1961, 1934.
Als Examensfall vgl. man die im 1. Staatsexamen in Berlin gestellte, in JA 1969, 479 wiedergegebene Aufgabe (Anstellungsbetrug; Frage, ob der Arbeitgeber auch be-

[1] Ich halte sie mit *RGSt* 63, 187 für zutr. Vgl. näher *Baumann-Arzt*, ZHR 1970, 50f.

züglich der anläßlich des Einstellungsgesprächs erstatteten Reisekosten und der Fernsprechgebühren – für eine Auskunft beim früheren Arbeitgeber – geschädigt ist). Bei solchen Sachverhalten hilft es gar nichts, daß man das Stichwort „Anstellungsbetrug" gelernt hat. Ausschlaggebend ist, ob man fähig ist, *an Hand der Umstände des konkreten Sachverhaltes* plausibel zu machen, worin die schadensgleiche Gefährdung des Arbeitgebers *in diesem Fall* gesehen werden könnte.

Bei den im Examen häufigen Fällen der (meist mit Hilfe gefälschter Urkunden) durch Überweisung erlangten Geldbeträge kann es passieren, daß trotz tadelsfreier Definition des Betrugs, des Gewahrsams oder der Zueignung die Bearbeitung völlig unbrauchbar ist. Bei einer Examensklausur (Celle 1972) hatte der Täter mit Hilfe eines gefälschten Überweisungsauftrags erreicht, daß ein Geldbetrag vom Konto des Opfers auf sein Konto überwiesen wurde. Fast ein Drittel der Bearbeiter ging den Fall mit der Vorstellung an, ein Konto sei eine Art Schließfach: die Bank verwahre auf diesem Konto das im Eigentum des Kunden befindliche Geld. Die Überweisung sei der körperliche Transport dieser Geldscheine auf ein anderes Konto. – Banken könnten, so wurde wiederholt versichert, bei solchen Überweisungen nie geschädigt sein, weil sie ja nur Geld, das Eigentum ihrer Kunden sei, verwalteten. Selbst bei Examenshausarbeiten findet sich die Vorstellung, eine Einzahlung auf einer Zahlkarte in Hamburg führe zu einem Transport eben dieser eingezahlten Scheine nach München und dort zur Übergabe an den Empfänger. – Das sind primitive Fehler. Sie haben oft gar nichts mit Jurisprudenz zu tun. Sie sind daher auch nicht dadurch zu bekämpfen, daß man sein juristisches Wissen vermehrt.

Bei §§ 242, 246 gehört es zum Grundwissen, daß *Gewahrsam* als ein tatsächliches Herrschaftsverhältnis, getragen vom Herrschaftswillen, definiert wird. Die Schwierigkeiten beginnen, wenn es gilt, an Hand des konkreten Sachverhalts herauszufinden, wer das tatsächliche Herrschaftsverhältnis ausgeübt, wer es wie gebrochen hat. Was hilft die schönste Wiedergabe der angelernten Definition des Gewahrsams, wenn in einer Examensklausur (Celle 1972) die Frage, ob das Hotelpersonal Mitgewahrsam an den Koffern des Gastes habe, mit der Erwägung bejaht wird, ein Hotel sei eine Wohngemeinschaft zwischen Gästen und Personal?[2] Was nützen Formeln, wenn man nicht mit ihnen umgehen kann?

Die *Zueignung*, der Zentralbegriff des Vermögensstrafrechts, wirft zwar zahlreiche rechtlich schwierige Fragen auf. Bei der Fallösung geht es jedoch häufig *nicht* um diese schwierigen Rechtsfragen, sondern um die *Subsumtion des Sachverhalts unter den – kaum fraglichen – Begriffskern der Zueignung.*

---

[2] Verfehlt ist nur die Begründung. Das Erg. ist vertretbar, vgl. *RG*, GA 68, 277 (betr. jedoch Bettwäsche, nicht Gegenstände des Gastes, vgl. weiter *BGH*, NJW 1960, 1357).

Beispiel 39:

In einer Examensklausur (Heidelberg 1964) hatte L dem S ein Buch geliehen. S wird von M besucht, dem S das Buch leiht. Gegen Semesterende ist S finanziell knapp dran, er hat L lange nicht gesehen. Als S den M trifft, sagt er ihm, er dürfe das Buch behalten, wenn er ihm dafür 5 DM gebe. M hat selbst zur Zeit kein Geld, möchte das Buch aber später kaufen. S und M trennen sich mit der Vereinbarung, daß M das Buch zunächst nicht zurückzugeben brauche und daß man noch einmal auf das Kaufangebot zurückkommen werde.

Bei der *Lösung dieses Falles* geht es zunächst darum, daß man bei §§ 246, 242 erfaßt, worin die *Zueignung* liegt (in der Übereignungsofferte, aber S hat zu diesem Zeitpunkt keinen Gewahrsam, vgl. oben 2. Teil, § 4 Beispiel 13, zum Problem der berichtigenden Auslegung). Beim Betrugsversuch muß man sehen, worin Täuschungshandlung (Auftreten als Eigentümer) und Schaden liegen könnten (Schaden bei L oder/und M, Prozeßrisiko bei gutgläubigem Erwerb als Schaden). Schließlich ist noch zu prüfen, ob im Verschieben der Entscheidung ein Rücktritt zu sehen ist (abzulehnen; es fehlt an der auf Erfolgsabwendung gerichteten Tätigkeit des S, § 24 I.[3] Keine dieser Fragen ist rechtlich besonders schwierig. Man kann sie mit juristischem Grundwissen bewältigen, *wenn man sie erst einmal erkannt hat.*

Beispiel 40:

Als weiteres Beispiel für vom Sachverhalt her schwierige Anwendung rechtlich einfacher Definitionen lege man sich die Frage vor, welche Argumente für und welche gegen Gewahrsam eines Postbeamten sprechen, der eine 5-DM-Münze einem Fangbrief entnimmt und in den eigenen Geldbeutel steckt, wo sie „noch während der Dienstzeit und im Dienstgebäude bei einer Leibesvisitation durch den Aufsichtsbeamten" gefunden wird (2. Staatsexamen Baden-Württemberg 1963). *Aus der Rechtsprechung vgl.* man zum *Gewahrsam BGHSt* 16, 271 (Selbstbedienungsladen); 22, 180 (Münzfernseher); *RGSt* 12, 353 (Erntearbeiter versteckt einen Sack Erbsen in der Scheune, um ihn nachts abzuholen).[4] – Zur *Zueignung vgl.* man *BGHSt* 19, 387 (Bundeswehr-Fall); dazu *Eser,* JuS 1964, 477.

Sachverhaltsprobleme sind nicht lernbar, weil die Sachverhaltsvarianten unbegrenzt sind. Die Fähigkeit, vorhandenes abstraktes Wissen im konkreten Fall wiederzuerkennen und es auf den Fall anzuwenden, läßt sich jedoch durch Entscheidungslektüre und Übung an Fällen entwickeln. Wer sich nach einer Klausurbesprechung

---

[3] Mit der Übereignungsofferte ist der Versuch des Betrugs beendet. – Wer davon ausgeht, daß bei einem Verkauf der Verkäufer mit der Offerte noch nicht alles in seiner Macht stehende getan hat (sondern daß hier S notfalls mit Preiszugeständnis, Zahlungsfrist etc. noch weiter auf M einwirken wollte), wird hinsichtlich des § 24 I 1. Alt. zum Erg. kommen, daß S von weiterer Überredung wegen des Geldmangels des M – also unfreiwillig – absieht. Außerdem liegt keine *endgültige* Aufgabe vor, wie sie nach h. M. notwendig ist, vgl. *Baumann,* LB, § 34 II 1 a m. Nachw.

[4] Wie wichtig solche Fragen sind, zeigt der parallele Maschinenfabrik-Fall, dazu *Tiedemann,* S. 137.

sagt: „Das habe ich an sich alles gewußt, nur nicht gesehen", ist auf dem Gebiet der Wissensanwendung schwach. Diese Schwäche kann nicht durch Vermehrung des Wissens (= Aufnahme von noch mehr Rechtsproblemen) behoben werden. *Die Unsicherheit in der Anwendung vorhandenen Wissens sollte schon deshalb sehr ernstgenommen werden, weil man in der Praxis meistens nicht mit verwickelten Rechtsfragen befaßt ist, sondern mit tatsächlich komplizierten Fällen (bei relativ einfacher Rechtslage).* Die Sachverhaltsprobleme nehmen m. a. W. legitimerweise im zweiten Staatsexamen auf Kosten der Rechtsprobleme noch zu.

5. Teil. Rechtsprobleme

§ 10. Ausgetragene Probleme und Randprobleme

1. *Ausgetragene Probleme*

a) *Allgemeines*

Im Zivilrecht und öffentlichen Recht steht man stärker als im Strafrecht vor dem Problem der *Stoffauswahl. Diederichsen* und *Schwerdtfeger*[1] sind daher besonders bemüht, examenswichtige und *examenstypische Probleme* aufzuzeigen. Auch im Strafrecht gibt es typische und gleichwohl „vergessene" Examensprobleme. Zahlreiche Darstellungen konzentrieren sich mehr oder weniger auf solche examenswichtige Probleme. Vielen Fallösungen merkt man jedoch an, daß ihre Verfasser noch mehr des Rats bedurft hätten, was *nicht examenswichtig* ist. Ehe ich auf typische Probleme eingehe (vgl. unten 5. Teil, § 11), möchte ich deshalb die umgekehrte Frage anschneiden, was kein in einer Klausur oder Hausarbeit zu behandelndes Problem darstellt.

Im Strafrecht sind die allgemeinen Lehren angesichts spärlicher gesetzlicher Fixierungen weitgehend durch Wissenschaft und Praxis entwickelt worden. Dabei hat sich zu vielen grundsätzlichen Fragen zwar allmählich eine herrschende Meinung oder herrschende Praxis herausgebildet, doch werden nach wie vor grundsätzlich abweichende Ansichten vertreten. Das mag in etwa erklären, warum in Examensklausuren (mehr noch in Hausarbeiten) die Gutachter bestrebt sind, die dogmatischen Grundpositionen darzustellen und gegen Einwände abzusichern. Dieses Bemühen führt meistens ins Grundsätzliche, Allgemeine und weit weg von den Problemen des konkreten Falles. Oft liegt so fehlgehenden Arbeiten zugleich eine prinzipielle Unsicherheit über das Wesen des Subsumtionsvorgangs zugrunde. Über die Ausführungen zu dem dritten Grundfehler bei der Subsumtion oben 2. Teil, § 3 mit Beispielen 6 und 7 hinaus erscheint mir *eine deutliche Warnung vor folgender Verwechslung* notwendig: Die Fallösung, wie sie im Examen erwartet wird, hat mit den in Büchern, Fachzeitschriften oder Examinatorien veröffentlichten Musterlösungen, soweit sie auch oder überwiegend der induktiven Wissensvermittlung dienen, nur wenig gemein. Eine Lösung, die

---

[1] *Diederichsen*, S. 3; *Schwerdtfeger*, S. 14 ff.

dem Leser Wissen beibringen will, sieht anders aus, als eine „praktische" Lösung, bei der Wissen gezielt angewendet werden soll.

Beispiel 41:
Der hochverschuldete *A* lädt seine reiche Erbtante zur Sylvesterfeier ein. Mit der Bemerkung, die Wirkung sei ganz harmlos, überredet er die sonst strenge Antialkoholikerin zum Genuß eines vergifteten Mitternachtscocktails, der auch alsbald den ersehnten Tod der alten Dame bewirkt. – In diesem Ausschnitt eines Falles steht der Bearbeiter vor der Situation, daß *A* seine Erbtante heimtückisch und aus Habgier tötet. Diese Situation tritt in allen möglichen Verkleidungen und in vielen Examensarbeiten und in publizierten Fallösungen auf. Das simple Resultat (§ 211) kann in einer induktiven, auf Wissensvermittlung ausgerichteten Lösung nach allen Seiten angereichert werden. So kann man beim Merkmal der Heimtücke darauf hinweisen, daß das Opfer imstande sein müsse, dem Täter Vertrauen entgegenzubringen, was z. B. bei einem einjährigen Kind oder einem Geisteskranken nicht der Fall sein könne. Man kann ausführlich erörtern, daß nach einer verbreiteten Lehrmeinung im Gegensatz zur Rechtsprechung des *BGH* zur Ausnutzung der Arg- und Wehrlosigkeit noch ein verwerflicher Vertrauensbruch hinzukommen muß. Ferner kann man auch darauf eingehen, daß die Rechtsprechung zur Heimtücke eine feindliche Willensrichtung des Täters verlangt. Bei der Habgier kann man daran erinnern, daß es streitig ist, ob das Merkmal auch dann erfüllt ist, wenn jemand nicht etwas erwerben, sondern etwas behalten oder sich von einer finanziellen Belastung befreien will usw. Fast jede Fallbesprechung und viele publizierte Lösungen gehen in diese Richtung. – Bei einer Fallösung, wie sie im Examen verlangt wird, muß man sich dagegen strikt auf den konkreten Fall beschränken. Man darf ihn nicht als Gelegenheit betrachten, alle möglichen im näheren oder weiteren Umkreis liegenden Streitfragen abzuhandeln. Im Beispielfall kommt es auf keine der erwähnten Streitfragen an. Auch unter Zugrundelegung der jeweils engeren Auffassung ist § 211 (Heimtücke und Habgier) erfüllt.

b) Ausgetragene Probleme aus dem Allgemeinen Teil

Nicht für die wissenschaftliche Diskussion, wohl aber für eine praxisnahe Fallösung sind aus dem Allgemeinen Teil „erledigt" Grundprobleme wie Bedingungstheorie oder Adäquanztheorie; kausale, finale oder soziale Handlungslehre; subjektive Versuchstheorie; objektive Abgrenzung von Versuch und Vorbereitung unter Berücksichtigung des Tatplanes; Schuldteilnahmetheorie bei der Anstiftung; subjektive oder materiell-objektive Teilnahmetheorie;[2] die Standpunkte bezüglich der Teilnahme an nicht vorsätzlicher Haupttat;[3] die Grundpositionen bezüglich der Irrtumslehre (insbes. strenge bzw. eingeschränkte Schuldtheorie, zur Absage des § 16 d. 2. StrRG an die Vorsatztheorie s. u. 6. Teil, § 12); Gesamt- oder Fortsetzungsvorsatz als Voraussetzung für Fortsetzungszusammenhang. Diese Fragen sind wissenschaftlich *nicht* ausgetragen. Eine Fallösung darf jedoch nicht als Aufhänger be-

---

[2] § 25 ist eine Entsch. dieser Streitfrage nicht zu entnehmen, anders *Roxin*, Kriminalpolitik, S. 20; (abschwächend in *Roxin-Stree-Zipf-Jung*, S. 28 f.).
[3] § 26 verlangt eine vorsätzliche Haupttat, so daß diese früher umstr. Frage durch die Autorität des Gesetzes (o. 2. Teil, § 5 1) i. S. der h. M. als entschieden anzusehen ist.

nutzt werden, um in eine wissenschaftliche Grundsatzdiskussion einzutreten. Es geht vielmehr darum, die vielfältigen, speziell im konkreten Fall auftretenden Einzelfragen zu lösen, und zwar von einer Grundposition aus, mag diese auch wissenschaftlich angefochten sein. Die *Kenntnis des um die grundsätzlichen Fragen geführten Meinungsstreites bildet den Hintergrund der konkreten Fallösung.* Die Erörterung der Detailfragen läßt spüren, ob der Bearbeiter über ein genügendes strafrechtliches Grundwissen verfügt.

Während im Zivilrecht ganz unbefangen mit der Adäquanztheorie, mit positiver Vertragsverletzung oder mit culpa in contrahendo etc. gearbeitet wird, ohne daß die grundsätzliche Richtigkeit dieser Theorien bzw. Anspruchsgrundlagen dargelegt wird, begegnet einem im Strafrecht immer wieder, daß vor die Erörterung der Probleme eines versuchten Mordes eine allgemeine Rechtfertigung der subjektiven Versuchstheorie geschaltet wird. Statt einer Lösung der diffizilen Irrtumsfragen des konkreten Falles wird eine allgemeine Abhandlung über Vorsatz- und Schuldtheorie verfaßt. Statt unter Zugrundelegung der materiell-objektiven *oder* subjektiven Teilnahmetheorie anhand der Besonderheiten des konkreten Falles darzulegen, wer Täter und wer Gehilfe ist, werden die Theorien in abstracto behandelt. Als ob nicht von jeder Grundposition aus noch genügend Fragen offen blieben!

Dieser sehr pointiert gegebene *Rat*, die bezeichneten *Grundpositionen auf sich beruhen zu lassen*, von einer vertretbaren Ansicht auszugehen und zur Lösung des konkreten Falles zu kommen, ist nicht unangefochten. Er entspricht aber der überwiegenden Meinung.[4] Die Frage ist so wichtig, daß es sich für den Leser lohnt, wenn er sich mit ihr etwas näher beschäftigt. Als an veröffentlichten Musterlösungen nachvollziehbares *Beispiel* bietet sich die *Behandlung des untauglichen Versuchs* an. Einerseits hält die wissenschaftliche Auseinandersetzung an,[5] andererseits steht der Bearbeiter vor der Frage, ob er die h. M. zu begründen hat oder ob er sich ihr ohne weiteres anschließen soll. Letzteres halte ich für richtig, zumal § 23 III offenbar von der subjektiven Theorie ausgeht.[6] Zu diskutieren ist also nur noch die Reichweite der Ausnahme von der Strafbarkeit des untauglichen Versuchs gemäß § 23 III.

[4] Vgl. zum öffentlichen Recht die Klage von *Schwerdtfeger*, S. 9, über den unausrottbaren Irrtum, als Kern jedes Problems müsse sich ein Theorienstreit finden lassen.

[5] *Spendel*, JuS 1969, 314.

[6] Im öst. Recht gilt die Frage auch praktisch noch nicht als ausgetragen, vgl. *Burgstaller*, JBl 1969, 521. Dort auch Nachw. dazu, daß und wie die modernere (= subjektive) Lehre auf eine Ausdehnung der Strafbarkeit gegenüber der älteren (= objektiven) Lehre hinausläuft.

4*

Beispiel 42:
    Verfolgt man die Musterlösungen, stellt man fest, daß der oben gegebene Rat der
h. A. entspricht, jedoch nicht unstreitig ist. Wie hier *Blei*, JA 1970, 156; *Doehring*,
JuS 1969, 87, 89,[7] jeweils anhand nachlesenswerter Fälle. Zustimmend auch *Kienap-*
fel, Strafrechtsfälle, S. 51. – Eine (m. E. überflüssige) kurze Darstellung der Problematik findet sich bei *Warda-Faber*, JuS 1965, 442 (bei Erl. 7), und eine relativ ausführliche
Begründung der Strafbarkeit des untauglichen Versuches bei *Sax*, JuS 1962, 193
(bei Erl. 14, 15) – Nach *Werner*, 20 Klausurprobleme aus dem Strafrecht, AT, 1969
sollte hier sogar eines der 20 wichtigsten aktuellen Probleme des AT liegen (!).

Auch bezüglich der eingangs bei b) angeführten weiteren Grundprobleme, die nach der hier vertretenen Ansicht für eine praxisnahe
Fallösung als „erledigt" angesehen werden sollen, wird z. T. einge-
hendere Behandlung gefordert.

Beispiel 43:
    Weitgehend mit dem hier gegebenen Rat stimmt die Empfehlung überein, „eine
begrenzte Auswahl unter den verschiedenen Theorien zu treffen", so *Kienapfel*, Strafrechtsfälle S. 103 (wobei die Begrenzung keiner Begründung bedarf). – Offenlassen
von Vorsatz- bzw. Schuldtheorie bei *Welp*, JuS 1967, 507 (Erl. 11); wie hier auch *Wer-*
ner, S. 67. – Zum Kausalitätsproblem beim Unterlassen vgl. einerseits *Grünwald*, JuS
1965, 311 (mit dem lakonischen Hinweis, der Lösung liege die herkömmliche Lehre
zur Unterlassung zugrunde), andererseits *Arthur Kaufmann-Hassemer*, JuS 1964, 151
(mit der ausführlichen Behandlung der grundsätzlichen Frage der Kausalität des Unterlassens). – Zum Unterbleiben der Stellungnahme zu den verschiedenen *Teilnah-*
metheorien wie hier *Blei*, JA 1969, 421; 1970, 345. – Eine Fallösung, in der die Abgrenzung Täterschaft/Teilnahme und das Wesen des unechten Unterlassungsdelikts
erörtert wird, findet sich bei *Zipf*, JuS 1968, 529.

Der Rat, zu den genannten Grundproblemen keine Stellung
mehr zu beziehen, gibt nur eine *Faustregel*, die bezüglich der *Aus-*
nahmen mit etwas Fingerspitzengefühl gehandhabt werden muß. Es
gibt Fälle, die geradezu danach schreien, daß man – nachdem man
sie vom Boden der h. M. aus gelöst hat – das Ergebnis betrachtet
und daß man rückschauend von diesem Resultat aus die Fragwürdigkeit der zugrunde gelegten Theorie erörtert.

Beispiel 44:
    Wenn (Referendarexamen Tübingen 1967) der Täter dreimal nacheinander Hilfs-
bzw. Erfolgsabwendungspflichten nicht erfüllt, jedesmal aufgrund eines in tatsächlicher Hinsicht geringfügig abgewandelten Irrtums, sollte man den Fall zunächst von
der eingeschränkten Schuldtheorie aus lösen. Kommt man dabei zu rechtlich unterschiedlichen Konsequenzen dieser Irrtümer, gehört es zu einer guten Lösung, daß
man sich die Frage stellt, ob diese Unterschiede sachgerecht sind. Insoweit wird man
also die grundsätzliche Frage des Irrtums – angeregt vom Ergebnis des konkreten Falles – noch einmal aufgreifen.

---

[7] Mit dem Argument, die Strafbarkeit des untauglichen Versuchs beruhe auf
Gewohnheitsrecht. So läßt sich die Erörterung schon deshalb nicht ausklammern,
weil man auf den Gedanken kommen könnte, die Entstehung dieses angeblichen
Gewohnheitsrechts näher zu begründen.

Als *Beispiel aus der Rechtsprechung* vgl. man *BGHSt* 17, 87 (Irrtum über Selbsthilferecht bei Geldforderung). Zu einer daran angelehnten Examensklausur vgl. oben 3. Teil § 7 3. – Angesichts der Fragwürdigkeit des konkreten Ergebnisses vermißt man die Rückbesinnung auf die Richtigkeit der zugrunde gelegten Theorie.

Unstreitig darf man auf die Richtigkeit der verschiedenen zu Grundpositionen vertretenen Theorien dann nicht eingehen, wenn der Gegensatz im konkreten Fall das Ergebnis nicht beeinflußt. Häufig hängt die Behandlung des konkreten Falles gar nicht von den Unterschieden in den Grundpositionen ab. So gelangt man im Normalfall auch von der Schuldteilnahmetheorie aus zur Bestrafung wegen Anstiftung. Kommt man beispielsweise nach jeder vertretenen Theorie zur Mittäterschaft, wäre es falsch, den Theorienstreit darzustellen, auch wenn man noch soviel darüber weiß! Vor solcher „Wissensausbreitung",[8] vor der „Anbringung zusätzlichen Wissens"[9] wird immer wieder gewarnt, leider mit wenig Erfolg.

Es bleibt die Frage, von welcher der unterschiedlichen Stellungnahmen zu dogmatischen Grundproblemen man ausgehen soll. Hier gilt folgende *Faustregel: Fragen, die vom Standpunkt der h. L. oder von einer gefestigten Rechtsprechung aus aufzuwerfen sind, darf man nicht unter Berufung auf eine Minderheitsmeinung aus dem Wege gehen.*[10]

Beispiel 45:
Die *unechten Unterlassungsdelikte* werfen eine Fülle interessanter und im Examen häufig geprüfter Probleme auf. Die verschiedenen Garantenstellungen; die Frage der Kausalität;[11] die Abgrenzung von Beihilfe und Täterschaft speziell bei unechtem Unterlassen[12] und schließlich die Einordnung des Irrtums (vgl. *BGHSt* 16, 155) – das alles sind potentielle Examensprobleme. Es versteht sich, daß man sich diesen Problemen nicht unter Berufung auf eine ernstzunehmende Minderheitsauffassung entziehen darf, nach der eine Bestrafung wegen unechten Unterlassens unzulässig ist (Verstoß gegen den Bestimmtheitsgrundsatz, § 1 StGB, Art. 103 II GG.[13] – § 13 d. 2. StrRG hat keinen erheblichen Zuwachs an Bestimmtheit gebracht).

Genauso verhält es sich mit der *Irrtumsproblematik.* Sie wird – je nach Sachlage – besonders kompliziert, wenn man sie von der ein-

[8] *Sax*, JuS 1962, 195 (Erl. 26). – „Was die Lösung nicht fördert, ist nicht überflüssig, sondern . . . falsch"; *Baumann*, Vermeidbare Fehler, in Strafrechtsfälle, S. 155.
[9] *Blei*, JA 1970, 285, mit dem treffenden Hinweis, daß diese Anbringung zusätzlichen Wissens nicht nur nicht honoriert werde, sondern schon für sich einen Fehler darstelle und erst recht eine *Quelle weiterer Fehler* bilde.
[10] Noch entschiedener gegen Abweichung von der h. M. in Klausuren *Diederichsen*, S. 136.
[11] Nicht als Grundsatzproblem (dazu die in Beispiel 43 genannte Fallösung), sondern die zahlreichen schwierigen Einzelfragen, die sich vom Boden der h. M. aus ergeben; dazu die Fälle 10 und 14 bei *Baumann-Arzt-Weber.*
[12] Also die Frage, ob die Qualität der Garantenstellung zwingend über die Frage der Teilnahme oder Täterschaft entscheidet (so *Schönke-Schröder*, Vorb. § 47 Rdnrn. 105 ff.) oder ob die allg. Abgrenzungskriterien auch auf Unterlassungsdelikte anzuwenden sind (so die h. M., Nachw. bei *Schönke-Schröder*, a. a. O.).
[13] So z. B. *H. Mayer*, Mat. zur Strafrechtsreform I, 1954, S. 259.

geschränkten Schuldtheorie aus bewältigt. Hier darf weder auf die
oft einfachere – seit Inkrafttreten des 2. StRG obsolet gewordene –
Vorsatztheorie noch auf die gelegentlich einfachere strenge Schuldtheorie ausgewichen werden. *Eine praxisnahe Fallösung darf die Praxis
nicht ignorieren!*
    Die Warnung, sich die Fallösung unter Übergehung der Praxis
oder der h. L. zu erleichtern, bedeutet keine Beschneidung der wis-
senschaftlichen Meinungsfreiheit. Im Beispiel 45 bleibt es dem
Bearbeiter unbenommen, darzulegen, daß er in der Bestrafung
wegen unechten Unterlassens einen Verstoß gegen den Bestimmtheitsgrundsatz sieht oder daß er von der Richtigkeit der eingeschränkten Schuldtheorie nicht überzeugt ist. Solche *Einwände
gegen die h. L.* oder herrschende Praxis werden regelmäßig die
Qualität der Arbeit heben, wenn die wesentlichen Punkte kurz und
klar herausgestellt werden. Hier darf also ebenfalls nicht ins Allgemeine ausgewichen werden. Auch setzen solche Ausführungen,
wenn sie Pluspunkte bringen sollen, stets voraus, daß man von der
Minderheitsmeinung aus zu einem abweichenden Ergebnis käme.
Keinesfalls dürfen sie auf Kosten der Probleme gehen, die sich im
konkreten Fall vom Boden der h. M. aus stellen.
    Wenn es der Bearbeiter nicht bei Einwänden gegen die h. M.
beläßt, sondern wenn er von einer *problemvereinfachenden Minderheitsauffassung* ausgehen will, muß er den Fall in einem *rechtlichen
Eventualgutachten* vom Boden der h. A. aus lösen, vgl. dazu unten
6. Teil, § 14.
    Die *Faustregel*, bei strittigen Grundsatzfragen von der h. L. oder
der gefestigten Rechtsprechung auszugehen, von diesem Ausgangs-
punkt aus die Fragen zu beantworten, die der konkrete Fall aufwirft, und die Problematik des Ausgangspunktes zu vernachlässigen, gilt auch gegenüber *Sondermeinungen des Aufgabenstellers.* Die Meinung des Aufgabenstellers (der im Examen regelmäßig nicht zu
identifizieren ist), wiegt nicht schwerer oder leichter als andere Meinungen. Das ist selbstverständlich. Wenn es immer wieder ange-
zweifelt wird, kann das verschiedene Ursachen haben. Einmal mag
es Ausnahmen geben oder es mag daran liegen, daß derjenige, der
die Aufgabe zu lösen hat, sich in die Situation des Aufgabenstellers
zu versetzen sucht und sich fragt, wie er (an dessen Stelle) es bewer-
ten würde, wenn die Sondermeinung kurz oder nicht behandelt
oder abgelehnt würde. M. E. ist die Erklärung einfacher. Wer an
einer Urteilsbegründung, einem Kommentar, einem Lehrbuch,
einer Monographie oder einem Aufsatz arbeitet, wird geneigt sein,
die sich ihm dabei stellenden Fragen in einem Fall zu verwerten.
Daraus sollte man nicht schließen, daß der Ansicht des Aufgabenstellers bei der Fallösung Priorität zukommt.

In einem wichtigen Punkt empfiehlt es sich jedoch, den Aufgabensteller in den Kreis der Überlegungen mit einzubeziehen. Mancher gewöhnt sich die *Untugend* an, *die Argumente der Praxis mit leichter Hand abzutun.* Das kommt schon im 1. Staatsexamen schlecht an, denn meistens haben sich die Gerichte die Urteile zu sorgfältig überlegt, als daß man sich so einfach darüber hinwegsetzen könnte. Im 2. Staatsexamen, wo ganz überwiegend Praktiker prüfen, macht ein solches Verfahren einen besonders schlechten Eindruck. Man mache es sich deshalb schon beim Studium (nicht erst während der Referendarausbildung) zur *Regel*, sich den Fragen zu stellen, die von einer gefestigten Rechtsprechung aus aufzuwerfen sind.[14] Das setzt voraus, daß man Urteile liest und Entscheidungszitate in Lehrbüchern und Kommentaren nachschlägt.

c) Ausgetragene Probleme aus dem Besonderen Teil

Auch im Besonderen Teil gibt es zahlreiche Streitfragen, die man zwar kennen muß, die aber nicht aufzuwerfen sind. Vielmehr genügt es, daß der Bearbeiter von einer vertretbaren Lösung dieser Streitfragen *ausgeht* und sich dem konkreten Fall zuwendet. Zu diesen Kontroversen gehört die subjektive oder objektive Aussagetheorie;[15] die sakrale Eidestheorie;[16] der Ehrbegriff;[17] das Verhältnis der Hehlerei zur Teilnahme an der Vortat;[18] der prinzipiell wirtschaftliche Vermögensbegriff beim Betrug (wichtig und zu erörtern sind dagegen die Grenzfälle, die möglichen Ausnahmen vom Prinzip);[19] die restriktive Interpretation der Untreue[20] und der

---

[14] Wie hier *Furtner*, JuS 1962, 394.
[15] Die h. M. folgt der objektiven Aussagetheorie, vgl. *BGHSt* 7, 147 (trotz Abschaffung des Offenbarungseides wegen der grds. Stellungnahme zu den Aussagetheorien nicht überholt).
[16] Die h. M. hat die sakrale Eidestheorie aufgegeben, vgl. *BGHSt (GS)* 8, 309. – Überlegen Sie, ob (wie) sich der späte Beginn des Versuchs bei § 154 rechtfertigen läßt, wenn man mit der h. M. die sakrale Eidestheorie ablehnt.
[17] Die h. M. folgt dem sozialen Ehrbegriff: Ehre als Anspruch auf verdiente Geltung in der Gesellschaft; ein Anspruch, der auf der inneren Ehre (Mensch als Träger von Werten) beruht, vgl. *BGHSt (GS)* 11, 67. – Ob der konkrete Fall (unverlangte Zusendung einer Werbeschrift für Mittel sexueller Reizsteigerung) vom Boden dieses Ehrbegriffs aus zutr. entschieden ist, ist zweifelhaft. Vgl. dazu jetzt *BGH* bei *Dallinger*, MDR 1970, 730.
[18] Dazu das anschließende Beispiel.
[19] Für die h. M. grundlegend und keineswegs veraltet *RGSt (VStS)* 44, 230 (Lieferung untauglicher Abtreibungsmittel). Zur Examensaktualität dieser Entsch. vgl. o. 3. Teil §7 3b, Beispiel 31.
[20] Die h. M. engt § 266 dadurch ein, daß sie verlangt, daß die Pflicht, Vermögensinteressen wahrzunehmen, *Hauptpflicht* sein müsse. Das ist beispielsweise bei einer mit Schreibarbeit betrauten städtischen Angestellten nicht der Fall, *BGHSt* 3, 289. – Der neue § 266 III ändert an dieser Einschränkung des § 266 nichts, sondern stellt nur klar,

Selbstmord als Unglücksfall i. S. des § 330c.[21] Auch das unerschöpf-
liche Problem des Verhältnisses des Mordes zum Totschlag (Qualifikation oder selbständiger Tatbestand) sollte man in dem Sinne als
ausgetragen betrachten, daß man nicht mehr erörtert, ob die Ansicht des *BGH*[22] oder die der h. L.[23] richtig ist. Entsprechende
Kenntnisse zeigt man dadurch, daß man von einem Standpunkt
ausgeht und dann andeutet, inwiefern man vom abweichenden
Standpunkt aus zu unterschiedlichen Ergebnissen käme.

Beispiel 46:
In einem Tübinger Examensfall 1967 hatten mehrere am Raub (mit Exzeßproble-
matik) Beteiligte (Problematik, wieweit Mittäterschaft oder Teilnahme i. e. S.
vorlag) die Beute verabredungsgemäß geteilt. Dabei war ihnen ein Irrtum unterlaufen, ein Beteiligter kam zu kurz. Dieser wandte sich später an seine Kollegen und erhielt von
ihnen den Betrag, der ihm versehentlich vorenthalten worden war. – Bei einem solchen
Fall wird die Kenntnis der Kontroverse erwartet, ob Teilnehmer an der Vortat Täter
der Hehlerei sein können. *BGHSt (GS)* 7, 134 (nachlesen!) hat diese für Anstifter und
Gehilfen streitige Frage bejaht. Der *BGH* ging dabei mit der h. M. davon aus, daß
Mittäter der Vortat nicht Hehler sein können. Daß der *Täter* der Vortat nicht Hehler
sein kann, entsprach stets der allgemeinen Meinung und ist durch die Neufassung des
§ 259 durch das EGStGB („Sache, die ein *anderer* ... erlangt hat") im Gesetz verankert worden. – Bei der Lösung darf man den Fall nicht zum Anlaß nehmen, diese
allgemeine Frage ausführlich zu erörtern. Es geht vielmehr darum, daß man die
Besonderheit des Falles erkennt. Sie liegt darin, daß ein Beteiligter *nach abgeschlossener
Beuteteilung* einen weiteren Beuteteil an sich bringt. Hier hatte *BGHSt* 3, 191 sogar
den Mittäter der Vortat wegen Hehlerei bestraft. Auch wenn man das für falsch hält,
muß man bei der Bearbeitung deutlich machen, daß man diese für Annahme von
Hehlerei sprechende Besonderheit des Sachverhalts gesehen hat. Unterstellt, der zu
kurz gekommene *X* sei nur Anstifter zum Raub gewesen (nicht Mittäter), dann wäre
es verfehlt, zu schreiben: „Mit *BGHSt (GS)* 7, 134 ist davon auszugehen, daß ein Teilnehmer (i. e. S.) an der Vortat zugleich Hehler sein kann. *X* hat zunächst über einen
Beuteteil, später über einen Zuschlag auf diesen Teil eigene Verfügungsgewalt begründet. Darin liegt jedesmal ein Ansichbringen i. S. des § 259. Die beiden hehlerischen
Handlungen stehen im Verhältnis der Tatmehrheit." – Es ist vielmehr deutlich zu
machen, daß das Ansichbringen nach Teilung aus den in *BGHSt* 3, 191 genannten
Gründen Hehlerei begründen könnte, auch wenn man – entgegen *BGHSt* 7, 134 – annimmt, daß Anstifter und Gehilfen der Vortat grundsätzlich so wenig wie Mittäter

daß bei *wichtigen* Pflichten auch geringfügige Schädigungen erfaßt werden. Man wird
i. d. R. jedoch aus der Geringwertigkeit der auf dem Spiele stehenden Vermögensinteressen schließen dürfen, daß die Betreuungspflicht keine Hauptpflicht des Täters
war (so daß § 266 abzulehnen ist).

[21] Nach *BGHSt (GS)* 6, 147 soll Selbstmord einen Unglücksfall i. S. d. § 330c darstellen, zweifelhaft; vgl. *Dreher* § 330c Bem. 1 Aa.

[22] Grundlegend *BGHSt* 1, 368; 2, 255. Beides sind auch vom Sachverhalt her lesens-
werte Fälle, bei denen man sich die Frage vorlegen sollte, ob die Verurteilung wegen
Teilnahme (sei es an § 211 oder § 212) angemessen ist, oder ob Täterschaft vorliegt.
Am – vorläufigen – Ende dieser Rspr. steht die Verjährungsentsch. *BGHSt* 22, 375 und
die Auseinandersetzung mit den sonstigen durch § 28 II sich ergebenden Schwierigkeiten, wenn man am Standpunkt des *BGH* festhält, dazu *BGHSt* 23, 39, 103 und *Arzt*,
JZ 1973, 681.

[23] Zur h. M. vgl. *Maurach*, JuS 1969, 249. – Eingehend auch *Krey*, JuS 1971, 86 ff.

der Vortat Hehler sein können. – Auf dieses Problem wird man dann kommen, wenn man davon ausgeht, daß kein Sachverhaltsdetail unwichtig ist, wie es bei der vorstehend abgelehnten Lösung erscheint. Wer den nach Beuteteilung gewährten Zuschlag ohne weiteres wie die Beuteteilung selbst behandelt und zweimal § 259 annimmt, müßte sich sagen, daß dieses doppelte Ansichbringen witzlos ist. Das ist eine deutliche Warnung, daß mit der Lösung etwas nicht in Ordnung ist, vgl. oben 3. Teil, § 6.

2. *Randprobleme*

a) *Allgemeines*

Zwischen „erledigten" Problemen (die den Hintergrund einer Fallösung bilden), Randproblemen (die nicht in den Vordergrund geschoben werden dürfen) und Hauptproblemen (die hervorgehoben werden müssen) ist der Übergang fließend. Die Randprobleme lassen sich in drei Gruppen aufgliedern. Es gibt komplizierte und interessante Fragen, die trotzdem relativ unwichtig sind, weil der betreffende Tatbestand wenig bedeutend ist oder weil es sich nur um ein Konkurrenzproblem handelt; wichtigste Stichworte: *Antragsdelikte und Konkurrenzfragen* (dazu unten b). Dann gibt es *Nebenfragen bei wichtigen Tatbeständen* und *als selbstverständlich vorausgesetztes Grundwissen* (dazu unten c). Schließlich gibt es wichtige Fragen, die aber im Examen nur eine Nebenrolle spielen; Stichwort: *Prozeßrecht* (dazu unten d).

Für sämtliche Randfragen gilt die *Faustregel*, daß sie sowohl vom Umfang der Darstellung her als auch bezüglich des Zeitaufwands des Bearbeiters Nebensache bleiben müssen. Man sollte sich angewöhnen, nach einiger Zeit über sie hinweg zu den Hauptproblemen überzugehen, selbst wenn man die Randfragen nicht gelöst hat. Wer bei Randfragen hängenbleibt, sich festbeißt, riskiert ein „unzulänglich". Daraus folgt für den *Aufbau*, daß es zweckmäßig ist, nach Möglichkeit gleich mit den Hauptproblemen zu beginnen. Man gerät dann nicht in Versuchung, nebensächliche Fragen zu sehr in den Vordergrund zu rücken. Vgl. dazu den letzten Fall aus Beispiel 49 (unten b) und ausführlich unten 6. Teil, § 13 1.

b) *Tatbestände von untergeordneter Bedeutung, insbesondere Antragsdelikte, das Nebenstrafrecht und Konkurrenzfragen*

Die Notwendigkeit eines Strafantrags signalisiert geringe sachliche Bedeutung und diese wiederum rechtfertigt die entsprechende geringe Relevanz für das Examen. *Ausnahmsweise wichtig bleiben die erst durch das EGStGB geschaffenen neuen Antragsdelikte im Bereich der Vermögenskriminalität (§§ 248a, 263 IV, 266 III, 257 IV, 259 II).* Durch ihr massenhaftes Vorkommen bilden diese Delikte ein

rechtspolitisch brennendes Problem. Die gesetzgeberische Ver-
legenheitslösung (Antrag und besondere Regelung der Einstellung
in §§ 153, 153a StPO) wird gerade in nächster Zeit eine Fülle an
Fragen aufwerfen.

Beispiel 47:
T nimmt dem hilflos im Rinnstein liegenden Betrunkenen O 10 DM aus dem Geldbeutel. Er läßt ihm nur ein paar Pfennige Kleingeld, ohne sich von dem Jammern des
O, der nicht weiß, wie er sich ohne dieses Geld die nächsten Tage ernähren soll, beein-
drucken zu lassen. O stellt Strafantrag. – Nachdem T polizeilich vernommen worden
ist, bringt er O 10 DM zurück und schenkt ihm außerdem eine Flasche Schnaps. Auf
Anraten seines Verteidigers schreibt er dem Staatsanwalt, er sei gerne bereit, 50 DM
an das Rote Kreuz zu überweisen, wenn das Verfahren eingestellt werde, obwohl er
einem Prozeß mit Ruhe entgegensähe, denn O sei ihm schon lange 10 DM schuldig
und er – T – habe deshalb angenommen, er dürfe O das Geld wegnehmen, das dieser
sonst in Lebensmittel umgesetzt hätte, statt seine Schulden zu bezahlen. – Hat sich T
strafbar gemacht und welche Gründe sprechen für eine Einstellung?

Bei der *Lösung*[24] wird man sich fragen, ob der geringe Wert objektiv zu bemessen
ist oder von der Opferempfindlichkeit abhängt (wenn dies überhaupt die richtige
Alternative ist), und was das für ein kurioses Bagatelldelikt ist, das eines ausdrücklichen
Eingreifens des Gesetzgebers bedarf, damit es nicht als ein besonders schwerer Fall
des Diebstahls gewertet wird (§ 243 II!). – Entscheidet man sich für § 242, 248a, wird
bei der Einstellung deutlich, daß die Auflage, 50 DM ans Rote Kreuz zu bezahlen, dem
Wortlaut des § 153a StPO nach nur das öffentliche Interesse an der Strafverfolgung
berührt. Da das Nachtatverhalten (zu dem die Schadenswiedergutmachung gehört)
jedoch schuldrelevant sein kann (§ 46 II am Ende), wird dem Staatsanwalt die Disposi-
tion nicht nur über das öffentliche Interesse, sondern auch über die Schuld des Täters
ermöglicht. Der Fall zeigt zudem, daß sich ein – möglicherweise Unschuldiger – unter-
wirft, weil er das Risiko des Prozeßausgangs fürchtet. Zur Berufung des T auf Selbst-
hilfe vgl. *BGHSt* 17, 87.

Von großer didaktischer Bedeutung ist auch das *Antragsdelikt
des § 248b*. An ihm läßt sich ein Hauptproblem, nämlich die
Abgrenzung der Zueignung vom furtum usus, exemplifizieren.

Neben Antragsdelikten sind von untergeordneter Bedeutung
alle *Straftatbestände außerhalb des StGB*. Teils liegt das an dem geringen sachlichen Gewicht der entsprechenden Materien, teils ist
trotz großer sachlicher Bedeutung der Zusammenhang mit zivil-
oder öffentlichrechtlichen Regelungen so eng, daß der strafrechtliche Aspekt jedenfalls in der Prüfungspraxis in den Hintergrund
tritt. Wehrstrafrecht, Sprengstoff- und Rauschgiftdelikte, sowie
ein erheblicher Teil der Wirtschaftsstraftaten zählen zum *Neben-
strafrecht* und sind vom Examen aus betrachtet nebensächlich.[25]

---

[24] Vgl. dazu *Arzt*, JuS 1974, 693 und den E. eines Ges. gegen Ladendiebstahl
AE-GLD, 1974, Recht und Staat H. 439, 1974.
[25] Es empfiehlt sich, die einschlägige JAO und ihre Änderungen genau zu lesen. In
Nds. bestimmt § 9 Nr. 4 JAO i. d. F. v. 7. 6. 1972, daß Pflichtfach aus dem StrafR
„der AT des *Strafrechts* und der BT des *Strafgesetzbuchs*" ist. Damit steht fest, daß
WehrstrafR, Sprengstoffdelikte etc. nicht verlangt werden. Dagegen rechnet min-

Oft wird ausdrücklich nur nach Strafbarkeit nach StGB gefragt oder vermerkt. „Straftatbestände außerhalb des StGB bleiben außer Betracht". Innerhalb des StGB sind von geringer Bedeutung die §§ *166 ff.* und die *Sittlichkeitsdelikte.* Letztere sind nicht per se relativ unbedeutend, sondern im Hinblick auf die Examenspraxis. Sie geht dahin, solche Fragen allenfalls am Rande zu prüfen. Es besteht ein *stillschweigender Konsens,* aus dem Besonderen Teil den 13. Abschnitt (Sittlichkeitsdelikte) und die *ersten fünf Abschnitte* (Friedensverrat, Hochverrat und Gefährdung des demokratischen Rechtsstaates; Landesverrat und Gefährdung der äußeren Sicherheit; Handlungen gegen ausländische Staaten; Straftaten gegen Verfassungsorgane sowie bei Wahlen und Abstimmungen; Vergehen gegen die Landesverteidigung) kaum je schriftlich zu prüfen. Diese Situation ist deshalb unbefriedigend, weil beim Studenten ein Rest von Unsicherheit bleibt, ob er sich fürs schriftliche Examen wirklich nicht auf Landesverrats- und Sittlichkeitsdelikte vorzubereiten braucht. Hier sollten die einschlägigen Prüfungsbestimmungen die Stoffbeschränkung, die sich allmählich entwickelt hat, offen- und festlegen.[25]

Beispiel 48:
Die Sittlichkeits- und Staatsschutzdelikte können im Hinblick auf die schriftliche Prüfung vernachlässigt werden, sie sind jedoch für die grundsätzliche Frage nach dem Sinn und Ziel der Strafe aufschlußreich.[26] Rechtspolitisch stellen sie „heiße Eisen" dar. Es sollte für einen Juristen selbstverständlich sein, daß er beispielsweise über den Meinungsstreit über die Strafbarkeit der Abtreibung, der Homosexualität, der Verbreitung unzüchtiger Schriften Bescheid weiß.[27] – Er sollte sich auch darüber Gedanken machen, wo die Meinungsfreiheit aufhört und wo die im Rahmen des Staatsschutzes möglicherweise zu pönalisierende ideologische „Unterwanderung" anfängt. Zu erin-

---

[25] Siehe Fußnote auf S. 58.
destens formaliter der BT des StGB uneingeschränkt zu dem Pflichtfachwissen. – Nach anderen Prüfungsordnungen (z. B. Bremen) gehört das NebenstrafR zu den Prüfungsgegenständen.

[26] Vgl. *Bacia,* Krit J 1969, 50; *v. Freyberg,* Krit J 1970, 185 (wo die These, man könne das Wesen des „bürgerlichen Strafrechts" anhand der Sittlichkeitsdelikte aufzeigen, schon im Titel deutlich wird). – Dazu auch *Baumann,* Krit J 1969, 392 (Entgegnung auf *Bacia*). – Eine Fallbearbeitung aus dem Gebiet des SexualstrafR bringt *R. Schmitt,* JuS 1970, 185.

[27] Bei der rechtspolitischen Erörterung dieser Fragen sollte man über ein Minimum an Kenntnis des geltenden Rechts und der Reformvorschläge (E 62, AE) verfügen. Die Lit. ist uferlos. Das ist kein Grund, gar nichts zu lesen. Wer sich einen Überblick verschaffen will, kann ihn mit Hilfe des E 62 und AE (jeweils mit Begründung) erlangen; ferner ist auf *Hanack,* Zur Revision des SexualstrafR in der BRD, 1969, und das Hearing des Sonderausschusses (November 1970) zu verweisen. Spannender zu lesen (und trotz mancher Einseitigkeit informativ) R. W. *Leonhardt,* Wer wirft den ersten Stein? Minoritäten in einer züchtigen Gesellschaft, 1969.

nern ist an die Diskussion um den Zeitungsaustausch.[28] In der mündlichen Prüfung sollte man auf solche rechtspolitisch aktuellen Fragen vorbereitet sein. Erörterung der *§§ 166ff.* anhand eines Falles mit Musterlösung durch *Emmerich*, JuS 1965, 71 (beim Nachlesen die Neufassung der Tatbestände durch das 1. StrRG beachten!).

Bei den *Antragsdelikten* steht man oft vor der Frage, ob man in einer Klausur oder Hausarbeit, die ihren Schwerpunkt bei anderen Problemen hat, auf am Rande liegende Beleidigungs- o. ä. Delikte eingehen soll. Die Praxis der Prüfungsämter ist nicht einheitlich. Z. T. wird die Erörterung nur erwartet, wenn im Sachverhalt vermerkt ist, daß Strafantrag gestellt ist (so wohl in Nordrhein-Westfalen),[29] z. T. wird Erörterung stets erwartet, es sei denn, der Sachverhalt besagt ausdrücklich das Gegenteil (so wohl in Baden-Württemberg).[30] Wenn man solche untergeordneten Tatbestände behandelt, sollte man sich jedenfalls kurz fassen (vgl. oben a). Der *typischste Fehler aus dem Bereich der Antragsdelikte* ist die zu breite Behandlung der *Beleidigung*.

Beispiel 49:
Wenn überhaupt, so darf nur ganz knapp gefragt werden, ob Anstiftung, versuchte Anstiftung oder Bestechung zugleich nach §§ 185 ff. zu bestrafen sind, weil der Anstifter dem Täter die Begehung einer Straftat zutraut. – Auch von den Aussagedelikten und dem Betrug wird häufig eine Brücke zu §§ 185 ff. geschlagen. Während sie bei den Aussagedelikten einigermaßen tragfähig ist (mit § 164 als verbindendem Glied) und §§ 185 ff. nur zu breit behandelt werden, wird die Verbindung zwischen § 263 und §§ 185 ff. meistens mit Hilfe unzulässiger Unterstellungen hergestellt (dazu oben 3. Teil § 7). Wer in betrügerischer Absicht einen Anspruch bestreitet, stellt damit sein Opfer noch nicht als Lügner hin und beleidigt es nicht. Überhaupt darf in der Vornahme der Straftat nicht zugleich eine Mißachtung gegenüber dem Opfer und damit eine Beleidigung gesehen werden, sonst würde jede vorsätzliche Straftat mit § 185 idealiter konkurrieren![31]
Zum Schluß überlege man die Lösung des oben 2. Teil, § 5 behandelten Beispiels 16 unter dem Gesichtspunkt der §§ 185 ff. In diesem Fall (unzüchtige Handlung an einem Kind bei zweifelhaftem Grad der Trunkenheit) ging es primär um die mit § 330a zusammenhängenden Fragen in dubio pro reo, Wahlfeststellung, Auffangtatbestand. Die z. T. schwierigen Fragen der §§ 185 ff. (Familienehre, Ausdehnung der

---

[28] Die komplizierte Materie eignet sich noch weniger als die Sittlichkeitsdelikte für eine rechtspolitische Grundsatzdiskussion in Unkenntnis des geltenden Rechts. Man lese den – weithin neugefaßten – Gesetzestext. Ein Überblick über die Reformvorstellungen läßt sich aus den beim Hearing durch den Sonderausschuß vertretenen Meinungen gewinnen, vgl. Sonderausschuß Prot. V. Wahlperiode, S. 139 ff. – Zum eigenen Standpunkt vgl. Frankfurter Hefte XXI (1966), 823.

[29] Vgl. auch den Fall von *Würtenberger*, JuS 1969, 129 („etwa erforderliche Strafanträge sind gestellt").

[30] Vgl. den von *R. Schmitt*, JuS 1969, 326, mit Lösung veröff. Examensfall (Freiburg 1968). *Schmitt* bemerkt dazu (Fußn. 3), die selbstverständliche Methode, bei fehlendem Antrag nicht auf die Tatbestandsvoraussetzungen einzugehen, sei in Übungsarbeiten nicht zulässig.

[31] Vgl. *OLG Hamm*, NJW 1972, 883.

Sittlichkeitsdelikte durch § 185, Beleidigungsvorsatz[32]) dürfen nur kurz angesprochen werden. Für den Aufbau bedeutet dies, daß man bald zur Problematik des Verhältnisses der §§ 176 I, 21 zu §§ 330a, 20 kommen sollte.

Über die geringe Bedeutung der Antragsdelikte (mit den eingangs bezeichneten Ausnahmen) dürfte Einverständnis herrschen. Diesem Konsens zuwiderlaufende Examens*klausuren* sind selten.

Beispiel 50:
Vor allem bei Hausarbeiten kann ausnahmsweise einmal der Schwerpunkt bei §§ 185 ff. liegen.[33] Als Beispiel vgl. man die bei *Roxin-Schünemann-Haffke*, Fall 11 („Ein Beitrag zur Völkerfreundschaft") besprochene Hausarbeit.

Im Vergleich zu den Antragsdelikten fällt es schwerer, die Bedeutung der immer gegenwärtigen *Konkurrenzprobleme* einzuschätzen. *Relativ unwichtig* sind die zahlenmäßig häufigen *Grenzfälle zwischen Konsumtion und Idealkonkurrenz.*

Beispiel 51:
Ob § 223a zu § 224 in einem Konsumtion begründenden Stufenverhältnis steht oder ob Idealkonkurrenz anzunehmen ist, ist ein Randproblem.[34] Dasselbe gilt für das Verhältnis des § 250 zu § 251 oder der Qualifikationen der §§ 251, 307 zu §§ 222, 226.[35] Auch die Meinungsvielfalt zum Verhältnis der drei Alternativen des § 267 zueinander stellt ein Randproblem dar.[36] – Daß bei § 211 (entsprechend bei §§ 223a, 250) nach Bejahung *eines* Mordmerkmals weiter zu untersuchen ist, ob noch andere

---

[32] Inwiefern könnte man die im Text genannten drei Stichworte der Familienehre, der Ausdehnung der Sittlichkeitsdelikte durch § 185 und des Beleidigungsvorsatzes als Teilaspekte eines einheitlichen Problemes betrachten? Die Familienehre kann als Instrument für die Ausdehnung der Sittlichkeitsdelikte dienen, z. B. Verletzung der Familienehre durch Verführung der dem Schutzalter des § 182 entwachsenen Tochter; der Beleidigungsvorsatz ist problematisch, weil dem Ehebrecher oder Verführer einfach der Vorsatz bezüglich der Verletzung der Ehre des betrogenen Ehemannes bzw. Vaters der Verführten unterstellt wird. Näher zum Problem des Familienschutzes auf Kosten des Privatlebens *Arzt*, Der strafrechtliche Schutz der Intimsphäre, S. 172 ff.

[33] So sollte man von Kollektivbeleidigung und mittelbarer Beleidigung gehört haben. Klare Darstellung bei *Herdegen*, in: LK, Vorb. § 185 Anm. 16 ff. – Klausurbesprechung bei *R. Schmitt*, JuS 1968, 468.

[34] Die Rspr. nimmt ein zu Gesetzeskonkurrenz führendes Stufenverhältnis an; für Idealkonkurrenz dagegen *Schönke-Schröder*, Vorb. § 223 Rdnr. 2. – Noch spezieller die Frage, ob – wenn man mit der Rspr. ein Stufenverhältnis annimmt – auch der Versuch des höherstufigen Körperverletzungsdeliktes genügt, um das vollendete Körperverletzungsdelikt zu konsumieren. *BGHSt* 21, 194 kommt hier zur Idealkonkurrenz zwischen § 223a und Versuch gem. § 224. Das ist scharfsinnig – aber ein Randproblem.

[35] Angesichts der Neufassung des § 251 wird zu fragen sein, ob die „Leichtfertigkeit" auch solche Sachverhalte „auffängt", in denen der Verdacht vorsätzlicher Tötung nicht auszuräumen ist. Zur Bestrafung wegen fahrlässiger Begehung bei nicht zu beseitigendem Verdachts vorsätzlicher Begehung vgl. *BGHSt* 17, 210. Die Neufassung läßt auch offen, ob bei vorsätzlicher Tötung § 250 Nr. 3 gegeben ist.

[36] Wie generell bei Randproblemen ist auch hier zu empfehlen, der Rspr. zu folgen, vgl. *BGHSt* 17, 97.

Merkmale vorliegen, ist dagegen wichtig (bei mehreren Merkmalen keine Idealkonkurrenz, sondern *ein* § 211). Die Untersuchung weiterer Mordmerkmale ist schon deshalb nicht überflüssig, weil eine Unsicherheit, ein etwaiger Fehler bei einem Merkmal das Ergebnis nicht beeinflußt, wenn es auch auf ein anderes Merkmal gestützt werden kann.[37]

Wichtiger sind die *Konkurrenzfragen, die man* mit (fast) demselben Recht auch als *Tatbestandsprobleme* ansehen könnte. Dieser fließende Übergang von Tatbestandsproblemen zu *Konkurrenzüberlegungen* wird häufig übersehen. Gerade in solchen Grenzfällen kann ein *Hauptproblem* stecken, auf das man nicht kommt, wenn man schematisch Tatbestandsauslegung und Konkurrenzfragen trennt. Näher zu den Folgerungen für den Aufbau unten 6. Teil, § 12.

Beispiel 52:
　　Am bekanntesten ist die Abgrenzung § 263/§ 242. Hier dient das Tatbestandsmerkmal der Unmittelbarkeit der Vermögensverfügung dazu, Idealkonkurrenz auszuschließen und Betrug von Trickdiebstahl schon auf der Tatbestandsebene voneinander abzugrenzen, so der klassische Gasmannfall und moderne Abwandlungen wie *BGHSt* 18, 221 (Sammelgarage).[38] – Ähnlich die Abgrenzung des § 255 von § 249 (und § 252);[39] des § 257 von § 259.[40] – Wichtig ist die Frage, wieweit *BGHSt (GS)* 14, 38 zu folgen ist, wonach nur die erstmalige strafbare Betätigung der Zueignungsabsicht tatbestandsmäßig ist, während spätere Betätigungen der Zueignungsabsicht nicht tatbestandsmäßig sein sollen. Die h. L. sieht spätere Betätigungen als tatbestandsmäßig an, ohne daß das *in der Regel* praktische Konsequenzen hat (zwar tatbestandsmäßig, aber nicht strafbar, weil straflose Nachtat). Man beachte, daß auch hier Konkurrenzprobleme und Tatbestandsauslegung nicht klar getrennt sind. Diesen Streit behandele man immer dann ganz knapp als ein die Begründung beeinflussendes Randproblem, wenn er – wie regelmäßig – für das Ergebnis nicht relevant wird.

----

[37] Zur rechtlichen Unselbständigkeit der einzelnen Mordmerkmale (also gegen gleichartige Idealkonkurrenz bei Vorliegen mehrerer Modalitäten) *Schönke-Schröder*, § 211 Rdnr. 22c; allg. M. – Die Verwirklichung mehrerer Merkmale (bei §§ 223a, 250) kann bei der Strafzumessung zum Nachteil des Täter berücksichtigt werden. Auch deshalb darf man sich nicht mit der Feststellung eines Merkmals begnügen.

[38] Die Variierbarkeit scheint unerschöpflich zu sein, vgl. *BGH* bei *Dallinger*, MDR 1974, 15 und *OLG Köln*, MDR 1973, 866 – Sachverhalte, denen man (leicht verändert) bald in Examensaufgaben begegnen wird.

[39] Während die Rspr. § 255 als lex generalis begreift, der § 249 als lex specialis vorgeht, wenn nach dem äußeren Erscheinungsbild eine Wegnahme vorliegt, kommt eine andere von *Schröder* begründete Auff. zu einer Abgrenzung auf der Tatbestandsebene (durch Einfügung des Merkmals der Vermögensverfügung in § 255). Vgl. dazu o. 2. Teil § 5 2, Beispiele 18 und 19 mit Nachw. und 5. Teil § 11 3b, Beispiel 67.

[40] Das EGStGB hat den Fortfall des alten § 258 gebracht, an dessen Ambivalenz eine vernünftige Grenzziehung zwischen Hehlerei und Begünstigung bisher gescheitert ist, vgl. dazu die 1. Aufl. – Leider ist das Ziel des EGStGB, eine klarere Grenze zwischen Hehlerei und Begünstigung zu ziehen (BT-Dr 7/550 S. 252) nicht erreicht worden. Insb. ist eine Abgrenzung der Begünstigung als überwiegend fremdnützig von der Hehlerei als überwiegend eigennützig nicht machbar, weil der Gesetzgeber die fremdnützige Hehlerei neu geschaffen hat. Die eigennützige Begünstigung ist entfallen, die fremdnützige Hehlerei ist neu eingeführt worden, und die Abgrenzungsschwierigkeiten sind damit per saldo gleich geblieben.

Wie austauschbar Konkurrenz- und Tatbestandsprobleme sind, zeigt sich auch am Beispiel der §§ 154, 153. Die übliche Betrachtung geht von Gesetzeskonkurrenz aus (§ 154 = § 153 + Eid). Man könnte auch vom Tatbestand her argumentieren (ist die Aussage beschworen, ist sie nicht „uneidlich" i. S. des § 153, d. h. nicht tatbestandsmäßig).

Dann gibt es noch eine Gruppe von Konkurrenzproblemen, die für sich betrachtet nicht wichtig ist, von der aber die *richtige Erfassung des Sachverhalts* abhängen kann. Es geht um die *Grenze* zwischen Idealkonkurrenz und natürlicher Handlungseinheit bzw. Fortsetzungszusammenhang. Hier kann die fehlerhafte Annahme von Ideal- oder gar Realkonkurrenz (statt natürlicher oder rechtlicher Handlungseinheit) zu weiteren Fehlern oder doch zu einem unnötig komplizierten Aufbau führen. Der Sachverhalt wird in falsche „Komplexe" zerlegt, dazu auch unten 6. Teil, § 13 2.

Beispiel 53:
BGHSt 21, 319: *A* möchte abends in ein Geschäft einbrechen. Er macht sich gegen 22 Uhr mit dem Schraubenzieher an der Tür zu schaffen, getraut sich jedoch nicht, allein zu dieser Zeit den Einbruch durchzuführen. Er gibt sein Vorhaben zunächst auf, zumal die Straße noch sehr belebt ist. *A* sucht in den umliegenden Wirtschaften nach einem Komplizen. Er trifft den ihm aus dem Zuchthaus bekannten *K*, der jedoch eine Beteiligung ablehnt. Als *A* und *K* gegen 23.30 Uhr an dem Geschäft vorbeikommen, drückt *A* – um *K* das geringe Risiko zu demonstrieren – mit der Schulter gegen die Tür, die sich einen Spalt breit öffnet. *K* weigert sich weiterhin, mitzumachen. *K* hält *A* eindringlich vor, daß ihnen beiden Sicherungsverwahrung drohe. Daraufhin gibt *A* sein Vorhaben auf. – *Bei der Lösung gerät man von vornherein in die falsche Bahn, wenn man zwei Komplexe bildet,* und das Verhalten des *A* bis 22 Uhr von der späteren Suche nach einem Komplizen und dem Verhalten um 23.30 Uhr trennt. Verfährt man so, wird man unbeendeten Versuch des § 242 um 22 Uhr annehmen und Rücktritt sowohl an der Freiwilligkeit als an der Endgültigkeit der Aufgabe scheitern lassen. – Das Handeln um 23.30 Uhr wird man als zweiten unbeendeten Versuch ansehen, der zum ersten Versuch in Tatmehrheit steht und von dem *A* freiwillig zurückgetreten ist; § 24 I. – Hier verbaut eine, durch den Aufbau bedingte, vorschnelle Festlegung in der Konkurrenzfrage den Blick auf das entscheidende Problem, ob der Rücktritt um 23.30 Uhr den Versuch um 22 Uhr mit erfaßt. *BGHSt* 21, 319 hat einen einheitlichen fortgesetzten unbeendeten Versuch und einen Gesamt-Rücktritt angenommen.

Die Rechtsprechung grenzt in derartigen Fällen danach ab, ob der Täter, der ein Mittel zur Erreichung des Erfolgs einsetzt (Schlag mit Likörflasche, *BGHSt* 10, 129; einen Messerstich, *BGHSt* 14, 75), damit rechnet, daß es nicht ausreichen könnte und er gegebenenfalls ein anderes Mittel einsetzen müsse (Würgen, *BGHSt* 10, 129; weitere Stiche *BGHSt* 14, 75). Im letzteren Fall ist der Versuch nach Einsatz des ersten Mittels noch unbeendet. – Diese Abgrenzung hat sich allmählich in zweifacher Hinsicht kompliziert. Einmal dadurch, daß der *BGH* nicht mehr (wie noch in *BGHSt* 14, 79) darauf abstellt, was der Täter „bei Beginn der Tatausführung für erforderlich hielt", sondern daß er während der Tatausführung vom Täter vorgenommene Vorsatzausweitungen auf weitere Mittel mit der Folge eines einheitlichen unbeendeten Versuches für möglich hält (*BGHSt* 21, 319 – offenbar selbst dann, wenn der Täter sich zum Einsatz des weiteren Mittels entschließt, nachdem das erste Mittel nicht zum Erfolg geführt hat). Die zweite Komplizierung liegt darin, daß der *BGH* zugunsten des Täters eine Vermutung (wenn nicht sogar eine Fiktion) dahin aufstellt, daß sich der Vorsatz nicht auf ein bestimmtes Mittel beschränkt, sondern der Täter sich den Einsatz weiterer Mittel vorbehält (so besonders in *BGHSt* 22, 176; aber auch in *BGHSt* 10, 129; 14, 75; 22, 330 macht es der *BGH* dem Tatrichter praktisch unmöglich, auszuschließen, daß der Täter u. U. ein weiteres Mittel einsetzen wollte).

Ähnlich können sich Konkurrenzfragen im Bereich der Abgrenzung *Vorbereitung/Versuch* und bei den *Vermögensdelikten* auf die Sachverhaltserfassung und den Aufbau des Gutachtens auswirken. Hat der Betrüger durch Täuschung erreicht, daß sein Opfer einen nachteiligen Vertrag abschließt und wird dieser Vertrag später erfüllt, ist es müßig, sich mit der Frage auseinanderzusetzen, ob der Schaden möglicherweise schon im Vertragsschluß liegt. Sicher liegt er im Abschluß *und* in der Erfüllung des Vertrages. Auch die Täuschungshandlung läuft durch. Es liegt ein täuschendes Gesamtverhalten des Täters vor, das von den Vertragsvorverhandlungen über die Vertragsverhandlungen, den Vertragsschluß bis hin zur Erfüllung und Entgegennahme der Leistung des Vertragspartners reicht. – Hat der Mörder seinem Opfer am ersten Tag vergebens, am nächsten Tag aber mit Erfolg aufgelauert, ist es ebenso müßig, zu prüfen, ob vielleicht schon im erfolglosen Auflauern ein Mordversuch zu sehen ist. Das zweimalige Auflauern ist vielmehr als einheitlicher Vorgang zu werten, bei dem die Schwelle der Vorbereitung jedenfalls am zweiten Tag überschritten ist. *Diese „jedenfalls"-Argumentation sollte man sich angewöhnen, weil sie von überflüssigen Rechtsausführungen abhält.* Hat der Täter planmäßig mehr getan, stelle man nie die Frage, ob bei einem Weniger schon der Versuch oder noch Vorbereitung anzunehmen ist.[41]

Oft genügt allerdings eine geringfügige Veränderung des Sachverhalts, und die als unerheblich bezeichneten Fragen werden relevant.

Beispiel 54:
Kommt es nicht zur Erfüllung des Vertrags, muß man sich selbstverständlich der Frage stellen, ob schon im Vertragsabschluß ein Schaden oder eine schadensgleiche Gefährdung liegt; dazu grundsätzlich *RGSt (Vereinigte Strafsenate)* 16, 1, 10 (wegen der Klarheit, mit der die Unterscheidung von Eingehungs- und Erfüllungsbetrug entwickelt wird, zum Nachlesen empfohlen). – Gibt der Täter nach dem ersten Auflauern seinen Tötungsentschluß auf, muß man prüfen, ob schon im Auflauern ein Versuch liegt; bejahend *BGH*, LM § 249 Nr. 9. Folgt man dem, ist weiter zu fragen, ob Rücktritt oder Fehlschlag anzunehmen ist, dazu eingehend Beispiel 53.
Häufig erörtert wird die Frage, wann der Dieb Gewahrsam erlangt (z. B. ob im Selbstbedienungsladen nur Versuch oder schon Vollendung vorliegt). Darauf wird man nicht eingehen, wenn der Täter jedenfalls mit Verlassen des Geschäfts Gewahrsam erlangt hat. Darauf *muß* aber eingegangen werden, wenn der Täter im Laden Gewalt anwendet (Problem dann, ob § 249 vorliegt oder §§ 242, 252 eingreifen).

Schließlich können Konkurrenzüberlegungen zu der Erkenntnis führen, daß systematisch davor liegende Fragen (zur Tatbestands-

---

[41] Übereinstimmend der Rat von *Blei*, JuS 1963, 405 Erl. 26.

erfüllung, Rechtswidrigkeit oder Schuld) wenig bedeutsam sind, weil der betreffende Tatbestand „jedenfalls aus Konkurrenzgründen" ausscheidet. In welchen Fällen sich ein solcher – strenggenommen *systemwidriger* – *Vorgriff* empfiehlt, wird als allgemeines Aufbauproblem unten 6. Teil § 12 4 behandelt.

c) *Nebenfragen bei wichtigen Tatbeständen*

Antragsdelikte und Konkurrenzfragen sind die wichtigsten Beispiele für generell weniger gewichtige Probleme. Schwieriger ist es, den Kreis der Nebenfragen bei wichtigen Tatbeständen zu umschreiben. Es geht hier darum, daß man bei der Fallösung Wissen über nebensächliche Punkte „aufblitzen" läßt, ohne daß man den zum Hauptproblem hinführenden Gedankenfluß unterbricht.

Beispiel 55:
Abtreibungsfälle werden häufig gestellt, um Wissen über Abweichung im Kausalverlauf (Geburt eines lebenden Kindes statt Abgang der Frucht), Garantenstellung, § 28 zu prüfen. Nur im Nebensatz sollte der Bearbeiter daraufhin hinweisen, daß die Einwilligung der Schwangeren für § 218 unerheblich ist, weil sie nicht Inhaberin des Rechtsguts „Leben der Frucht" ist (arg. Existenz des § 218 I, III). Was §§ 223 ff. betrifft, ist die Schwangere verfügungsbefugt, aber die Tat trotz Einwilligung sittenwidrig, § 226a.
Als weitere Beispiele für derartige Nebenprobleme wäre bei § 263 im Rahmen der wichtigen Frage des Schadens bei gutgläubigem Erwerb die Makeltheorie[42] zu nennen. Bei § 266 wird man bei der Abgrenzung der beiden Alternativen mit der h. M. davon ausgehen, daß unter den Mißbrauchstatbestand nur rechtsgeschäftliche Einwirkungen fallen. Daß die abweichende *RG*-Rechtsprechung heute als überholt gilt, ist ein nebensächliches Wissen, das in den Nebensatz gehört.[43]

Wissen über solche Randfragen so anzubringen, daß es die Arbeit bereichert, ohne sie zu überladen, erfordert Routine und den *Mut, sich kurz zu fassen.* Da die Grenze zwischen Randproblemen und erledigten Problemen flüssig ist, kann man bei einiger Geschicklichkeit mitunter auch Wissen über erledigte Fragen so einführen, daß der Eindruck entsteht, der Bearbeiter verfüge über ein reiches strafrechtliches Allgemeinwissen. Um an ein oben 5. Teil, § 10 3 genanntes Beispiel anzuknüpfen:

Hat der Täter die falsche Aussage beschworen, wäre es verfehlt, die sakrale Eidestheorie zu erörtern. Man kann entsprechendes Wissen jedoch in der Form deutlich

---

[42] *RGSt* 73, 61 argumentiert mit dem Prozeßrisiko. Insofern hat der *BGH* diese Rspr. weitergeführt, *BGHSt* 1, 92. Dagegen wird die von *RGSt* 73, 63 erwogene Makeltheorie heute allg. abgelehnt. Danach soll ein „sittlicher Makel" der Sache nach gesundem Volksempfinden die wirtschaftliche Bewertung beeinflussen – wobei der sittliche Makel wohl nicht der Sache anhaftet, weil sie unterschlagen ist, sondern allenfalls demjenigen, der sich gegenüber dem Opfer der Unterschlagung auf gutgläubigen Erwerb beruft.
[43] Vgl. *Schönke-Schröder,* § 266 Rdnr. 11 m. Nachw. zur *RG-Rspr.*

machen, daß man z. B. schreibt: „§ 154 stellt einen qualifizierten Fall des § 153 dar, geht also § 153 als lex specialis vor (abweichend nur die sakrale Eidestheorie, die auch vom *BGH* aufgegeben ist).“

d) *Strafprozeßrecht als Nebenfrage*

Während die meisten bisher behandelten Randfragen von der Sache her leicht wiegen (was sich entsprechend auf ihre Bedeutung für die Prüfung auswirkt), ist das Prozeßrecht (StPO, GVG, MRK, Strafvollzug) von der Sache her wichtig. Trotzdem ist entsprechendes Wissen im Examen, besonders im schriftlichen Referendarexamen, relativ unwichtig.[44] Ob sich das bei einer praxisnäheren oder einphasigen Ausbildung ändern wird, bleibt abzuwarten. Derzeit gilt jedenfalls, daß das auch rechtspolitisch interessante Strafprozeßrecht, in das nicht zuletzt unter dem Eindruck des Verfassungsrechts Bewegung hineingekommen ist, im Examen leicht wiegt. Klausuren haben in aller Regel[45] höchstens einen strafprozessualen „Einschlag“, d. h. es wird eine strafprozeßrechtliche Zusatzfrage gestellt, die bei der Bewertung als Nebenfrage zählt. Die Wahrscheinlichkeit, eine prozeßrechtliche Zusatzfrage beantworten zu müssen, betrug während der letzten 10 Jahre in Bayern um 25 %, in Baden-Württemberg um 15 %. Setzt man das Gewicht dieser Fragen innerhalb der Klausuren auf etwa ein Drittel an, *zählt das Prozeßrecht* im Rahmen der strafrechtlichen Klausuren jedenfalls *unter 10 %*. Berücksichtigt man dagegen nur die letzten 5 Jahre, läßt sich jedenfalls in Baden-Württemberg eine spürbare Zunahme der Chancen für eine strafprozeßrechtliche Nebenfrage verzeichnen (auf etwa 40 %). Die prozeßrechtlichen Zusatzfragen sind auf das ganze Gebiet des Verfahrensrechts verstreut.

Beispiel 56:
So wird ohne erkennbare Schwerpunktbildung nach dem *Umfang der Rechtskraft* gefragt (z. B. ob gegen Anstifter trotz rechtskräftigen Freispruchs des Haupttäters ein Verfahren durchgeführt werden kann, Heidelberg 1971; oder wie weit die Rechtskraftwirkung eines Strafbefehls reicht, der wegen § 223 a ergangen ist, Opfer stirbt nach Rechtskraft, Freiburg 1961),[46] oder es wird nach der Reichweite des Verbots der *reformatio in peius* gefragt (schwierig, wenn es sich um eine Gesamtstrafe handelt, so

---

[44] In dubio pro reo und Wahlfeststellung, die üblicherweise im AT erörtert werden, obwohl sie jedenfalls auch ins ProzeßR gehören, werden hier und im folgenden zum AT und nicht zum ProzeßR gerechnet. Dagegen werden mit Verjährung und Strafantrag zusammenhängende Fragen zum ProzeßR geschlagen.

[45] Es gibt vereinzelte Ausnahmen. Eine Tübinger Examensklausur (1968) beschäftigte sich ausschließlich mit einem BundesstrafvollzugsG. – Schwerpunktmäßig mit StrafprozeßR befaßte sich auch eine Münchener Arbeit (1971), und zwar mit ärztlicher Zeugnisverweigerung, Beschlagnahme von Krankenblättern, Anwendung des § 329 StPO.

[46] Eine Fallösung (Rechtskraft eines Urt.) bei *Geppert*, JuS 1972, 271.

die Fragestellung in einer Heidelberger Arbeit 1970 = Celle 1972), oder es wird danach gefragt, wie zu verfahren ist, wenn sich während der Hauptverhandlung herausstellt, daß die Strafverfolgung verjährt ist oder es ist die *Revisibilität der Strafzumessung* zu prüfen oder es wird schließlich die richtige Handhabung der Vorschriften über die Verbindung von Strafsachen erwartet.[47]

Wer trotz der zunehmenden Bedeutung des Strafprozeßrechts in diese Materie nicht viel Zeit investieren will, sei besonders auf die sich bei prozeßrechtlichen Zusatzfragen abzeichnende *Schwerpunktbildung* hingewiesen. Schwerpunkte liegen im Bereich des *Verwertungsverbots*, der *Untersuchungshaft* und im schlichten *Auffinden der einschlägigen gesetzlichen Bestimmung*. Hinzu kommt die seit der Neufassung durch das EGStGB wichtig gewordene Frage der *Einstellung*, vgl. Beispiel 47.

Beispiel 57:
Die Frage des Verwertungsverbots wird z. B. gekoppelt mit Zeugnisverweigerungsrecht: Der Zeuge schweigt in der Hauptverhandlung, hat aber früher – vor Polizei, Staatsanwalt, Untersuchungsrichter – ausgesagt (Heidelberg 1969); weitere Variante: der Zeuge schweigt in der Berufungshauptverhandlung unter Berufung auf ein erst nach Erlaß des erstinstanzlichen Urteils entstandenes Zeugnisverweigerungsrecht (Mannheim 1973; Zeugnisverweigerungsprobleme werden auch sonst häufig geprüft); oder die Frage des Verwertungsverbots wird im Zusammenhang mit fehlender Belehrung nach § 136 I 2 StPO geprüft[48] (Heidelberg 1968, 1969; Freiburg 1969, 1970, je zweimal). – Zur *Untersuchungshaft* wird z. B. gefragt, ob ein Haftbefehl auf Selbstmordgefahr gestützt werden kann (Tübingen 1967) oder ob die Voraussetzungen für einen Haftbefehl vorliegen (Heidelberg 1969). – Das *Auffinden der einschlägigen Bestimmungen* wird insbesondere erwartet, wenn nach dem *zuständigen Gericht* gefragt wird. Diese Frage läßt sich vielfach abwandeln (wo ist Anklage zu erheben, Heidelberg 1971; welches Gericht ist zuständig, wenn Heranwachsender und Erwachsener als Mittäter eine Straftat begehen, Mannheim 1971; Instanzenzug, München 1971). – Einfaches Aufsuchen der gesetzlichen Vorschrift wird auch mit der Frage verlangt, ob/wie eine erst bei der Hauptverhandlung bekannt werdende Tat abgeurteilt werden kann (z. B. Freiburg 1970 und 1971, Tübingen 1973, vgl. § 266 StPO); ob der Verletzte gegen die Einstellung wegen Geringfügigkeit angehen kann; ob die Polizei befugt ist, den Führerschein eines Verdächtigen einzubehalten; ob ein Minderjähriger wirksam einen Strafantrag stellen kann; ob die Staatsanwaltschaft wegen aller – im Gutachten zuvor erörterten – Straftaten anklagen *muß* – alles Beispiele aus Examensklausuren.

---

[47] Die aufgeworfenen Fragen lassen sich am schnellsten klären mit Hilfe des induktiv ausgerichteten PdW 11 (*Roxin*, StrafprozeßR).
[48] Die Frage ist, ob § 136a III 2 StPO auf § 136 I 2 StPO sinngemäß anzuwenden ist. Der *BGH* hat nach anfänglichem Zögern (*BGHSt* 22, 133) ein argumentum e contrario gezogen, *BGHSt* 22, 170, d. h. er hat die entspr. Anwendung abgelehnt.

§ 11. Hauptprobleme

1. Übersicht

Im vorstehend 5. Teil, § 10 2 d erörterten Umfang können strafrechtliche Examensarbeiten einen prozeßrechtlichen Einschlag
haben. Im übrigen können sie sich auf den ganzen Bereich des Allgemeinen und des Besonderen Teils erstrecken. Auf die stillschweigende Übereinstimmung darüber, daß die Abschnitte 1–5, 13 und 29
des Besonderen Teils schriftlich nicht geprüft werden, ist oben
5. Teil, § 10 2 b schon hingewiesen worden (auch auf Ausnahmen).
Von den dort genannten Gebieten abgesehen, muß man im
Examen mit allem rechnen, was der Allgemeine und der Besondere
Teil an Problemen bieten, freilich nicht mit gleicher Wahrscheinlichkeit. Es zeichnen sich vielmehr schon statistisch *zwei Problem-
schwerpunkte* ab: §§ *211–221* und die *Vermögensdelikte.* Die zahlreichen anderen Tatbestände kann man in einer dritten Gruppe
(„Sonstige Schwerpunkte im Besonderen Teil") zusammenfassen.
Diese Gruppe wiegt zusammengenommen etwa so schwer wie
jedes der beiden zuerst genannten Gebiete. Was also macht diese
Delikte so examenswichtig? Zeichnen sich innerhalb dieser Delikte
typische Problemstellungen ab? Wo liegen die Problemschwer-
punkte im Allgemeinen Teil?
Ehe anschließend diesen Fragen nachgegangen wird, noch ein
Hinweis zur Darstellung. In jeder Klausur oder Hausarbeit gibt es
einen oder mehrere *Schwerpunkte.* Wie sich bei den Randfragen
schon aus dem Umfang der Behandlung und dementsprechend der
investierten Zeit ergeben muß, daß diese Probleme nur eine Nebenrolle spielen, gehört es zu einer guten Arbeit, daß sie Akzente setzt.
Was den *Aufbau* anbetrifft, gehören die *Hauptprobleme* nach Möglichkeit *an den Anfang,* dazu unten 6. Teil, § 13 1. Es ist bereits ein
Verdienst, wenn man erkennt, wo die hauptsächlichen Probleme
versteckt sind. Man sollte sich nicht scheuen, das selbst dann auszu-
sprechen, wenn man über die Lösung wenig weiß. Meistens geht es
gar nicht um „die Lösung". Es geht nicht um ein Ergebnis, sondern
es geht darum, daß die Schwierigkeiten, die einer glatten Lösung
entgegenstehen, hervorgehoben werden.
Während sich die bisherigen Abschnitte ebenso wie die späteren
Ausführungen zu Aufbaufragen an Anfänger, Vorgerückte und
Examenskandidaten wenden, setzt die anschließende Darstellung
der Hauptprobleme viel voraus. Sie vermittelt nicht Wissen, sondern nimmt auf vorhandenes Wissen Bezug. *Die angeführten wenigen
wichtigen Urteile oder Literaturzitate sollte man als Fortgeschrittener gelesen haben. Wer sich an die Entscheidungen nicht erinnern kann, muß sich*

die Zeit nehmen, sie nachzuschlagen: Der folgende Versuch, Akzente zu setzen, ist dort zum Scheitern verurteilt, wo das, was hervorgehoben werden soll, nicht vorhanden ist.

2. §§ 211–221

Es liegt auf der Hand, welchem Umstand es die §§ 211 ff. verdanken, daß sie zu einem Problemschwerpunkt geworden sind. Ihre Attraktivität liegt darin, daß sie die Verschmelzung verschiedener (getrennt gelernter!) Probleme anhand eines konkreten Falles ermöglichen. Insbesondere läßt sich bei §§ 211 ff. *Wissen und Verständnis aus dem Allgemeinen Teil* mit prüfen. Die §§ 211–221 ff. sind typischerweise verzahnt mit Fragen aus dem Allgemeinen Teil wie Abweichung im Kausalverlauf, error, aberratio, actio libera in causa, Unterlassen, Notwehr, rechtfertigender Notstand, Rücktritt, versuchte Anstiftung, §§ 28, 29 und Teilnahme (die oft mit Exzeß oder Unterlassen gekoppelt ist). Aus dem Besonderen Teil sollte man jedesmal, wenn man an die §§ 211 ff. denkt, zugleich an die *§§ 138, 142, 170 b, 330 a, 330 c* denken. Diese Probleme sind der Sache nach vielfach mit §§ 211 ff. verknüpft.

Natürlich können die möglichen Fallkonstellationen hier auch nicht annähernd vollständig wiedergegeben werden. Für die Examensvorbereitung ist unentbehrlich, daß man nicht den Allgemeinen Teil isoliert lernt und dann im Besonderen Teil bei §§ 211 ff. die Besonderheiten dieser Tatbestände (etwa was heimtückisch etc. bedeutet), sondern daß man die *Verzahnung Allgemeiner/Besonderer Teil anhand der §§ 211 ff.* übt. Das erreicht man durch Lektüre von Musterlösungen und Entscheidungen, vor allem durch Mitschreiben von Klausuren. Weniger bekannt ist die meiner Ansicht nach beste Methode, einen Blick für solche Problemverzahnungen zu bekommen. Sie besteht einfach darin, daß man die Rolle des „Empfängers" (der einen Fall, ein Urteil, eine Klausur vorgesetzt bekommt) verläßt und sich in die Rolle des „Senders" hineinversetzt (sich selbst einen Fall ausdenkt). Mindestens sollte man sich nach der Lektüre wichtiger Entscheidungen noch einmal den Sachverhalt klarmachen, nicht nur das rechtliche Ergebnis. Wer sich selbst damit beschäftigt, einen Sachverhalt zu konstruieren oder wenigstens den eines Urteils zu rekonstruieren, in dem § 212 z. B. mit Problemen der aberratio ictus und des Unterlassens kombiniert ist, wird bei der Aufgabenstellung vielleicht mehr als durch die Aufgabenlösung lernen. Das gilt besonders dann, wenn man die richtige Aufgabenstellung dadurch kontrolliert, daß man einen Freund die Aufgabe lösen läßt. Wenn man sieht, was der Freund aus dem Sachverhalt macht, wie er ihn in tatsächlicher Hinsicht anders interpretiert, wie er ihn in rechtlicher Hinsicht anders beurteilt, kann man sich über Sachverhaltsauslegung, Herausarbeitung von Hauptproblemen etc. unterhalten. Wer sich damit befaßt, Aufgaben (Fragen!) zu stellen, wird zugleich seine Fähigkeit verbessern, fremde Fragestellungen zu erkennen. Deshalb ist auch der Versuch besonders lehrreich, selbst einen gesetzlichen Tatbestand zur Lösung eines bestimmten Problems zu entwerfen und die verschiedenen Fassungen gegen Fehlinterpretationen abzusichern und durchzudenken, siehe *Noll*, Gesetzgebungslehre, 1973 – lesen – dort auch einige Aufgaben dieser Art!

Die häufigsten Problemstellungen (und Fehler) sind folgende:

a) *Akzessorietätslockerung im Verhältnis des § 211 zu § 212 bzw. zu §§ 216, 217*

Beispiel 58:
Drei Söhne wollen den leidenden Vater auf dessen Verlangen mit einem gemeingefährlichen Mittel umbringen, einer davon allerdings im Hinblick auf das zu erwartende Erbe, was die anderen beiden wissen (München 1969). Dieses in Abwandlungen sich wiederholende Problemschema setzt Sicherheit in der Handhabung des § 28 voraus. Bei §§ 216, 217 muß man die Möglichkeit einer zweimaligen Anwendung dieser Vorschrift auf Teilnehmer im Auge behalten. Zunächst wird dem Teilnehmer an §§ 216, 217 durch § 28 II das für den Haupttäter vorliegende privilegierende persönliche Merkmal entzogen. Damit steht man beim Teilnehmer vor der Frage, ob § 212 oder § 211 anzuwenden ist – ob also § 28 noch einmal eingreift.[1] Dabei stößt man auf eine typische (und schwerwiegende) *Schwäche bezüglich des Verhältnisses des § 28 zu* § 16. Stiftet *A* den *B* an, *O* umzubringen (Haupttat nach Vorstellung des *A* = § 212), und handelt *B* aus von *A* nicht erkannter Habgier, folgt das Resultat (*B* = § 211; *A* = Anstifter zu § 212) nach *BGH und h. L. aus § 16 I 1, nicht aus § 28 II. Wer hier glaubt, von der h. L. aus § 28 II anzuwenden, kommt bei tatbezogenen Merkmalen* (*B* handelt mit von *A* nicht erkannten gemeingefährlichem Mittel) zu dem falschen Ergebnis der akzessorischen Haftung (*A* = Anstifter zu § 211, arg. § 28 II – statt richtig *A* = Anstifter zu § 212, arg. § 16 I). Es läßt sich absehen, daß die Begründung auch über § 16 II gesucht werden wird – zu Unrecht.[2]

[1] Folgt man dem *BGH*, kann § 211 auf den Teilnehmer an einer Tat nach §§ 216, 217 nur angewendet werden, wenn die Haupttat (also § 216 oder § 217) in der Person des Haupttäters „an sich" Mord ist; vgl. *BGH*, NJW 1953, 1440. Liegt ein tatbezogenes Mordmerkmal vor, ist der Teilnehmer, der das weiß (§ 16 I), als Teilnehmer am Mord zu bestrafen. Liegt ein täterbezogenes Mordmerkmal vor, ist der Teilnehmer, der darum zwar weiß, es aber nicht in seiner Person verwirklicht, wegen Teilnahme am Mord zu bestrafen, aber § 28 I. Liegt das täterbezogene Mordmerkmal beim Haupttäter und in der Person des Teilnehmers vor, ist wegen Teilnahme am Mord zu bestrafen, § 28 I ist nicht anzuwenden. – Man löse diese Fälle und den Fall, daß die Tat (§§ 216, 217) in der Person des Haupttäters „an sich" Totschlag (nicht § 211) wäre, vom Boden der h. M., vgl. o. 5. Teil, § 10 1c.

[2] § 16 II ermöglicht die Bestrafung aus dem milderen Tatbestand, obwohl ihn der Täter nur irrig annimmt. Vielfach gelangt man zum selben Resultat, indem man die Privilegierung subjektiv interpretiert, z. B. § 217 so liest, als hieße es: ein Kind, das sie für nicht ehelich hält.

Das *Beispiel 58* macht deutlich, daß es schwierig genug ist, §§ 16, 28 bei §§ 211–217 korrekt anzuwenden. Diese Fähigkeit sollte man unter Beweis stellen und nicht statt dessen in die grundsätzliche Frage ausweichen, ob § 212 sich zu § 211 wie Grunddelikt zu Qualifikation verhält (h. L.) oder ob es sich um zwei selbständige Tatbestände handelt *(BGH)*; vgl. dazu oben 5. Teil, § 10 1 c mit Nachweisen.

b) *Abweichung im Kausalverlauf (oft gekreuzt mit error in persona, Exzeß bei Mittätern, actio libera in causa und Rücktritt)*

Beispiel 59:
Fester Bestandteil vieler Aufgaben ist *BGHSt* 11, 268: Vereinbarung der Mittäter, ggf. auf Verfolger zu schießen. Ein Mittäter schießt auf einen vermeintlichen Verfolger, der in Wirklichkeit ein zurückgebliebener Mittäter war. Schütze wie Opfer werden nach §§ 211, 22, 25 II bestraft.[3] Bei § 218 wird man mit Abweichung im Kausalverlauf konfrontiert, wenn als Folge der Abtreibung ein Kind zur Welt kommt.
Bei *actio libera in causa* ist § 330a im Auge zu behalten; dazu oben 2. Teil, § 5 1 mit Beispiel 16. Auch darf nicht übersehen werden, daß *zusätzlich Abweichung im Kausalverlauf zu prüfen ist.* Actio libera in causa allein liegt nur vor, wenn der Täter den späteren Zustand der Schuldunfähigkeit einkalkuliert. Ehe man von vorsätzlicher oder fahrlässiger a. l. i. c. spricht, mache man sich klar, was gemeint ist. Vorsätzliche a. l. i. c. hängt *nicht* davon ab, ob der Täter den Zustand der Schuldunfähigkeit vorsätzlich herbeiführt (sondern nur, ob er als Schuldfähiger vorsätzlich eine conditio sine qua non gesetzt hat ,Beispiel der *Blutrausch-Fall).*[4] Wegen „fahrlässiger actio libera in causa" kann man nur bestrafen, wenn die Tat fahrlässig begangen werden kann, § 16 I 2.

An der in Beispiel 59 kurz angesprochenen Frage, ob und wann die Abtreibung als gescheitert anzusehen ist, wenn infolge der Abtreibungshandlung ein lebendes Kind zur Welt kommt, läßt sich zeigen, daß es unmöglich ist, Ergebnisse zu speichern. Lernen lassen sich nur die Problemstellungen. Wer in der Grundproblematik sicher ist, kann daraus die Lösung der Einzelfragen ableiten. Kommt infolge der Abtreibungshandlung ein lebendes Kind zur Welt, das von der Mutter getötet wird, lassen sich die Probleme, die sich vom Standpunkt des *BGH* aus ergeben, graphisch darstellen:

---

[3] Vgl. dazu: *Baumann-Arzt-Weber*, Fall Nr. 22; *Maurach-Gössel*, Strafrechtsfälle, Nr. 4; *Spendel*, JuS 1969, 314.
[4] *BGHSt* 7, 329. – Weil die spätere Schuldunfähigkeit nicht einkalkuliert ist, ist beim Rückgriff auf das vorangegangene Stadium (möglich, da m. a. l. i. c. Folge der Gleichwertigkeit aller Bedingungen) noch zu prüfen, ob der unvorhergesehene weitere Ablauf eine wesentliche oder unwesentliche Abweichung vom Kausalverlauf begründet, *BGH*, aaO.

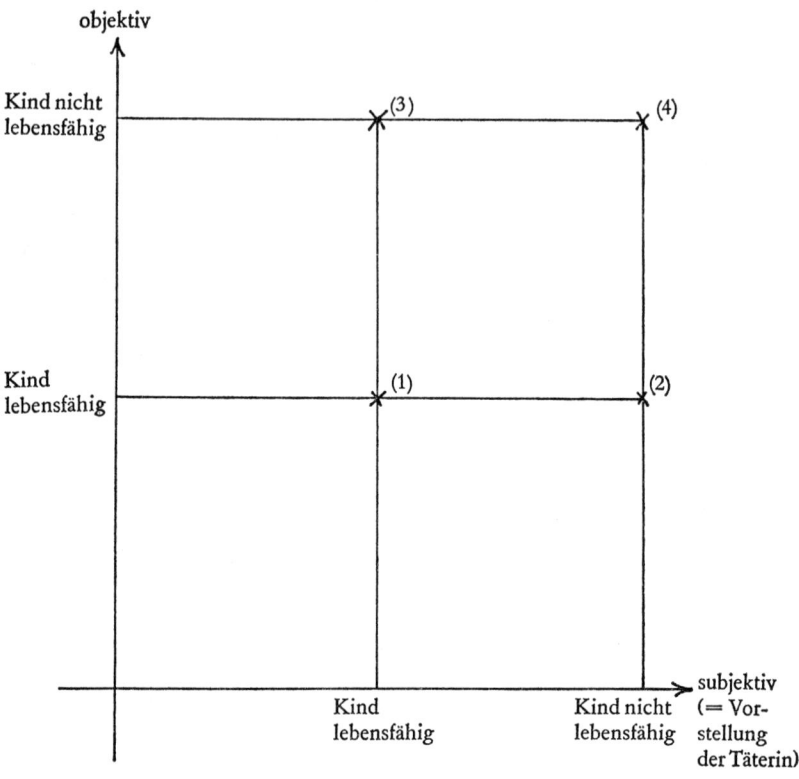

Man lese einmal die einschlägigen *BGH*-Urteile[5] und löse die
Frage der §§ 218, 212 anhand des obigen Schemas. Dann kann man
einen Schritt weitergehen und sich fragen, wie der Fall zu behandeln
ist, daß die objektive Situation oder Vorstellung der Mutter (oder
beides) nicht nachgewiesen werden kann. Anhand dieser (nicht sehr
wichtigen) Frage wird klar, daß der Wert jeder der vielen vertretbaren Lösungen daran gemessen werden kann, ob das *Grundproblem*
verstanden ist (also: Fehlschlag des § 218, weil lebendes Kind geboren; jedenfalls bei lebensunfähigem Kind kaum haltbar; Frage
der Differenzierung lebensfähig/lebensunfähig – erhebliche/uner-
hebliche Abweichung im Kausalverlauf) und ob das komplizierte
konkrete Problem so gelöst ist, daß zur Stellungnahme *zum Grundpro-*
blem keine Widersprüche auftreten.

[5] *BGHSt* 10, 5; 10, 291; 13, 21 = LM § 218 Nr. 21. – Fall mit Lösung bei *Baumann-*
Arzt-Weber, Nr. 6.

Vom Standpunkt des *BGH* aus müßten die vier Lösungen so aussehen: (1) = §§ 218 I, 22 (für die Schwangere nur „konstruktiv", da ihr Versuch nicht strafbar ist, § 218 IV 2); 212; 53; (2) = wie (1): irriger Glaube an erfolgreiche Abtreibung kann nicht zur Vollendungsstrafe oder Tateinheit führen, zweifelhaft; in *BGHSt* 13, 21 offengelassen, vgl. die Anm. von *Martin*, LM § 218 Nr. 21; (3) = §§ 218; 212; 52: irriger Glaube an Fehlschlag des § 218 kann nicht zur Bestrafung nur wegen Versuchs führen; irrige Annahme der Realkonkurrenz kann an Idealkonkurrenz nichts ändern, zweifelhaft; (4) = wie (3).

Vielfach wird mit den §§ 211 ff. die Frage des *Rücktritts bei mehreren Beteiligten* verwoben. Es muß beachtet werden, daß § 24 auch auf Teilnehmer anwendbar ist. Gemäß § 24 II 1 kann aber bei mehreren Beteiligten nur zurückgetreten werden, wenn die Weiterführung der Tat verhindert wird.[6] Die „Neutralisierung" des bisherigen Tatbeitrags kann danach also allein keine Straffreiheit begründen. Unsicher wird der Bearbeiter aber, wenn er entscheiden soll, ob die später doch noch durchgeführte Tat dieselbe ist, zu der der Täter vorher einen kausalen Tatbeitrag geleistet hat. Die Rücktrittsproblematik ist hier eng verwoben mit der Vorsatzfrage (Abweichung im Kausalverlauf). – Spielen dann weitere Probleme herein, z. B. die Abgrenzung Tun/Unterlassen (von der wiederum die Beendigung des Versuchs abhängen kann) wird die Verbindung oft unlösbar, obwohl der Bearbeiter jeden Punkt isoliert beherrscht.

Beispiel 60:
Teilproblem Heidelberg 1962: Frau *T* dreht den Gashahn auf, um ihren Ehemann *O* umzubringen. Dann geht sie in die darunterliegende Wohnung ihres Geliebten *G* und erzählt diesem alles. Später wird *T* von Reue erfaßt und bittet *G*, das Gas abzudrehen. *G* verspricht das, kommt auch zurück mit der Meldung, alles sei in Ordnung, hat aber in Wirklichkeit nichts getan, und *O* stirbt, obwohl er z. Z. der Reue der *T* noch durch Abdrehen hätte gerettet werden können. – Bei der *Lösung* kommt man rasch zum Rücktritt. Hat *T* mit dem Aufdrehen alles nach ihrem Tatplan Erforderliche getan? Bewegt man sich also im Bereich des beendeten oder unbeendeten Versuchs? Oder ist erforderlich die Beibringung einer tödlichen Gasmenge (also Aufdrehen und *Offenlassen*)? Auf die letztere – zunächst fernliegende – Überlegung kommt man, wenn man sich fragt, ob *G und T* Mittäter (durch Unterlassen) sind, als sie zunächst nichts unternehmen.[7] Bei *G* wird man die Phase des Unterlassens jedoch nicht weiter

---

[6] Vor Inkrafttreten des 2. StrRG bestand nach h. M. theoretisch eine weitere Möglichkeit, sich Straffreiheit zu verdienen, indem man den eigenen Beitrag zurückzog. Praktisch hatte man diese Möglichkeit jedoch mit der These vom psychischen Weiterwirken eines zurückgezogenen physischen Beitrags verbaut, vgl. *Maurach*, AT, 3. Aufl. (1965), § 50 III C 2c bb, so daß die strengere Regelung des § 24 II 2 keine fühlbare Verschärfung bedeutet.

[7] Normalerweise wird man die nach dem Tun einsetzende Phase des Unterlassens (bei gleicher deliktischer Zielrichtung) gar nicht erwähnen, sondern nur auf das

verfolgen (Garantenstellung nicht prüfen), da in der Täuschung der *T* eine Tötung des *O* durch Tun liegt. Das wäre näher auszuführen.[8]

c) *Garantenpflicht, oft kombiniert mit Teilnahmefragen.* Hier stehen die §§ *138, 142, 330 c im Hintergrund.*

Beispiel 61:

Selbstmord und Doppelselbstmord bilden ein häufiges Klausurthema,[9] weil sich die Garantenstellungen dabei leicht mitprüfen lassen. Häufige Fehler: Es wird nur an die Alternative § 212/straflose Beihilfe zum Selbstmord gedacht und § 216 übergangen; das Spannungsverhältnis zwischen *fahrlässiger Tötung* und strafloser vorsätzlicher Beihilfe zum Selbstmord wird übersehen, dazu jetzt *BGHSt* 24, 342. Beim Doppelselbstmord vertraut man oft mehr der Bezeichnung als der Sache. Ob es ein echter doppelter Selbstmord ist oder ob ein Selbstmord mit einer Tötung auf Verlangen kombiniert vorliegt, ist zu prüfen. Wer einschlägiges Wissen anhand einer Musterlösung überprüfen und auffrischen möchte, sei auf Fall Nr. 9 bei *Baumann-Arzt-Weber* hingewiesen.

Bei anderen Fällen der Tötung durch Unterlassen (mit Teilnahmeproblematik) vermißt man nähere Kenntnisse darüber, ob die übliche Abgrenzung Täter/Teilnehmer i. e. S. sich auch im Unterlassungsbereich vornehmen läßt oder ob diese Abgrenzung von der Qualität der Garantenstellung abhängt, Nachweise oben 5. Teil, § 10 1 b, Beispiel 45. – Vor allem passiert es immer wieder, daß nach der Garantenstellung gar nicht gefragt wird. Der Fehler wiegt schwer. Daß er – wie der sog. *Hammerteich-Fall*[10] zeigt – auch dem *BGH* passieren kann, ist nur ein schwacher Trost.

3. *Vermögensdelikte*

Sie stellen *in Verbindung mit der Urkundenfälschung* den zweiten großen Prüfungsschwerpunkt dar. Diese „Beliebtheit" erklärt sich aus der Möglichkeit, wie bei § 211 ff. Zusammenhänge zu prüfen. Hier geht es allerdings nicht so sehr um die *Verbindung mit dem Allgemeinen Teil,* obwohl es auch da typische Zusammenhänge gibt. Insbesondere der *Exzeß* bei Teilnehmern und der *zustimmende Wille des Opfers* werden häufig bei Vermögensdelikten geprüft.

Tun abstellen. Aber wie, wenn die *T* in einer Aufwallung von Eifersucht den Gashahn öffnet, ohne an die Arglosigkeit des Mannes zu denken (§ 212 durch Tun), und sie den Hahn später nicht schließt, obwohl die Eifersucht abgeklungen ist, sie nunmehr aber an das Erbe denkt (§ 211, Habgier, durch Unterlassen) oder wenn *T* erst jetzt daran denkt, daß Gas wegen der Explosionsgefahr ein gemeingefährliches Mittel darstellt oder ihr erst später die Arglosigkeit des Opfers bewußt wird?

[8] Zur Frage, ob ein Nicht-Garant, der einen Garanten vom Tätigwerden abhält, Täter durch Tun (oder nur Teilnehmer an der Unterlassungstat des Garanten) ist, vgl. *Welzel,* § 27 V 1. – Im konkreten Fall ist zu beachten, daß die Teilnahmekonstruktion scheitern muß, weil es am bewußten und gewollten Zusammenwirken fehlt.

[9] Beispiele: München 1968; Heidelberg 1966; Freiburg 1964 (zwei Mal).

[10] *BGHSt* 13, 162. – Ausf. Lösung mit Erörterung der möglichen Garantenstellungen bei *Baumann-Arzt-Weber,* Nr. 9.

Beispiel 62:

Der *Exzeß* des Räubers wird immer neu variiert (Examensfrage z. B. in Tübingen 1967 in 2 Klausuren). Oft geht es zugleich um die Frage, ob Teilnahme an § 224 möglich ist, z. B. Anstifter handelt bezüglich der schweren Folgen fahrlässig = bedenkt nicht, daß der Haupttäter sie vorsätzlich herbeiführt, oder Anstifter und Haupttäter handeln bezüglich der schweren Folge fahrlässig.[11] Auch hier hüte man sich vor der vorschnellen Etikettierung des Problems („Exzeß"). Es wird erwartet, daß der Bearbeiter weiß, daß der Teilnehmer für Exzesse des Haupttäters nicht haftet. Die eigentliche Aufgabe besteht darin, herauszufinden, ob ein Exzeß vorliegt. Nimmt der Gehilfe *G* an, daß *T* einen Diebstahl vorhat, und verschafft er ihm dafür eine Pistole, begeht *T* jedoch eine räuberische Erpressung (in der § 242 jedenfalls dann nicht als minus steckt, wenn kein Gewahrsamsbruch vorliegt), haftet *G* selbstverständlich (§ 16 I 1!) nicht aus §§ 255, 27. Die Frage ist, ob er – trotz fehlender Haupttat – aus §§ 244 I Nr. 1, 27 bestraft werden kann.[12] Bringt der Gehilfe den Täter auf den Gedanken des „Exzesses" (*G* drückt dem Dieb *T* eine Waffe in die Hand, damit sich *T* sicherer fühlen könne), fragt sich, ob der Gehilfe deshalb zum Anstifter bezüglich der weitergehenden Tat wird.[13]

Der *zustimmende Wille des Opfers* wird bei Vermögensdelikten häufig schon im Rahmen des Tatbestandes relevant. *Beispiel* (München 1968): Der Gerichtsvollzieher *G* vereinbart mit seinem Freund *F*, daß *F* ihn überfallen und ihm die Tasche mit dem gepfändeten Geld entreißen soll (mit nachfolgender Beuteteilung). Wer Raub des *F* prüft und die Einwilligung des *G* als Rechtfertigungsgrund behandelt, kommt – bewegt er sich erst einmal in diesem Gleis – trotz richtiger schematischer Anwendung der Einwilligungsgrundsätze zum falschen Ergebnis. Der Bearbeiter wird die Einwilligung des *G* als unbeachtlich ansehen (weil *G* über das Geld so nicht verfügen dürfe, nicht Inhaber des Rechtsguts sei) und Raub bejahen. Der Fehler wiegt schwer. In Wirklichkeit entfällt wegen der Zustimmung des *G* sowohl das Nötigungselement des § 249 (keine Zwangswirkung) als auch das Wegnahmeelement des § 249 (kein Gewahrsamsbruch). Nur wer das richtig erkennt, findet den Weg zu den weiteren Problemen (*G* und *F* Mittäter gem. § 246? – wann genau manifestiert sich Zueignungsabsicht des *G* bzw. *F;* Frage des Mitgewahrsams der Mittäter).[14] Zum selben Fall vgl. auch unten Beispiel 65 und 69.– Die ewige Wiederkehr dieser Problemstellung läßt sich u. a. dadurch belegen, daß ein ähnlicher Fall (vorgetäuschte Beraubung eines Bankboten) 1971 in Mannheim gestellt wurde.

[11] In beiden Fällen kommt man der ratio legis des § 224 dadurch am nächsten, daß man den Anstifter aus §§ 224, 18, 26 bestraft, zumal § 18 i. F. d. 2. StrRG bei erfolgsqualifizierten Delikten jetzt ausdrücklich (auch) auf die Fahrlässigkeit des Teilnehmers abstellt, vgl. auch § 11 II und *Maurach*, AT § 51 III B 1; *BGHSt* 19, 339. – Dogmatisch bleibt das unbefriedigend, weil es weder eine fahrlässige Anstiftung noch eine Anstiftung zur fahrlässigen Tat gibt, in § 224 jedoch ein Fahrlässigkeitsmoment enthalten sein *kann* (§ 18). – Welche der bei § 224 denkbaren Möglichkeiten ist in Beispiel 62 nicht erwähnt? Wie ist diese Alternative zu lösen? (Täter = fahrlässig, Anstifter = vorsätzlich bezüglich der schweren Folge. Erkennt der Anstifter die Überlegenheit seines Wissens bezüglich der möglichen Folgen der Körperverletzung, wird man ihn nicht nur als Anstifter, sondern als – mittelbaren – Täter ansehen müssen).

[12] Bejahend *RGSt* 67, 343; ähnlich *BGHSt* 11, 66. Vgl. dazu auch *Baumann-Arzt-Weber*, Nr. 25.

[13] Also ob die Rolle des *G* von § 242 aufzuwerten ist zu Beihilfe zu § 244 (soweit unproblematisch) oder zu *Anstiftung* zu § 244; für letzteres *BGHSt* 19, 339 (für §§ 249, 250) mit abl. Anm. *Cramer*, JZ 1965, 31. – Klare Erörterung des pro et contra bei *Busch*, in: LK, § 48 Anm. 14.

[14] Die einfachste *Lösung:* Im Moment des Entreißens haben *G* und *F* Mitgewahrsam. Sie sind Mittäter einer Unterschlagung. Wer die Unterschlagung durch *G* früher (oder

Wichtiger als die Kombination Vermögensdelikte/Allgemeiner Teil ist die *Auswirkung des Zivilrechts auf die Vermögensdelikte und die wechselseitige Abhängigkeit der Vermögensdelikte voneinander.* Wie bei §§ 211 ff. sollen anschließend die wichtigsten Problemstellungen herausgehoben werden. Vorher ist nochmals darauf hinzuweisen, daß es speziell bei den Vermögensdelikten viele *Sachverhaltsprobleme* gibt. Hier kommt man bei der Fallösung mit juristischem Grundwissen aus – benötigt jedoch die Fähigkeit, dieses Grundwissen auf einen Sachverhalt anzuwenden, dazu eingehend oben 4. Teil.

Wie man bei §§ 211 ff. automatisch einige fernerliegende Bestimmungen „mitdenken" muß, sollte man bei Vermögensdelikten immer an *Urkundenfälschungs*-[15] und *Vermögensamtsdelikte* denken (§ 263 / §§ 352, 353). Bei Raub und Erpressung ist § 316 a zu beachten. Vor allem sollte man sich auf Hehlerei und Wilderei gründlich vorbereiten! Wilderei wird angesichts der relativ geringen praktischen Bedeutung dieser Bestimmung überproportional häufig geprüft.

a) *Die Grundbegriffe der Vermögensdelikte*

Die Grundbegriffe der Vermögensdelikte, nämlich *Zueignung, Gewahrsam* und *Schaden* zählen immer noch und immer wieder zu den typischen Problemstellungen. Dabei ist insbesondere der Schadensbegriff (§§ 263, 253, 266) mit der ganzen zivilrechtlichen Problematik befrachtet. *Stichworte:* Zueignung im Gegensatz zu bloßer Gebrauchsabsicht; Zeitpunkt der Gewahrsamserlangung (Selbstbedienungsladen); wirtschaftlicher Schadensbegriff (individueller Einschlag) und Saldotheorie beim Betrug.

Die Manifestation der Zueignung nach außen und besonders die Abgrenzung Zueignung/furtum usus bilden ständig wiederkehrende Fragen. Das kann, muß aber nicht anhand der §§ 242, 248 b aufgezogen werden.

Beispiel 63:
Teilproblem einer Bonner Hausarbeit 1970: *T* will einen Pkw für vier Wochen und ca. 5000 km entwenden (mit Rückführungsabsicht). Unterwegs bringt er andere

die durch *F* später) ansetzt, muß sich fragen, ob Mittäterschaft bei § 246 möglich ist, auch wenn ein Beteiligter (noch) keinen Gewahrsam innehat. Nach *BGHSt* 2, 317 kann Mittäter nur sein, wer Mitgewahrsam an der Sache *hat* (LS). Das Urt. befaßt sich jedoch mit einem Fall, in dem der mögliche Mittäter weder Gewahrsam hat noch Gewahrsam *erlangt* (S. 320). – Wer §§ 246, 25 II ablehnt, muß beachten, daß die spätere Unterschlagung durch *F* im hehlerischen Ansichbringen der zuvor von *G* unterschlagenen Sachen liegt, so daß dann § 259 vorgeht.

[15] Der Kunde, der nach Vertauschen von Preisschildern die teure Ware mit dem billigen Etikett erwirbt, zeigt die Verbindung der Vermögensdelikte mit § 267. Seit der Entsch. eines solchen Falles (*OLG Hamm*, NJW 68, 1894) bildet das Problem ein beliebtes Klausurthema (z. B. Freiburg 1973).

Nummernschilder an. Die alten werden „für alle Fälle" aufbewahrt. Schließlich bringt *T* den Wagen mit den alten Nummernschildern zurück. – Hier muß man sich mit der Abgrenzung Diebstahl/furtum usus eingehend auseinandersetzen und bezüglich des Pkws und der Nummernschilder trennen.[16] Weniger deutlich wird man auf die Abgrenzung Zueignung/furtum usus gestoßen, wenn zwischen § 263 und § 242 zu wählen ist; etwa bei der Gebrauchsentwendung, um als „Finder" belohnt zu werden oder bei sonstigen Fällen der Rückführungsabsicht. Zur Illustration mag folgendes abgewandelte Teilproblem einer Bonner Klausur 1968 dienen: Dem *A* läuft ein Pudel zu, den *A* behalten will. Als der Eigentümer *X* eine Belohnung aussetzt, „stiehlt" *B* dem *A* den Pudel, gibt sich als Finder aus und kassiert die Belohnung. – Bei der *Lösung* ist zu beachten, daß die Fundunterschlagung des *A* – also seine Zueignung – ihm zwar eine Vermögensposition verschafft, die durch § 263 (wirtschaftlicher Vermögensbegriff) geschützt wird (*B* darf *A* den Pudel nicht ablisten), daß aber in der Wegnahme des *B* kein Angriff auf das Eigentum liegt, weil *B* den Pudel dem Eigentümer *X* zurückbringen will – bloße Gebrauchsabsicht. Im Auftreten als Finder liegt eine Täuschungshandlung gegenüber *X*.

Wenn man an die *Lösung* solcher Abgrenzungsfragen geht, also z. B. § 242 *oder* § 263; § 242 *oder* § 248 b, dann muß man herausstellen, daß man einen Grenzfall vor sich hat. Der häufigste Fehler liegt darin, daß der Bearbeiter einen der in Frage kommenden Tatbestände (in durchaus vertretbarer Weise) erörtert, ohne deutlich zu machen, daß die Lösung zweifelhaft ist und möglicherweise ein anderer Tatbestand eingreift. – Noch versteckter kann die Abgrenzung Zueignung/furtum usus bei § 249 relevant werden. So ist der „rückende Mieter", der gegen den Widerstand des Vermieters mit seinen dem Pfändungspfandrecht des Vermieters unterliegenden Sachen auszieht, nicht Räuber (keine Zueignungsabsicht). Es lohnt sich, diesen beliebten Fall (einschlägige Klausuren z. B. Freiburg und Celle 1971) nicht nur unter dem Aspekt der §§ 249, 255 zu durchdenken, sondern auch die Rechtfertigung (des Vermieters, der den Mieter hindern will, mit seinen Sachen auszuziehen) zu überlegen. Vgl. dazu auch oben 2. Teil, § 4 Beispiel 11. Hinweis zur *Lösung*: Liegt nicht § 242, sondern nur § 289 vor, so ist nach RGSt 25, 436 beim Einsatz von Raubmitteln auch § 255 erfüllt. Dasselbe soll nach *BGHSt* 14, 386 dann gelten, wenn keine Zu-

---

[16] Vgl. dazu *BGHSt* 22, 45, sowie *Schaffstein*, GA 1964, 97. – Zur Abgrenzung furtum usus/Zueignung vgl. man noch den oben 3. Teil § 7 1, Beispiel 24 behandelten Fall des Austausches polizeilicher Parkzettel sowie den instruktiven Fall *OLG Celle*, NJW 1967, 1921 m. Anm. *Deubner;* dazu auch *Androulakis*, JuS 1968, 409 (Entwendung eines Taschenbuchs im Buchladen mit der Absicht, es nach Lektüre zurückzustellen).– Problematisch ist die bloße Gebrauchsabsicht beim sog. Bundeswehrfall, *BGHSt* 19, 387, dazu o. 4. Teil, § 9 Beispiel 40. Daß solche Fälle examenswichtig sind, zeigt ein Münchener Examensfall 1965. Bei einem nächtlichen Abenteuer zweier Soldaten anläßlich der bevorstehenden Abmusterung verliert einer sein Koppel. Er erbricht den Spind eines Kameraden, nimmt dessen Koppel und liefert es bei der Abmusterung ab. – Mehr sagt der Sachverhalt nicht. Er überläßt es dem Bearbeiter, ihn lebensnah zu ergänzen, also z. B. darauf zu kommen, daß derjenige, der sein Koppel verliert, schadensersatzpflichtig ist etc.

eignung, aber furtum usus vorliegt. Diese Erweiterung des § 249 über § 255 stellt eine Möglichkeit dar, die immer wieder übersehen wird.

Mit der *Manifestation der Zueignung* oder der vernünftigen Beurteilung der Gewahrsamsverhältnisse (natürliche Betrachtungsweise) bewegt man sich zumeist nicht in einem rechtlich schwierigen Bereich. Es zeigt sich jedoch immer wieder, daß auch die vernünftige Handhabe elementarer Rechtsprinzipien in einem konkreten Sachverhalt Schwierigkeiten macht, und daß diese Schwierigkeiten und die damit verbundenen Sachverhaltsprobleme (oben 4. Teil) leicht unterschätzt werden.

Beispiel 64:
    So gerät eine Examensarbeit in die Nähe des Prädikats „völlig unbrauchbar", wenn nach richtiger Definition des Gewahrsams dem Bankkunden der Alleingewahrsam an dem „auf seinem Konto befindlichen Geld" zugesprochen wird. – Was soll man davon halten, wenn in einer Examenhausarbeit (Celle 1972) zunächst die Tatbestandsmerkmale des § 263 rechtlich zutreffend dargestellt werden, der Kandidat dann jedoch eine Täuschung des Gerichts durch unrichtiges Vorbringen eines Rechtsanwalts im Prozeß mit der Erwägung verneint, im Zivilprozeß gelte der Grundsatz der freien Beweiswürdigung. Daraus folge, daß sich das Gericht durch den Vortrag des Rechtsanwalts nicht beeinflussen lassen dürfe, es könne also auch nicht getäuscht werden!

Was den *Schadensbegriff* angeht, zeigt schon der Umstand, daß allein in LM zu § 263 mehr als 70 *BGH*-Entscheidungen veröffentlicht sind, wie unerschöpflich dieses Thema ist. Deshalb ist es besonders wichtig, daß man über ein *sicheres Basiswissen* verfügt. Mit Schlagworten wie „Ganovenbetrug" oder „Anstellungsbetrug" ist niemandem geholfen, vgl. auch oben 4. Teil, § 9, Beispiel 38.

Beispiel 65:
    Worin unterscheiden sich die Fälle, in denen der Täter *T* dem Opfer *O* Geld für eine sittenwidrige Leistung abschwindelt (*T* verkauft *O* untaugliches Abtreibungsmittel – examenswichtig, vgl. oben 3. Teil, § 7 3 b, Beispiel 31) vom Betrug bei Beuteteilung (auch examenswichtig, zumal dann zusätzlich noch Hehlereiprobleme entstehen können, Prüfungsthema z. B. Heidelberg 1968)?[17]
    In der schon in Beispiel 62 erwähnten Klausur (vorgetäuschte Beraubung des Gerichtsvollziehers bzw. des Bankboten *C*) machen sich die Komplizen *A, B* vereinba-

---

[17] Im ersten Fall verliert *O* einen realen Wert (Geld), so daß der Schaden leicht begründet werden kann, so *RGSt* 44, 230. – Dagegen ist im zweiten Fall der Schaden problematisch, weil *O* nur um einen nichtigen Anspruch gebracht wird. – Wirklich zwingend ist diese von der Rspr. gemachte Unterscheidung nicht. Gerade wenn man beim Schaden saldiert, dürfte es für die rechtliche Beurteilung des ersten Falles keine Rolle spielen, ob man auf den Verlust des Geldes oder den Entgang des Abtreibungsmittels abstellt. Hebt man jedoch auf letzteres ab, läßt sich ein Schaden nicht begründen, weil das Mittel keinen wirtschaftlichen Wert hat (so wenig, wie die zu sittenwidrigen Zwecken aufgewandte Arbeitskraft). – Vgl. dazu auch *Cramer*, Vermögensbegriff und Vermögensschaden im StrafR, 1968, S. 94ff.; *ders.*, JuS 1966, 472, der in beiden Fällen einen Vermögensschaden ablehnt.

rungsgemäß mit dem ganzen Geld davon. *C* soll gem. der Verabredung später ein Drittel erhalten, doch haben *A, B* von Anfang an vor, ihm nichts auszuzahlen. *C* sucht vergebens, sie durch die Drohung mit Anzeige zur Zahlung zu bewegen.

Ähnliche Fragen sind in der Situation aufzuwerfen (Teilproblem Bonner Hausarbeit 1970), daß *A* die Hilfe des *B* bei einer Straftat dadurch erlangt, daß er ihm eine Belohnung verspricht. Nach Straftatausführung „meldet sich *B* bei *A* und drängt auf seine versprochene Belohnung. *A* weist ihn – wie er es von Anfang an vorhatte – darauf hin, daß er keinen rechtlichen Anspruch habe. *B* läßt sich davon überzeugen, unterstreicht aber dennoch seine Forderung mit der – allerdings aus Angst vor eigener Bestrafung nicht ernst gemeinten – Ankündigung, er werde alles anzeigen. Nun zahlt *A*.“

Bei der Lösung der beiden letzten Fälle des Beispiels 65 – der Leser sollte sich wenigstens die Betrugsproblematik überlegen und die Gedanken aufschreiben, denen bei gründlicher Lösung nachzugehen wäre – wird man durch den Sachverhalt auf das Rechtsproblem des Betrugs bei nichtigen Forderungen gestoßen.[18] Es stellt eine der examenswichtigen, aber rechtlich schwierigen Fragen zu § 263 dar. Im Examen erwartet man, daß einerseits gesehen wird, daß zivilrechtlich die nichtige Forderung gerade keinen Wert besitzt, daß andererseits nach dem wirtschaftlichen Vermögensbegriff bei faktischer Erfüllungschance solchen Forderungen doch ein gewisser Wert zukommt. Bei dem vorgetäuschten Überfall geht es jedoch nicht um dieses Problem. *A* und *B* hatten nie vor, *C* von der Geltendmachung seiner Forderung abzuhalten. Insoweit kann von einer Täuschung keine Rede sein. Wenn überhaupt § 263 vorliegt, dann in der vom Schaden her gesehen kaum problematischen Form, daß *C* um Geld = um seinen Anteil gebracht wird (durch Übergabe an *A* und *B*), nicht um eine nichtige Geldforderung.[19] Wer statt einer Subsumtion des Sachverhalts unter die rechtlich unproblematischen Tatbestandsmerkmale des § 263 hier allgemeine Erwägungen zur Strafbarkeit des „Ganovenbetrugs“ anstellt, liegt mit seinen Ausführungen neben der Sache.

Beim letzten Fall in Beispiel 65 geht es dagegen um Betrug bei nichtigen Forderungen. Das Beispiel veranschaulicht, daß ein guter Fall nicht auf das Abfragen solcher Kenntnisse hinausläuft. Viel mehr als um Wissensreproduktion geht es um verständige Subsumtion, bei der die Besonderheit des konkreten Falles herausgearbeitet wird. *A* versucht nicht, *B* um dessen faktische Erfüllungschance zu

---

[18] *BGHSt* 2, 364 (Drehbank-Fall) hat nichtigen Forderungen bei faktischer Erfüllungschance einen Vermögenswert zugemessen. *OLG Hamburg*, NJW 1966, 1525, macht deutlich, daß die faktische Erfüllungschance davon abhängt, ob der Schuldner bereit ist, auf „Zureden *oder Lärmen*“ hin zu leisten.

[19] Auch diese § 263-Konstruktion ist nicht ganz unproblematisch. Hätte *C* sich bezüglich der Bereitschaft seiner Komplizen, ihm „sein“ Drittel später (wieder)zugeben, nicht geirrt, ist nicht ersichtlich, wie er es hätte behalten können. *C* hatte im Grunde dann nur die Wahl, überhaupt nicht mitzumachen. Dann hat er freilich das Geld auch nicht, so daß die Kausalität zwischen Irrtum und Vermögensschaden zweifelhaft ist.

betrügen. Die Erfüllungschance hängt von der Bereitschaft des *B* ab, *A* anzuzeigen. Besteht diese Bereitschaft (Erfüllungschance), ist *A* seinerseits zahlungsbereit. Besteht sie nicht, ist *A* nicht zahlungsbereit. In diesem Fall hat die Forderung des *B* aber keinen (rechtlichen oder) wirtschaftlichen Wert. Anders bezüglich der Arbeitskraft[20] des *B*. *A* will *B* darum bringen (indem er sich auf die Nichtigkeit der Forderung beruft und hofft, *B* werde sich damit zufriedengeben – bei „Vertragsabschluß" stellt sich *A* als unbedingt zahlungswillig hin = Täuschungshandlung).

Bei *B* ist § 253 zu prüfen. Fraglich ist, ob *B* wegen des Drucks, der seiner Forderung wirtschaftlichen Wert (und den Schutz des § 263) verleiht, aus § 253 bestraft wird.[21] Da *B* droht und seinerseits täuscht (Ernstlichkeit der Drohung vortäuscht), ist auch die *Abgrenzung des § 253 von § 263*[22] zu erörtern. – Auf diesen sich anhand des konkreten Falles stellenden Fragen ruht das Schwergewicht der Problematik. Man darf nicht statt dessen in die grundsätzliche Frage des Vermögensbegriffes ausweichen. *Entsprechende Kenntnisse bilden (nur) den Hintergrund der Lösung.*[23] Die Lösung geht davon aus. Viele Bearbeiter bemühen sich umgekehrt, die Lösung auf dieses Hintergrundwissen hinzuführen. Das ist verfehlt. Vgl. dazu schon oben 5. Teil, § 10 1 c und den dritten Grundfehler bei der Subsumtion, oben 2. Teil, § 3.

Beispiel 66:

Wie schnell man ins Zivilrecht hineingerät, zeigt *BGHSt* 16, 220. *O* will eine Hose kaufen. *T* zeigt ihm verschiedene und sagt: „Sie kosten 26 DM, reine Wolle, sehr günstig". *O* kauft eine Hose. Sie ist Zellwolle, aber 26 DM wert. – *Abwandlung: O* will eine Hose kaufen. *T* zeigt ihm verschiedene und sagt: „Sie kosten 26 DM, reine Wolle, sehr günstig". *O* kauft eine Hose. Sie ist aus reiner Wolle und mehr als 26 DM wert.

---

[23] Entscheidungs- und Problemsammlungen vermitteln das wichtigste Hintergrundwissen. Betrug bei nichtigen Forderungen findet sich z. B. in den Sammlungen von *Tiedemann*, Nr. 23 und *Werner*, BT, Nr. 31.

[20] Nach *BGHSt* 4, 373 stellt eine zu gesetz- oder sittenwidrigen Zwecken aufgewendete Arbeitskraft keinen Vermögenswert dar, vgl. dazu auch o. Fußn. 17.

[21] Dazu eingehend *Cramer*, JuS 1966, 472.

[22] Nach h. M. liegt nur § 253 vor, wenn sich die Täuschung darauf beschränkt, die Drohung zu verschärfen. *RG*, HRR 1941 Nr. 169 (Werbung für Zeitschrift „NS-Frauenwarte" mit der Drohung, wer nicht abonniere, werde der Parteidienststelle gemeldet): „Betrug kann neben Erpressung vorliegen, wenn neben den sonstigen Voraussetzungen der Entschluß zu der Vermögensverfügung teils auf dem Einfluß der Furcht vor der Drohung, teils auf dem selbständigen Einfluß der Täuschung beruht ... Stellt dagegen der Drohende die falschen Behauptungen nur auf, um das in Aussicht gestellte Übel, die Macht oder den Willen des Drohenden, die Drohung auszuführen und dergleichen mehr in einem möglichst gefährlichen Licht erscheinen zu lassen, so beabsichtigt er nicht, den Bedrohten auch durch die Täuschung zu bestimmen, sondern er will seine Drohung nur wirksamer erscheinen lassen." – *BGHSt* 23, 296: „In einem solchen Falle ist die Irrtumserregung wesentlicher Bestandteil der Drohung, so daß allein Erpressung und nicht Betrug vorliegt."

Beim Verpacken vertauscht *T* vorgefaßter Absicht gemäß diese Hose gegen eine gleich aussehende Zellwollhose, die 26 DM wert ist. – Zu einem Berliner Examensfall mit starkem zivilrechtlichen Einschlag (gefälschte Quittungen) vgl. *Blei*, JA 1969, 605.

Bei der Lösung des Beispiels 66 ist im ersten Fall Betrug abzulehnen. *O* ist nicht geschädigt (was hatte er zivilrechtlich zu beanspruchen? – Eingehungsbetrug, vgl. *BGHSt* 16, 220). – Bei der *Abwandlung* liegt Betrug vor, *O* ist geschädigt, denn er hatte Anspruch auf eine wertvollere Hose als auf die, die er erhalten hat (Erfüllungsbetrug). – Die schwierige und umstrittene Unterscheidung von Eingehungs- und Erfüllungsbetrug begründet *RGSt* 16, 1 ausführlich und klar.

b) Die Abgrenzung der einzelnen Vermögensdelikte untereinander

Die Abgrenzung der Vermögensdelikte untereinander betrifft eine weitere typische Problemstellung. *Stichworte:* Trickdiebstahl; mehrfache Betätigung des Zueignungswillens; die Abgrenzung von Raub, räuberischem Diebstahl und räuberischer Erpressung;[24] der Übergang der Beteiligung an der Vortat zur Hehlerei; das Verhältnis der Wilderei zu den Zueignungsdelikten und die Abgrenzung von Erpressung und Betrug.

Beispiel 67:
Zur *Abgrenzung des Trickdiebstahls vom Betrug* präge man sich je einen Fall mit Begründung ein, z. B. einerseits den *Gasmann-Fall* (§ 242), andererseits den *Sammelgaragen-Fall, BGHSt* 18, 221 (§ 263). Einschlägige Fallösungen bei *Roxin-Schünemann*, JuS 1969, 372; *Wahle*, JuS 1969, 428. – Zu dem Übergang der Tatbestandsprobleme zu Konkurrenzfragen vgl. auch oben 5. Teil, § 10 2 b.
Zur *mehrfachen Betätigung des Zueignungswillens* vgl. *BGHSt (GS)* 14, 38 – eine Frage, die nur aufzurollen ist, wenn sie das Ergebnis beeinflußt, auch dazu oben 5. Teil, § 10 2 b, Beispiel 52.
Auch bei der *Abgrenzung § 246 / § 259* geht es um die Betätigung des Zueignungswillens. Lehrreich der Tanklager-Fall, *BGH*, NJW 1959, 1377. *T* pumpt Treibstoff aus dem von ihm verwalteten Tanklager unbefugt heraus = Aussonderung = Manifestation seiner Zueignung = § 246. Sein Abnehmer *A* hält seine Fässer unter die Pumpe, *A* = § 259. Die Vortat des *T* war mit dem Herauspumpen (also vor Hineinfließen in die Fässer des *A*) abgeschlossen, „selbst wenn dies, wie nicht unwahrscheinlich, in stetigem Fluß durch dieselbe Leitung geschah".[25]
Die Fähigkeit, Sachverhalte zu erfassen und die recht komplizierte *Abgrenzung der §§ 249, 252, 255* lassen sich anhand von Fällen prüfen, in denen der Dieb gewalttätig wird.[26] Häufiger (und schwerer) Fehler: § 255 wird übersehen.
Um die *Abgrenzung § 263 / § 266* geht es im Scheckkartenfall, *BGHSt* 24, 386, vgl. dazu *Gössel*, MDR 1973, 177.

Was die *Wilderei* angeht, sind einschlägige Fälle der letzten Jahre wohl in jedem Land gestellt worden. Die einfache Erklärung: § 292

---

[24] Die Frage ist schon o. 2. Teil, § 5 2, Beispiele 18, 19, und o. 5. Teil, § 10 2 b, Beispiel 52, behandelt.
[25] Einschlägige Musterlösung bei *Roxin-Schünemann-Haffke*, Fall 18.

gibt Gelegenheit, neben Abgrenzungsfragen im BT (insbesondere bezüglich des Verhältnisses des § 292 zu § 259 und zu §§ 242, 248 a) Fragen des Allgemeinen Teils mit zu prüfen. Dabei geht es insbesondere um die Abgrenzung des Tatumstandsirrtums vom Verbotsirrtum.

Beispiel 68:
Die vernünftige Erfassung eines so einfachen Sachverhalts, wie in Beispiel 21, oben 3. Teil, § 6 ist nicht immer leicht. In diesem Fall (nachlesen!) glaubt der Täter, Wild vor sich zu haben, in Wirklichkeit handelte es sich um eine in fremdem Eigentum stehende Sache (Aneignung war schon erfolgt).
Rechtlich schwierig sind die *Mauswiesel-Fälle bei Baumann*.[27] Die Befassung mit ihnen lohnt sich wegen der vielfachen Abwandlungsmöglichkeiten, mit deren Hilfe man sich auch der Problematik der Abgrenzung des Wahndelikts vom Versuch und dem Problem des doppelten Irrtums nähern kann. *Grundfall:* Mauswiesel ist Wild; Maus ist kein Wild. Täter tötet Mauswiesel, glaubt, Mauswiesel sei kein jagdbares Tier. Einige Abwandlungen: (1) *T* tötet Maus, glaubt Maus zu töten und Maus sei Wild. (2) *T* tötet Maus, glaubt Mauswiesel zu töten und Mauswiesel sei Wild. (3) *T* tötet Maus, glaubt Mauswiesel zu töten und Mauswiesel sei kein jagdbares Tier.

Zur *Abgrenzung der §§ 253, 263* vgl. man die in Beispiel 65 erörterten Examensfälle; ferner *BGHSt* 7, 197; 20, 136.

4. Sonstige Schwerpunkte im Besonderen Teil

Bei den zahlreichen sonstigen Delikten ist die Streuung der Probleme größer. Viele Fehler entstehen durch ein Kästchen-Denken. Man lernt jeden Paragraphen für sich und übersieht bei der Falllösung die Verbindungslinien zu anderen Tatbeständen.

Am deutlichsten wird das im Bereich *deliktischen Handelns im Rahmen der Zwangsvollstreckung*. Weil hier die zivil- bzw. zivilprozeßrechtlichen Vorfragen im Studiengang *nach* dem Strafrecht erarbeitet werden, werden die entsprechenden Tatbestände oft vernachlässigt. Vor allem wird der sachliche Zusammenhang zwischen den an verschiedenen Stellen geregelten Tatbeständen nicht gesehen. Neben allgemeinem Vermögensstrafrecht ist immer an §§ 133, 136, 137 zusammen mit §§ 288, 289 und zusammen mit § 274 zu denken. Bei der Lösung derartiger Fälle vermißt mancher Bearbeiter schmerzlich einschlägiges ZPO-Wissen.

Beispiel 69:
Wer sich bei § 808 II 2 ZPO nicht mit den Besitzverhältnissen auseinandergesetzt hat, gerät bei § 133 in Schwierigkeiten, wenn zu entscheiden ist, ob die in der Wohnung des Schuldners nach § 808 II 2 ZPO gepfändete Sache sich infolge der Pfändung in mittelbarer dienstlicher Verwahrung befindet (abzulehnen).[28] Wenn (München

---

[26] Zu den dabei entstehenden Problemen vgl. *BGHSt* 20, 194; 21, 377.

[27] *Baumann*, LB §§ 27 III 1 b δ, 33 I 4.

[28] *Schönke-Schröder*, § 133 Rdnr. 10. – Einschlägiger Fall zu Fragen der Zwangsvollstreckung bei *Tiedemann*, JuS 1967, 25; Examensklausur Mannheim 1973.

1968) ein Gerichtsvollzieher mit einem Freund verabredet, daß ihm dieser gepfändetes Geld „rauben" soll, kommt man mit § 266 nicht zurecht, wenn man nicht aus der ZPO weiß, welche Pflichten der Gerichtsvollzieher und gegenüber wem (Gläubiger, Schuldner?) er sie hat, vgl. §§ 753, 754 ZPO). Näher zu diesem Fall vorstehend 3, Beispiel 62.

Auch bei den *Aussagedelikten* geht es meist darum, die Verbindung zu anderen Tatbeständen herzustellen. Gerade daran hapert es häufig. Wer falsch aussagt, verfolgt zumeist ein Ziel. Im Zivilprozeß gelangt man deshalb über §§ 153 ff. zu § 263, im Strafprozeß zu § 239 (Richter als Werkzeug). Diese einfachen Zusammenhänge werden erstaunlich oft übersehen, vielleicht deshalb, weil weniger wichtige Tatbestände (§§ 185 ff.) den Blick verstellen, vgl. dazu oben 5. Teil, § 10 2 b, Beispiel 49. – Vor allem sollte man *bei §§ 153ff.* immer im Auge behalten, daß sie leicht mit *Fragen aus dem Allgemeinen Teil* verwoben werden können.

Beispiel 70:
Der einfache Sachverhalt, daß der angeklagte Ehemann untätig mit anhört, wie seine Frau aus Eitelkeit als Zeugin ihr Alter falsch angibt (Teilproblem Heidelberg 1963),[29] wirft die rechtlich schwierige Frage der Beihilfe durch Unterlassen auf. Wer die Garantenstellung (nur) im Allgemeinen Teil gelernt hat, wird Mühe haben, die speziell für §§ 153, 154 maßgebenden Gesichtspunkte[30] herauszuarbeiten. – Weiteres Beispiel: *Blei*, JuS 1963, 405.

Bei §§ 153 ff. gewinnt auch die Abgrenzung der Anstiftung von mittelbarer Täterschaft praktische Bedeutung (Klausurthema z. B. Freiburg 1963 und 1968, Celle 1972). § 160 ist ein Fall der mittelbaren Täterschaft, der merkwürdigerweise milder bestraft wird als die versuchte Anstiftung (§§ 154, 30, 153, 159 – Nachwirkung der sakralen Eidestheorie). So werden die entsprechenden Irrtums- und Abweichungssituationen hier praktisch interessant. Der Hintermann will mittelbarer Täter sein, das „Werkzeug" handelt jedoch voll deliktisch. – Lösungsmöglichkeiten: Versuch gem. § 160 *(RG)*,[31] § 160 *(BGH)*[32] oder gar Anstiftung zu § 154 (weil im Täterwillen der Anstifterwille als minus enthalten ist – im Hinblick

---

[29] Vgl. dazu die Fallösung von *Ebert*, JuS 1970, 400.
[30] Der allg. Gedanke der Garantenstellung infolge vorangegangenen gefährlichen Tuns ist bei § 154 dahin zu präzisieren, daß durch das vorangegangene Tun ein anderer einem *prozeßinadäquaten Meineidsrisiko* ausgesetzt wird. – Die Rspr. ist dabei, prozeßadäquates von prozeßinadäquatem Risiko abzugrenzen, also zu klären, ob z. B. einfaches wahrheitswidriges Bestreiten durch den Angekl. oder Bekl. für den Zeugen eine prozeßadäquate oder eine inadäquate Meineidsgefahr schafft. – Vgl. näher *BGHSt* 17, 321; *Schönke-Schröder*, § 154 Rdnrn. 35–39. – Mittäter kann der Ehemann nicht sein, weil die Aussagepflicht nur seine Frau trifft und dem Ehemann nicht über § 25 II vermittelt werden kann (§§ 153, 154 sind insoweit Sonderdelikte).
[31] *RG*, JW 1934, 1175.
[32] *BGHSt* 21, 116.

auf die Auswirkung auf das Strafmaß kaum haltbar).[33] – Ob die Diskrepanz zwischen dem Strafrahmen bei mittelbarer Täterschaft (§ 160) und dem bei Teilnahme dadurch beseitigt werden könnte, daß man dem Teilnehmer § 28 I zugute hält (Aussagepflicht als persönliches strafbegründendes Merkmal), wäre zu überlegen.[34] Derartige Erwägungen zum Strafrahmen müssen angestellt werden. Dagegen ist auf die Strafzumessung nicht einzugehen, vgl. oben 3. Teil, § 6.

Beispiel 71:
Abschließend sei noch vor einem häufigen Fehler gewarnt: Der *Versuch des § 154* beginnt erst mit dem Sprechen der Formel, nicht schon mit dem Beginn der Ausführung des Grundtatbestandes des § 153. Darin liegt eine Ausnahme von einer im Allgemeinen Teil gelernten Regel, nach der bei qualifizierten Delikten ein Beginn der Ausführung des Grundtatbestandes schon Versuch der Qualifikation begründet – vorausgesetzt, der Entschluß des Täters war auf Verwirklichung der Qualifikation gerichtet (so die noch h. L.).[35]

Auch bei den *Bestechungstatbeständen* und bei der *Begünstigung* interessieren in erster Linie die Ausnahmen von einer im Allgemeinen Teil gelernten Regel, nämlich die Sonderprobleme bezüglich der Teilnahme: §§ 333, 334 und die Abgrenzung der Strafvereitelung und der Begünstigung von der Teilnahme an der Vortat.

---

[33] Aber auch nicht abwegig, denn bei Mittäterschaft, die am Sonderdeliktscharakter der §§ 153, 154 scheitert, weicht man ganz unbefangen auf Beihilfe oder Anstiftung als „minus" aus, statt bei Täterwillen auf den Strafrahmen des § 160 zurückzugreifen; vgl. o. Fußn. 30. – Auch unter diesem Gesichtspunkt erscheint es überkonstruiert, wenn *BGHSt* 23, 203 kein Stufenverhältnis zwischen Beihilfe und Täterschaft anerkennen will und – wenn das eine *oder* andere vorliegt – nur über analoge Anwendung des Grundsatzes in dubio pro reo zum richtigen Erg. (Verurteilung wegen Beihilfe) kommt.

[34] Bei Teilnahme an § 160 ist § 28 I nicht anzuwenden, weil der Gesetzgeber den allgemeinen Erwägungen des § 28 I im speziellen Fall des § 160 durch Schaffung eines Sonderstrafrahmens schon Rechnung getragen hat.

[35] Bisher herrschte die Ansicht, „daß bei qualifizierten Tatbeständen . . . ein Versuch schon dann gegeben ist, wenn der Täter mit *irgendeiner Ausführungshandlung* angefangen hat. Das hat zur Folge, daß z. B. bei qualifizierten Delikten der Versuchsbereich gegenüber dem Grunddelikt ausgedehnt wird" (so *Baumann*, LB, 5. Aufl. § 33 IV 1 a). – Von dieser Regel muß die h. L. jedenfalls bei § 154 eine Ausnahme machen, vgl. *Schönke-Schröder*, § 154 Rdnr. 31. Die Begr. ist dürftig. Soweit man sich auf die Rspr. beruft, sind deren Argumente kaum haltbar. Nach *RGSt* 54, 121 soll die falsche Aussage kein Tatbestandsmerkmal des § 154 sein. *BGHSt* 1, 243 argumentiert mit der inzwischen von *BGHSt (GS)* 8, 301 aufgegebenen sakralen Eidestheorie. – M. E. beginnt der Versuch eines qualifizierten Tatbestandes *immer frühestens* mit Anfang der Ausführung der Qualifikation, vgl. *Arzt*, JZ 1969, 54; JuS 1972, 578. – Die Diskussion ist im Fluß; für den Fall des § 249 zust. *Dreher*, § 244 Bem. 3 B und generell wie hier jetzt *Stree*, in Festschr. Peters, 1974, S. 179. – Vgl. ferner *Baumann*, LB, 6. Aufl. § 33 IV 1 a.

Beispiel 72:

Ist Teilnahme an §§ 331, 332 möglich? Ist Teilnahme an §§ 331, 332 in anderer Form als der §§ 333, 334 möglich? Ist Teilnahme an §§ 333, 334 möglich, obwohl §§ 333, 334 der Sache nach eine Teilnahme an §§ 331, 332 darstellen?[36] Da die Begünstigung (wie die Hehlerei) *Anschlußverbrechen* ist, d. h. an eine Vortat anknüpft, ist bei §§ 257, 258 ähnlich wie bei § 259 zweifelhaft, wann Teilnahme (an der Vortat) endet und wann Begünstigung einsetzt.[37] Die neuralgischen Punkte der *Brandstiftung* liegen im Rücktritt (§ 310) und in der Erfolgsqualifikation des § 307.

Beispiel 73:

Kein Brandstiftungsfall ohne Rücktritts- oder Qualifikationsproblematik (Beispiele für einschlägige Examensfälle Tübingen 1961; Freiburg 1968; Kombination von Rücktritt und Qualifikation Bonn 1971). – Versuch des § 307 Nr. 1 ist auch in der Form möglich, daß dem Täter das Inbrandsetzen nicht gelingt, aber sein darauf gerichtetes Bemühen den Tod eines Menschen verursacht, vgl. § 18 und *BGHSt* 7, 37; vorausgesetzt, es liegt keine erhebliche Abweichung im Kausalverlauf vor, *BGHSt* 20, 230 (wo – m. E. zu Unrecht – eine erhebliche Abweichung angenommen wird). Zum Versuch des § 307 Nr. 2 vgl. *BGHSt* 20, 246 (wegen der Abgrenzung zum Versuch des § 211 nachlesen!).

5. Schwerpunkte im Allgemeinen Teil

Fragen des Allgemeinen Teils sind immer in den Besonderen Teil gekleidet. Deshalb ist es so wichtig, daß man diese Problemzusammenhänge übt, nachdem man zunächst Allgemeinen Teil und Besonderen Teil getrennt gelernt hat.

In den bisherigen Beispielen sind daher stets Fragen des Allgemeinen *und* des Besonderen Teils aufgeworfen. Es erscheint wenig sinnvoll, diese Fälle hier zu wiederholen und den Anteil des Allgemeinen Teils noch einmal, diesmal gesondert, auszuweisen. Um

---

[36] Ob man bei der Antwort auf diese Rechtsfragen die maßgebenden Gesichtspunkte gesehen hat, läßt sich anhand eines Komm. oder Lehrb. rasch kontrollieren. Vorher sollte man jedoch – gem. dem o. 5. Teil, § 11 1 Ausgefüllten – die entspr. Fälle selbst bilden; also sich eine Teilnahme an § 332 ausdenken, die nicht unter § 334 fällt, etc. – Ein Vergleich der Strafrahmen macht deutlich, daß früher die Sonderregelung der Teilnahme des Nichtbeamten eine Privilegierung bedeutete, während die Regelung durch das EGStGB den Nichtbeamten benachteiligt (Strafrahmen des § 334 mit dem vergleichen, der sich nach allg. Regeln – §§ 332, 26, 28 I – ergeben würde).

[37] Nach h. M. sollen im Zeitraum zwischen Vollendung und Beendigung Beihilfe an der (Vor-)Tat und Begünstigung zusammenfallen können. Nachw. bei *Schönke-Schröder*, § 257, Rdnr. 2 b; *Schaffstein*, Festschr. f. Honig, S. 183. – § 257 III a. F. (Begünstigung ist als Beihilfe zu bestrafen, wenn sie vor Begehung der Tat zugesagt worden ist) ist anläßlich der Neufassung der Begünstigungstatbestände durch das EGStGB nicht übernommen worden. Damit gelten die allg. Regeln zur Abgrenzung der Teilnahme von der Begünstigung. Nach ihnen kann – trotz der Streichung des § 257 III a. F. – die vorherige Zusage der Begünstigung als Beihilfe zur Vortat zu bestrafen sein, vgl. BT-Dr 7/550 S. 248.

dem Leser trotzdem eine Wiederholung zu ermöglichen, werden anschließend die schon erörterten Probleme aus dem Allgemeinen Teil stichwortartig zusammengestellt, und zwar in der Reihenfolge, in der man sie sich erarbeitet.

In dubio pro reo und *Wahlfeststellung* werden oft kombiniert mit § 330a, vgl. 3. Teil, § 7 1, Beispiel 23 (unzüchtige Handlungen bei zweifelhaftem Trunkenheitsgrad). – *Wie Fragen des Allgemeinen Teils* nicht nur mit dem Besonderen Teil, sondern auch *untereinander verknüpft sind*, wird deutlich, wenn man fragt, ob bei Zweifeln, ob Beihilfe oder Täterschaft vorliegt, in dubio pro reo Beihilfe angenommen werden darf. Hier muß man sowohl über in dubio pro reo Bescheid wissen, als auch über das Verhältnis der Täterschaft zur Beihilfe. Nur wer letzteres beherrscht, kann Wissen über in dubio pro reo sinnvoll anwenden, vgl. 3. Teil, § 7 2. – Zu in dubio pro reo und Sachverhaltsauslegung vgl. 3. Teil, § 7 2.

Zum *Analogieverbot* vgl. den klassischen Fall der Entziehung elektrischer Energie, oben 2. Teil, § 4, Beispiel 9; aber auch die Frage der berichtigenden Auslegung bei § 246, oben 2. Teil, § 4, Beispiel 13.

Abweichung im Kausalverlauf, error, aberratio und *actio libera in causa* werden meistens zusammen mit §§ 211 ff. problematisch. Das ist oben 5. Teil, § 11 2 mit Beispielen näher behandelt.

Zum *Unterlassen* ist an die Problematik des Selbstmords (oben 5. Teil, § 11 2) und an die Garantenstellung bei § 154 zu erinnern (oben 5. Teil, § 11 4). Beide Fälle zeigen, wie ein „allgemeines" Problem sich unter dem Druck der besonderen Situation verändern kann. Der Grundsatz der straflosen Teilnahme am Selbstmord bzw. der Grundsatz des prozeßadäquaten Risikos stehen einer einfachen Anwendung des im Allgemeinen Teil Gelernten im Wege.[38] Bei der Garantenpflicht aus Vertrag gerät man schnell ins Zivilrecht, so z. B. bei der Frage, ob den nach Einzug zahlungsunfähig gewordenen Hotelgast eine Pflicht zur Offenbarung seiner Zahlungsunfähigkeit trifft (i. d. R. abzulehnen, *BGH*, GA 1974, 284).

Die Diskussion um die Unterlassungsdelikte dürfte trotz (oder wegen) des § 13 i. d. F. d. 2. StrRG anhalten. Hier machen sich theoretische Kenntnisse relativ häufig bezahlt, weil gerade in diesem Bereich Examensarbeiten ins Gewand eines praktischen Falles gekleidet auf die Erörterung der Theorien hinauslaufen. Das gilt insbesondere für die Überlagerung einer Beihilfe oder Anstiftung

---

[38] Wer durch fahrlässiges Verhalten einem anderen die Selbsttötung ermöglicht, ist bei einfacher Anwendung des im Allgemeinen Teil Gelernten aus § 222 zu bestrafen. Das ist jedoch deshalb zweifelhaft, weil bei gleichem vorsätzlichem Verhalten straflose Beihilfe zum Selbstmord anzunehmen wäre, vgl. *BGH*, JR 1955, 104 und *BGHSt* 24, 342; ferner *BayObLG*, JZ 1973, 319 mit Anm. *Geilen*.

durch eine Unterlassungstäterschaft und die „Abstiftung" (Anstiftung zum Unterlassen als täterschaftliches Begehen). – Besondere Schwierigkeiten wird künftig die Entsprechungsklausel in § 13 bereiten.[39]

Beispiel 74:
Heidelberg 1970: *A* versetzt in Notwehr *O* einen Faustschlag. *O* stürzt so unglücklich, daß Hilfe zur Abwendung einer Lebensgefahr geboten ist. *A* schickt sich an zu helfen, da redet *X* (der *O* haßt) dem *A* dieses Vorhaben aus. *O* kommt jedoch auch ohne Hilfe mit dem Leben davon. – *Lösung* (nur unter dem Aspekt des § 212): *A* = Versuch des § 212 durch Unterlassen? Garantenstellung?[40] Nach *BGHSt* 23, 327 soll der Verteidiger gegenüber dem Angreifer, den er in Notwehr verletzt hat, keine Garantenstellung haben. Folgt man dem, dann ist *A* nicht strafbar wegen versuchten Totschlags. *X*, der ihn zum Unterlassen angestiftet hat, könnte dementsprechend auch nicht wegen Anstiftung zum Versuch des § 212 bestraft werden. Es bliebe der Weg, mit einer Minderheitsauffassung solche Fälle der Anstiftung zum Unterlassen als täterschaftliche Begehung zu bestrafen,[41] also *X* als Täter eines versuchten Totschlags durch Tun (= seine Einwirkung auf *A*) zu betrachten. – Auch wenn man den Fall anders auffaßt, etwa Garantenstellung bei rechtmäßiger Gefahrschaffung grundsätzlich bejaht, aber weitgehend – so auch im konkreten Fall – Unzumutbarkeit annimmt, kommt man zu einer Fülle von Fragen. Beschränkt diese Unzumutbarkeit die Garantenpflicht oder stellt sie einen Schuldausschließungsgrund dar? Hängt von dieser Einordnung der Unzumutbarkeit die akzessorische Haftung des *X* ab? Die Unzumutbarkeit liegt nicht in der Person des *X*, so daß zu fragen ist, ob § 28 II eingreift.

Zur Überlagerung einer Anstiftung oder Beihilfe durch täterschaftliches Unterlassen nehme man den einfachen Fall, daß der Erzeuger *E* der Schwangeren *S* bei der Abtreibung behilflich ist. *S* = § 218 I, III, *E* = Beihilfe zu § 218 I, dabei ist die obligatorische Strafmilderung gem. § 27 zu beachten. – Es bleibt die (oft übersehene) Frage, ob *E als Garant nicht notwendig Täter ist;* Nachweise dazu 5. Teil, § 10 1b, Beispiel 45. Dort auch weitere Unterlassungsprobleme in Stichworten. Interessante Fallbesprechung aus dem Bereich der Unterlassungsdelikte bei *Ulsenheimer,* JuS 1972, 252.

Bei *Vorsatz und Fahrlässigkeit* hat man es gelegentlich mit schwierigen Rechtsproblemen zu tun (etwa der Abgrenzung von dolus eventualis und bewußter Fahrlässigkeit). Häufiger macht die Auslegung (Würdigung) des Sachverhalts und die Subsumtion unter den – bekannten – Rechtsbegriff zu schaffen. Diese Sachverhaltsauslegungsprobleme sind oben 3. Teil, § 7 3 mit Beispielen behandelt.

Dasselbe gilt bezüglich der *Irrtumsproblematik.* Auch dazu oben 3. Teil, § 7 3. Da sie besondere Schwierigkeiten bereitet, soll auf sie im Anschluß an diese Übersicht noch einmal eingegangen werden, vgl. dazu auch die „Grundfälle", *Backmann,* JuS 1972, 196 ff.

---

[39] Vgl. dazu *Roxin,* in: *Roxin-Stree-Zipf-Jung,* S. 4 ff.

[40] Die neuen Urt. zur Garantenpflicht aus Ingerenz zeigen, daß diese Fragen in Fluß sind, was sich in den Klausurtexten niederschlagen dürfte, vgl. außer den bereits erwähnten Bereichen des § 154 und der Notwehr als vorangegangenem Tun *BGHSt* 19, 152 (Gastwirthaftung – gegen *BGHSt* 4, 20) und *BGHSt* 25, 218.

[41] *Armin Kaufmann,* Dogmatik der Unterlassungsdelikte, 1959, S. 193. Dazu auch o. Beispiel 60 und die Fallösung *Arthur Kaufmann-Hassemer,* JuS 1964, 151.

Die *Rechtfertigungsgründe* bilden häufig Sachverhaltsprobleme. Zur *Notwehr* vgl. 4. Teil, Beispiele 33, 34 und *BGHSt* 25, 229. Die *Einwilligung* hängt bei Vermögensdelikten oft mit Tatbestandsproblemen zusammen, so daß auch hier Allgemeiner und Besonderer Teil ineinander übergehen. Hier ist an den Fall der durch den Gerichtsvollzieher vorgetäuschten Beraubung zu erinnern, oben 5. Teil, § 11 3, Beispiel 62.

Beim *Versuch* interessieren besonders die atypischen Fälle, also § 154 oder der Versuch erfolgsqualifizierter Delikte, vgl. 5. Teil § 11 4, Beispiele 71, 73 und – zu § 239 – den Fall bei *Welp*, JuS 1967, 507. Zahlreich sind ferner die Fälle des *Rücktritts*, vgl. 5. Teil § 11 2 b, Beispiel 60 (Aufdrehen des Gashahns – rechtzeitiges Zudrehen wird vom Komplizen durch eine List vereitelt); 5. Teil § 11 4, Beispiel 73 (§ 310!) und die ausführliche Darstellung eines Rücktrittsfalles mit der Auswirkung auf den Aufbau oben 5. Teil § 10 2 b, Beispiel 53.

Täterschaft und *Teilnahme* läßt sich gekoppelt mit §§ 28, 29 und Exzeß leicht anhand der §§ 211 ff. prüfen, vgl. 5. Teil, § 11 2, wo auch die Querverbindungen (zum Unterlassen, zum Rücktritt, zum Irrtum) behandelt sind. Die schwierigen §§ 28, 29 sind bei *Lackner* mit Rückwirkungen auf den BT klar dargestellt (dort nachlesen!). – Die Abgrenzung *Anstiftung/mittelbare Täterschaft* sollte man sich anhand eines Sonderdelikts oder eigenhändigen Delikts klarmachen, vgl. zu §§ 153 ff. oben 5. Teil, § 11 4 im Anschluß an Beispiel 70. Zur Frage der Teilnahme an Bestechungsdelikten ebenda, Beispiel 72.

Bei den *Konkurrenzen* ist die Gefahr der Isolierung des Allgemeinen und Besonderen Teils wohl am geringsten. Zu beachten ist, daß vielfach schon die tatbestandliche Abgrenzung unter Konkurrenzgesichtspunkten vorgenommen wird, vgl. 5. Teil, § 10 2 b, Beispiele 52–54; 5. Teil, § 11 3 b, Beispiel 67.

Diese außerordentlich gedrängte und keineswegs vollständige Aufzählung der bisher angesprochenen Probleme aus dem Allgemeinen Teil ist nur für den von Nutzen, der gelegentlich eines der angeführten Beispiele nachgeschlagen hat. Anschließend sollen zwei Beispiele mit Lösung noch einmal deutlich machen, wie Schwierigkeiten insbesondere dadurch entstehen, daß verschiedene Probleme miteinander verwoben werden. Es ist wichtig, daß man sich solchen Fällen stellt. Zunächst lernt man punktuell. Dabei wird man unterstützt durch Darstellungen, die Schwerpunkte und Hauptprobleme hervorheben. Aber auch wenn man sich der Einzelteile eines Puzzles noch so sicher ist, muß man doch das Zusammensetzen immer wieder üben. Kein Fall deckt sich mit dem anderen. Einesteils kann man kein Gesamtbild formen, ohne daß man über die wichtigsten

Einzelteile verfügt. Andererseits führt nicht Vermehrung des Einzelwissens, sondern vermehrtes Üben des Zusammensetzens zur Erkenntnis der Querverbindungen, die zwischen den Einzelproblemen bestehen.

Gerade was die schwierige *Irrtumsproblematik* anbetrifft, kommt fast alles auf den Zusammenhang Allgemeiner/Besonderer Teil an. Wer nur die im Allgemeinen Teil angebotenen Formeln gelernt hat, etwa daß ein Irrtum über normative Tatbestandsmerkmale Tatbestandsirrtum[42] sei, wird bei ihrer Anwendung schnell in Schwierigkeiten geraten.

Beispiel 75:
BGH, LM § 184 Nr. 6: Anklage wegen Verstoßes gegen § 184 I Nr. 1 (a. F., nach der die Bilder „unzüchtig" sein mußten; nach der n. F. käme es darauf an, ob die Bilder „Pornographie" sind und es wäre zu unterstellen, daß sie Personen unter 18 Jahren zugänglich gemacht wurden): Der Angeklagte hatte in seinen Spielhallen Automaten aufgestellt, bei denen der Benutzer gegen Einwurf von 10 Pfennig eine Fotoserie betrachten konnte, „deren Blickfang jeweils eine äußerst spärlich bekleidete Frau war". Der Angeklagte kannte „die Bilder und alle Einzelheiten . . ., aus denen sich der das allgemeine Scham- und Sittlichkeitsgefühl in geschlechtlicher Hinsicht verletzende Charakter der Bilder" ergab. Er wußte, „daß die Bilder die Geschlechtsmerkmale . . . besonders hervorheben und daß diese Darstellung bewußt gewählt worden sei, um auf den Betrachter sexuell aufreizend zu wirken". – Der Angeklagte katte jedoch nach seinem Empfinden dabei nichts Schamverletzendes gefunden. Er hatte weiter der Verkäuferin der Automaten Glauben geschenkt, daß die Aufstellung der Automaten erlaubt sei und er hatte schließlich erfahren, daß wegen der Automaten gegen andere Personen eingeleitete Strafverfahren nicht zu einer Verurteilung geführt hatten. – Ist der Angeklagte nach § 184 I Nr. 1 zu verurteilen, wenn man annimmt, daß die Bilder unzüchtig (jetzt: pornographisch) sind? – Wie jung das Beispiel geblieben ist, zeigt *OLG Köln*, NJW 1974, 1830 (Massagesalon, mit ähnlicher Irrtumsproblematik).

Bei der *Lösung des Beispiels 75* sollte man zur eigenen Kontrolle versuchen, den Irrtum des Angeklagten nach Tatbestands-, Verbots-, Strafbarkeits- und Subsumtionsirrtum erst selbst zu analysieren. Da hier nicht Sittlichkeitsdelikte, sondern Allgemeiner Teil geprüft wird, stünde ein solcher Fall nicht in Widerspruch zu der berechtigten Erwartung, im schriftlichen Examen nicht mit Problemen aus dem Bereich der Sittlichkeitsdelikte behelligt zu werden. – Nach Ansicht des *BGH* liegt kein Tatbestandsirrtum vor. Der Täter habe das Schamverletzende (laienhafte Parallelwertung!) erkannt. Daß *sein* Schamgefühl nicht verletzt worden ist, ist irrelevant. Damit ist der Vorsatz bezüglich des Merkmals „unzüchtig" bejaht. Wenn der Angeklagte aufgrund der Auskunft der Verkäuferin und der anderen Strafverfahren sein Tun für erlaubt gehalten habe, könne dies folglich kein Tatbestandsirrtum sein, sondern nur ein Verbotsirrtum, und zwar dahin, „auch unzüchtige Abbildun-

---

[42] *Welzel*, § 22 III vor 1.

gen dürften . . . verbreitet werden". Der *BGH* fährt dann fort: „In einem Irrtum dieser Art wird sich – jedenfalls in unserem Kulturbereich – wohl kaum jemals ein Täter befinden, da die dem § 184 I Nr. 1 zugrunde liegende Norm im allgemeinen Rechtsbewußtsein verankert ist. Das *LG* ist auch ersichtlich davon ausgegangen, daß dem Angeklagten jenes Verbot bekannt war, zumal er sich auf Unkenntnis in dieser Richtung nicht berufen hat. Ein Verbotsirrtum kommt hier nicht in Frage."

Das seltsame *Ergebnis, daß die irrige Annahme, mit dem Zeigen der Bilder nicht gegen § 184 I Nr. 1 zu verstoßen, weder Tatbestands- noch Verbotsirrtum sein soll*, befriedigt nicht. Das Ergebnis macht jedoch zweierlei klar: Zwar ist auch nach der Schuldtheorie der Irrtum über normative Tatbestandsmerkmale Tatbestandsirrtum (auch wenn er Rechtsirrtum ist),[43] doch werden Rechtsirrtümer bei normativen Merkmalen weitgehend als Subsumtionsirrtümer dem Verbotsirrtum zugeschlagen.[44] – Zwar ist der Strafbarkeitsirrtum nach einhelliger Ansicht unbeachtlich. Aber ist das wirklich eine ausreichende Parallelwertung, bei der der Täter zwar zum Ergebnis „unzüchtig", aber zugleich zum Ergebnis „nicht strafbar" kommt? Dieses Ineinander des Tatbestands- und Subsumtionsirrtums einerseits, sowie des Strafbarkeitsirrtums und Subsumtionsirrtums andererseits, läßt sich mit Kenntnissen des Allgemeinen Teils allein nicht lösen. Von der allgemeinen Definition der verschiedenen Irrtümer her scheint eine Abgrenzung möglich. Erst der konkrete Fall macht deutlich, wie fragwürdig die Unterscheidung ist.

Ein weiteres Beispiel aus den Problembereichen des *zustimmenden Willens des Verletzten und Mittäterschaft* zeigt zugleich, wie dasselbe Problemschema aus dem Allgemeinen Teil auf Vermögensdelikte oder auf Delikte gegen die Person angewendet werden kann.

Beispiel 76:
    Einem Freiburger Examensfall 1964 und einem Tübinger Examensfall 1970 liegt folgendes Schema zugrunde: *A* und *B* wollen zusammen eine *C* gehörende Sache stehlen und verbrauchen bzw. zerstören. Durch ein Versehen verbrauchen oder zerstören sie jedoch gemeinsam eine Sache, die einem der Mittäter gehört (*B* holt versehentlich statt aus *C's* Keller den Wein aus dem des *A* und trinkt ihn mit *A*; *A* und *B* beschädigen ein Auto, das sie für das des *C* halten, das aber *A* gehört). – Es ist dasselbe Problem, das bei der Tötung anhand des Beispieles aufgeworfen wurde, daß der zurückgebliebene Mittäter von einem Komplicen als vermeintlicher Verfolger betrachtet und „verabredungsgemäß" mit Tötungsvorsatz angeschossen wird, weil man ausgemacht hatte, Verfolger notfalls mit gezielten Schüssen abzuwehren, *BGHSt* 11, 268; dazu oben 5. Teil, § 11 2b, Beispiel 59.

---

[43] Abw. *Schaffstein*, Festschr. f. d. OLG Celle, 1961, S. 188.
[44] Sogar die These des *RG* von der Unbeachtlichkeit des strafrechtlichen Irrtums wird wiederholt, „kaum jemals" werde ein strafrechtlicher Rechtsirrtum bei einer Norm anzuerkennen sein, die „im allgemeinen Rechtsbewußtsein verankert ist."

Bei der *Lösung des Beispiels 76* steht man vor der Frage, ob vollendete Sachbeschädigung vorliegt. Wichtig ist, daß man das Problemschema der Entscheidung *BGHSt* 11, 268 den Besonderheiten des konkreten Falles anpaßt. Die Parallele zu *BGHSt* 11, 268 besteht darin, daß die Verwechslung des Objekts für *B* an sich einen unbeachtlichen error in obiecto darstellt. Es handelt sich um eine fremde Sache, gleichgültig, ob sie dem Mittäter *A* oder einem Dritten, dem *C* gehört – wie in *BGHSt* 11, 268 der Schuß einen anderen Menschen i. S. der §§ 212, 211 getroffen hatte. Der Unterschied liegt einmal darin, daß die Zurechnung dieses Verhaltens über § 25 II bei *A* nicht zum Ergebnis § 303 (Mittäter) führen darf, denn für *A* ist die Sache nicht fremd. Zum anderen ist zu prüfen, ob die Mitwirkung des Eigentümers *A* bei der Zerstörung seiner Sache ein Einverständnis begründet.[45] – Noch mehr verändert sich das Problem, wenn man § 259 prüft (erster Fall in Beispiel 76). Wer den *B* als Täter (nach § 242) ansieht, den *A* dagegen nur als Anstifter, muß bei *A* bei § 259 beachten, daß trotz eines vollendeten Diebstahls *A* als Hehler keinen rechtswidrigen Vermögenszustand perpetuiert, indem er mit *B* den Wein trinkt. Vollendete Hehlerei scheidet also aus. Da *A* den vollen Vorsatz der Hehlerei betätigt (vorausgesetzt, man sieht im Trinken ein Sich-Verschaffen), ist versuchte Hehlerei anzunehmen.[47] Sie stünde zur Anstiftung zur Vortat in Realkonkurrenz.

6. Ein-Problem-Aufgaben

Die meisten Prüfungsordnungen lassen die Möglichkeit einer theoretischen Klausur auch im Rahmen der dogmatischen Fächer offen.[48] Anders als bei der sog. Märchenklausur[49] wird im Strafrecht von dieser Möglichkeit nahezu nie Gebrauch gemacht.[50] Man könnte deshalb daran denken, die Examensarbeiten auf praktische Fälle zu beschränken. Gewonnen wäre damit nichts. Das theoretische Thema kann leicht in einen praktischen Fall eingekleidet werden,

---

[45] Vgl. dazu auch den Fall von *Warda-Faber*, JuS 1965, 442, dem dasselbe Problemschema zugrunde liegt. – Zur Vertiefung *Jescheck*, § 63 I 2 m. Nachw. lesen.

[46] Gegen die h. L.; i. S. d. h. L. auch BT-Dr 7/550 S. 252.

[47] Abw. *Welzel*, § 58 II 4 (Wahndelikt).

[48] Vgl. als Beispiel § 10 III 2 BadWürttJAPO: „Die Aufgaben können praktische Fälle oder theoretische Themen sein . . .", ähnlich § 21 IV 3 BayJAPO.

[49] „Eine Aufgabe aus der vom Prüfungsteilnehmer gewählten Wahlfachgruppe" § 21 II 4 BayJAPO i. d. F. v. 1. 8. 1974. Zu den Wahlfachgruppen gehören u. a. Rechtsgeschichte, Rechtsphilosophie und Rechtssoziologie (§ 5 III 1 BayJAPO) sowie Jugendstrafrecht und Kriminologie (§ 5 III 3 BayJAPO). – Ganz ähnlich die §§ 5 III, 10 III Bad.Württ.JAPO. Die Regelungen sind von Land zu Land meist geringfügig verschieden.

[50] Als Ausnahme sei an die o. 5. Teil, § 10 angeführte Strafvollzugsklausur erinnert.

vgl. vorstehend 5, Beispiel 74. Dann hat es der Bearbeiter noch
schwerer, weil er erst einmal darauf kommen muß, daß er es im
Grunde mit einem theoretischen Thema zu tun hat. Solche Ein-
Problem-Aufgaben sind selten, denn reizvoll sind sie nur, wenn
ihnen eine Pointe zugrunde liegt, die noch nicht gelöst ist.

Beispiel 77:
    Der LKW-Fahrer *T* will den Radfahrer *O* durch einen zu knappen Seitenabstand
unsicher machen und überrollen. *O* kommt so auch ums Leben. Bei der Obduktion
stellt sich jedoch heraus, daß *O* (für *T* und jedermann unerkennbar) stark angetrunken
war und möglicherweise infolge trunkenheitsbedingter Fehlreaktion in gleicher Weise
ums Leben gekommen wäre, wenn *T* den gehörigen Seitenabstand eingehalten hätte. –
Diese Abwandlung des von *BGHSt* 11,[51] (dort Fahrlässigkeitsproblem) entschiedenen
Radfahrerfalles wurde 1963 in Tübingen als Examensfall gestellt. Der Reiz liegt in der
Schwierigkeit, die Unvermeidbarkeit des verbotenen Erfolges bei rechtmäßigem
Alternativverhalten zu erkennen und ins dogmatische System einzuordnen. Der Fall
ist mit Lösung bei *Baumann-Arzt-Weber*, Nr. 15 veröffentlicht.

Solche strafrechtlichen Ein-Problem-Fälle sind sowenig lernbar,
wie das, was *Diederichsen*[52] als zivilrechtliche *Pointenklausuren* bezeichnet. Wer jedoch merkt, daß er eine atypische Ein-Problem-Aufgabe
vor sich hat, sollte sich hüten, mit Hilfe von Sachverhaltsunter-
stellungen den Fall zu verwässern. Im Beispiel 77 könnte dies etwa
dadurch geschehen, daß anschließende Unfallflucht unterstellt und
nun das Wissen zu § 142 angebracht wird, etwa besonders schwerer
Fall, weil tödlicher Ausgang; oder problematisch, ob eine vorsätzliche Straftat einen Unfall darstelle etc., vgl. dazu oben 3. Teil, § 7.
Man lasse sich nicht dadurch beirren, daß sich keine glatte Lösung
anbietet. Mit der Erkenntnis, daß es keine glatte Lösung gibt, hat
man die Hauptarbeit geleistet. Bei der Bearbeitung sollte man solche
Widersprüche ausweisen und nicht verleugnen.

[51] Dazu *Spendel*, JuS 1964, 14.
[52] *Diederichsen*, S. 13.

6. Teil. Aufbauprobleme

Es gibt keine Aufbauprobleme. Es gibt nur Sachfragen. Diese Aussage ist vergröbert, um diejenigen nachdenklich zu machen, die sich bezüglich des Aufbaus unsicher fühlen und deshalb nach einem Schema verlangen. Dieses Verlangen ist so stark, daß bei den meisten Anleitungen zur Fallbearbeitung das Schwergewicht auf Aufbaufragen gelegt wird. Häufig ist jedoch ein ungeschickter Aufbau ein Zeichen für mangelnde Kenntnis fundamentaler Sachprobleme. Man macht sich selbst etwas vor, wenn man statt dessen den ungeschickten Aufbau auf fehlende „Klausurtechnik" zurückführt. Eine solche Fehldiagnose führt dann zu einer verhängnisvollen Therapie: Statt die fundamentalen Sachprobleme zu rekapitulieren, werden Schemata für alle möglichen Konstellationen auswendig gelernt. *Ungenügendes Sachwissen verführt zur Beschäftigung mit Aufbau-Scheinproblemen.*

Insbesondere dem *Anfänger* bereitet es große Mühe, die verschiedenen Verbrechenssysteme, Handlungs- und Irrtumslehren zu verstehen. Hat er sie dann verstanden, drängt es ihn, sein Wissen über solche systematische Streitfragen in der Fallösung anzubringen. Das ist ganz natürlich. Ebenso begreiflich ist es, daß diejenigen, die durch die systemtheoretischen Streitfragen nicht hindurchsehen, ihre Unsicherheit dadurch zu überwinden suchen, daß sie irgendwelche Schemata auswendig lernen. Verständlich ist schließlich auch die Neigung der Strafrechtsdogmatiker, Verstöße gegen einen systemgerechten Aufbau als Fehler zu werten – auch wenn weder das Ergebnis noch die Sachfragen des Falles vom Aufbaufehler berührt werden (wenn z. B. der Vorsatz in ein und demselben Gutachten mal beim Tatbestand, mal bei der Schuld geprüft wird, also finaler und kausaler Aufbau vermengt werden). Die folgende *Faustregel* ist als Warnung gegenüber diesen an sich verständlichen Bestrebungen gedacht: (1) Systematische Grundfragen dürfen in aller Regel in einer Fallösung nicht diskutiert werden. – (2) Das Klammern an ein Schema kann zur Erörterung unnötiger Einordnungsfragen führen (wohin gehört eine bestimmte Frage in meinem Schema?) und zur Erörterung überflüssiger Sachfragen (überflüssig, weil sich aus einem – nach dem Schema „späteren" – Grund zweifelsfrei ergibt, daß der betreffende Tatbestand nicht in Betracht kommt). – (3) Es gibt nur ganz wenige *zwingende Aufbauregeln.*

Aus dieser Priorität der Sachfragen folgt für die sich anschließende Darstellung der Aufbauprobleme: Sachprobleme sollte man so zweckmäßig wie möglich abhandeln. Es gibt Faustregeln, die besagen, wie man regelmäßig (nicht immer!) in typischen Situationen (etwa bei Verwirklichung mehrerer Tatbestände) am zweckmäßigsten vorgeht. Darüberhinaus gibt es Sachfragen, die regelmäßig auf den Aufbau durchschlagen. So beeinflußt das Verhältnis von Tatbestand, Rechtswidrigkeit und Schuld den Aufbau eines Gutachtens oder Urteils. Nur wer die Sachprobleme kennt, wird auch erkennen, wann ihre zweckmäßige, rationelle Darstellung Vorgriffe oder Rückblenden erlaubt, die schematischem Vorgehen zuwiderlaufen. Anschließend werden besonders mögliche Kollisionen zwischen zweckmäßigem und dogmatisch konsequentem Aufbau behandelt.

§ 12. Aufbauschemata bei einem oder mehreren Beteiligten, Vollendung oder Versuch

1. Tatbestand, Rechtswidrigkeit, Schuld, Sonstiges

a) Normalfälle

Daß zunächst die tatbestandsmäßige Handlung zu erörtern ist, versteht sich deshalb, weil damit zugleich die Rechtswidrigkeit feststeht, wenn nicht ausnahmsweise Rechtfertigungsgründe eingreifen (Indizwirkung der Erfüllung des Tatbestandes). Daß die tatbestandsmäßig-rechtswidrige Handlung feststehen muß, ehe die Schuld erörtert wird, ergibt sich daraus, daß es zwar schuldlos-rechtswidriges Verhalten gibt, aber bei rechtmäßigem Verhalten kein Verschulden denkbar ist. Liegt schuldhaftes Verhalten vor, ist noch auf sonstige rechtserhebliche Punkte einzugehen, etwa Strafaufhebungsgründe (Rücktritt), objektive Bedingungen der Strafbarkeit und Strafantrag.

Dieser Aufbau und die ihm zugrunde liegende Trennung von Tatbestand, Rechtswidrigkeit und Schuld *bedarf keiner Begründung.* Der Gutachter braucht (und darf) nicht begründen, warum er der finalen (kausalen, sozialen) Handlungslehre folgt. Der anschließende kurze *Überblick über die Zusammenhänge zwischen Verbrechensbegriffen, Irrtumslehren und Aufbau* soll in erster Linie dem Anfänger die Orientierung erleichtern.

Zunächst zu den *Verbrechensbegriffen:* Angeboten werden in der Literatur dreistufige Verbrechensbegriffe (Tatbestand, Rechtswidrigkeit, Schuld) und zweistufige Verbrechensbegriffe (Unrechtstatbestand, Schuld). Dabei ist stets zu beachten, daß nicht nur über die Zahl der Stufen Streit besteht, sondern daß der Bedeutungsgehalt der Stufen (Tatbestand, Rechtswidrigkeit, Schuld) von verschiedenen Autoren unterschiedlich festgesetzt wird und daß die Zuordnung einzelner Elemente zu Tatbestand, Rechtswidrigkeit oder Schuld streitig ist.

So wird der Vorsatz von den einen zum Tatbestand, von anderen zur Schuld geschlagen, grob gesagt: finale bzw. kausale Handlungslehre. Weitere Beispiele: Die Sozialadäquanz wird von den einen im Bereich des Tatbestands angesiedelt, von anderen der Rechtfertigung zugewiesen, von wieder anderen zwischen Tatbestand und Rechtswidrigkeit geteilt. – Die Meinungen darüber, ob § 240 II Tatbestandskorrektiv ist oder die Rechtswidrigkeit konkretisiert, gehen auseinander usw.

Zum Verständnis der Kategorien Tatbestand, Rechtswidrigkeit und Schuld ist ein Rückblick auf *Beling* (Lehre vom Verbrechen, 1906) unentbehrlich. *Beling* sah im Tatbestand eine objektive und wertfreie Umschreibung (in der Rechtswidrigkeit dann die negative Bewertung des umschriebenen äußeren Verhaltens und in der Schuld die subjektive Einstellung des Täters zu seiner Tat). Diese Trennung ist heute aus vielen Gründen aufgegeben, unter anderem deshalb, weil man inzwischen normative Tatbestandsmerkmale und subjektive Tatbestandsmerkmale entdeckt hat. Es ist auch nicht zu bezweifeln, daß in der tatbestandlichen Umschreibung als der Vorstufe der Rechtswidrigkeit auch die Vorstufe des in der Rechtswidrigkeit steckenden negativen Werturteils zum Ausdruck kommt. Die These von der Wertfreiheit des Tatbestands ist mit der sogenannten *Indizwirkung des Tatbestands* unvereinbar, denn ein Verhalten, das typischerweise ein negatives Werturteil nach sich zieht, ist durch diese Typizität negativ vorbelastet. Soweit ist man sich heute auch weitgehend einig. Die Folgerungen, die aus dieser Erkenntnis zu ziehen sind, sind jedoch vielfältig umstritten.

Man kann zunächst daran denken, die *Grenzziehung zwischen Tatbestand und Rechtswidrigkeit abzuschwächen oder aufzugeben.* Dem Tatbestand wird gegenüber der Rechtswidrigkeit nur eine „Hilfsbedeutung" *(Schröder)*[1] zugemessen, d. h. Tatbestand und Rechtswidrigkeit werden zum „Unrechtstatbestand" zusammengezogen. Konstruktiv läßt sich dies (wenn es überhaupt der Begründung bedarf) dadurch erreichen, daß man die denkbaren Rechtfertigungsgründe ins Negative gewendet an die Tatbestandsumschreibung anhängt und so in den Tatbestand hinüberzieht.

Den Tatbestand des Totschlags erfüllt nur, wer „tötet, ohne Mörder zu sein", und an diese gesetzliche Formulierung denkt man sich jetzt angehängt sämtliche Rechtfertigungsgründe, also wer tötet, ohne Mörder zu sein und ohne in Notwehr oder in Notstand etc. zu handeln. *Diese Lehre von den negativen Tatbestandsmerkmalen* ist ein Weg (nicht der einzige), der zu einer Verschmelzung von Tatbestand und Rechtswidrigkeit und damit zum zweistufigen Verbrechensbegriff führt.[2]

[1] *Schönke-Schröder,* Vorb. § 1 Rdnr. 9 m. Nachw.
[2] Heute wird vielfach ein zweistufiger Verbrechensbegriff vertreten und zugleich die Lehre von den negativen Tatbestandsmerkmalen abgelehnt, vgl. *Gallas,* ZStW 67, 1, 27 f., *Jescheck,* AT, § 25 III. *Baumann,* LB, § 19 III 3 b, weist darauf hin, daß es sich bei

Aus der oben festgehaltenen Erkenntnis, daß im Tatbestand ein präformiertes negatives Werturteil steckt, kann man für die Unterscheidung Tatbestand/Rechtswidrigkeit allerdings auch eine ganz andere Folgerung ziehen. Die Herausarbeitung des Tatbestands ist, so könnte man sagen, gerade wegen des im Tatbestand angelegten Unwerturteils wichtig. In diesem Sinne weist *Welzel*[3] darauf hin, es sei zweierlei, ob ein Mensch in Notwehr oder eine Mücke getötet werde. Wenn es zweierlei ist, wenn der Tatbestand durch Rechtfertigungsgründe nicht so aufgewogen werden kann, daß tatbestandsmäßiges, aber gerechtfertigtes Verhalten mit nicht tatbestandsmäßigem Verhalten auf gleicher Stufe steht, so spricht das für die Eigenständigkeit des Tatbestands gegenüber der Rechtswidrigkeit.

Die Diskussion darüber, ob es möglich und sinnvoll ist, den Kategorien Tatbestand und Rechtswidrigkeit verschiedene Aufgaben zuzuweisen, ist im Fluß.[4] *Für den Aufbau ergeben sich aus der Zwei- oder Dreistufigkeit des Verbrechensbegriffs jedoch nahezu keine Konsequenzen*,[5] von der Frage der Behandlung des Irrtums zunächst einmal abgesehen. Denn auch die Anhänger des zweistufigen Verbrechensbegriffs untersuchen in der *einen* Stufe (Unrechtstatbestand) zunächst den Tatbestand, dann die Rechtfertigungsgründe. Zweckmäßigerweise wird man deshalb beim Aufbau an der Dreiteilung Tatbestand/Rechtswidrigkeit/Schuld auch dann festhalten, wenn man der Sache nach die Zweistufigkeit (also den Unrechtstatbestand) für richtig hält. Die dem ersten Anschein nach diesem Ratschlag entgegenstehenden unterschiedlichen Aufbauschemata für den zwei- und dreistufigen Verbrechensbegriff laufen – näher besehen – darauf hinaus, daß nicht getrennt wird (1) Tatbestand, (2) Rechtswidrigkeit, (3) Schuld, (4) Sonstiges, sondern (1) Unrechtstatbestand, (1 a) Tatbestand (1 b) Rechtswidrigkeit; (2) Schuld; (3) Sonstiges. Es liegt auf der Hand, daß es müßig ist, über solche Fragen zu streiten. Vom Aufbau her gesehen besteht auch kein Anlaß, der Frage nachzugehen, ob dieser oder jener Autor dem Lager des zweistufigen oder dem des dreistufigen Verbrechensbegriffs angehört.[6]

---

den negativen Tatbestandsmerkmalen um ein „künstliches Gebilde" handele, bei dem der Wunsch, eine bestimmte Behandlung der irrigen Annahme dieser negativen Tatbestandsmerkmale konstruktiv begründen zu können, Pate gestanden habe.

[3] *Welzel*, § 14 I 1.

[4] *Roxin*, Kriminalpolitik und Strafrechtssystem, 1970, passim.

[5] I. S. des Textes und für völlige oder weitgehende Bedeutungslosigkeit der Zwei- oder Dreistufigkeit für den Aufbau (Sachprobleme bleiben gleich) *Engisch*, ZStW 70, 589; *Stratenwerth*, AT, Rdnrn. 179, 180, 520. – Vgl. weiter *Maurach*, AT, § 24 I A („in den praktischen Ergebnissen kein Unterschied" – vom Irrtum abgesehen).

[6] Solche Zuordnungen sind nicht immer einfach. *Maurach*, AT, § 24 I A, rechnet sich selbst zu den Anhängern des dreistufigen Verbrechensaufbaus und weist zugleich

Nun zu den Irrtumslehren (nur Grundlegung, zu Spezialfragen anschließend c): Die vorstehend geschilderte Diskussion um eine Zuweisung unterschiedlicher Aufgaben an die Kategorien Tatbestand/Rechtswidrigkeit/Schuld wird derzeit überschattet vom Streit, wie der Irrtum behandelt werden soll. Dabei wird immer wieder der Versuch gemacht, die Rechtsfolgen eines Irrtums aus dem Verbrechenssystem abzuleiten. Differenziert man zwischen Tatbestand und Rechtswidrigkeit nicht (zweistufiger Verbrechensaufbau), so liegt es nahe, den Irrtum über Tatbestandsmerkmale nicht anders zu behandeln, als den Irrtum über die Rechtswidrigkeit *(Vorsatztheorie)*. Behauptet man einen qualitativen Unterschied zwischen Tatbestand und Rechtswidrigkeit, liegt es nahe, auch beim Irrtum danach zu unterscheiden, ob es sich um einen Irrtum über Tatbestandsmerkmale oder um einen Irrtum über die Rechtswidrigkeit handelt *(strenge Schuldtheorie)*. Die *eingeschränkte Schuldtheorie*, die weder Rechtswidrigkeitsirrtum und Tatbestandsirrtum gleich behandelt noch Rechtswidrigkeitsirrtum und Tatbestandsirrtum trennt, sondern Tatbestandsirrtum und bestimmte Fälle des Rechtswidrigkeitsirrtums zusammenzieht und von anderen Fällen des Rechtswidrigkeitsirrtums trennt, handelt sich leicht aus beiden Lagern den Vorwurf ein, inkonsequent zu verfahren. – *Die systematisch-konsequente Irrtumsbehandlung läßt jedoch entweder die Frage nach der kriminalpolitischen Richtigkeit unbeantwortet oder läuft auf einen kriminalpolitischen Zirkelschuß hinaus.* Weist man mit Blick auf den Irrtum dem Tatbestand und der Rechtswidrigkeit unterschiedliche Aufgaben zu, d. h. zieht man die Grenzlinie zwischen Tatbestand und Rechtswidrigkeit im Hinblick auf den Irrtum, dann ist es selbstverständlich, daß sich daraus für den Irrtum eben die Konsequenzen ergeben, die man bei der Abgrenzung Tatbestand/Rechtswidrigkeit im Auge hatte.[7] – Verfährt man jedoch nicht so, dann muß sich eine an der Unterscheidung (oder Nicht-Unterscheidung) von Tatbestand und Rechtswidrigkeit ausgerichtete Irrtumsbehandlung auf ihre kriminalpolitische Vernunft hin untersuchen lassen.

Definiert man beispielsweise den Vorsatz als den auf die Tatbestandsverwirklichung gerichteten Willen[8] und lehnt man es ab, das Nichtvorliegen von Rechtfertigungs-

darauf hin, daß *Jescheck* seiner Meinung nahe komme (*Jescheck* dürfte jedoch zu den Anhängern des zweistufigen Systems gehören). *Schröder* wiederum, der einen zweistufigen Aufbau vertritt, findet das System *Maurachs* „ähnlich" (*Schönke-Schröder,* Vorb. § 1, Rdnr. 6). In welche Nöte gerät hier derjenige, der für zwei- und dreistufige Systeme verschiedene Aufbaumuster anbietet! *Hupe,* S. 67, preßt *Maurach* ins Schema, das er (Hupe) für Zweistufigkeit bereithält.

[7] Treffend *Gallas,* ZStW 67, 24. – Für Trennung von „Irrtumstatbestand" und „Tatbestand als systematischem Grundbegriff" *Roxin,* Offene Tatbestände, 2. Aufl. (1970), S. 173.

[8] *Welzel,* § 13 I 1, zur Folgerung für den Irrtum ebd., § 22 III 1 f. – Das Dilemma des

gründen als negatives Tatbestandsmerkmal zum Tatbestand zu rechnen, so läßt sich
aus dieser Prämisse ableiten, daß auch derjenige vorsätzlich tötet, der in Notwehr handelt. Daraus läßt sich weiter ableiten, daß derjenige, der irrig meint, seine Tötungs-
handlung sei (durch Notwehr oder sonst) gerechtfertigt, vorsätzlich handelt. Ein solcher Irrtum schließt also nicht den – zuvor definierten – Vorsatz aus. Trotzdem kann
dieser den Vorsatz nicht ausschließende Irrtum *wie* ein den Vorsatz ausschließender
Irrtum behandelt werden.[9] Mit anderen Worten, die Behandlung der Irrtumsfälle
nach der Schuldtheorie mag (systematisch) streng sein, ob sie (kriminalpolitisch)
gerecht ist, bleibt zu prüfen.

Für den Aufbau ergibt sich aus der Verschiedenheit der Irrtums-
theorien *nur eine banale Konsequenz:* Die Behandlung des Irrtums ist
durch entsprechende Differenzierung zwischen Tatbestand und
Rechtswidrigkeit vorzubereiten, d. h.:
Wer der Vorsatztheorie folgt, kann zwei- oder dreistufig aufbauen.
Von der Irrtumslehre her gesehen *muß* er nicht dreistufig aufbauen,
d. h. er muß nicht zwischen Tatbestand und Rechtswidrigkeit trennen (weil Tatbestands- und Rechtswidrigkeitsirrtum gleiche Konsequenzen nach sich ziehen). Er *kann* es aber tun, etwa weil für ihn
die Darstellung der Probleme anhand von zwei Begriffen (Tatbe-
stand/Rechtswidrigkeit), die sich zueinander wie Regel und Ausnahme verhalten, (mindestens) eine technische Vereinfachung
bringt. Da das Gesetz jetzt in § 17 von „Verbotsirrtum" spricht und
fehlende Unrechtseinsicht anders als den Tatbestandsirrtum nach
§ 16 behandelt, befindet sich die Vorsatztheorie in der schwierigen
Situation, einen Unterschied, von dem das Gesetz ausgeht, zu
leugnen. Die Vorsatztheorie ist (nicht i. S. wissenschaftlicher Diskussion, aber i. S. einer sich am Gesetz orientierenden praktischen
Fallösung) obsolet geworden.[10]
Wer der strengen Schuldtheorie folgt, wird dreistufig aufbauen[11] und
in die Trennung von Tatbestand und Rechtswidrigkeit die unterschiedliche Behandlung der jeweiligen Irrtümer vorprojizieren.
Wer der eingeschränkten Schuldtheorie folgt, wird dreistufig aufbauen.
Auch er wird – wie bei der strengen Schuldtheorie – schon bei der
Abgrenzung zwischen Tatbestand und Rechtswidrigkeit die Aus-
wirkung auf den Irrtum mit bedenken. *Wird die Einschränkung rele-
vant,* geht es also um die Frage, ob ein Irrtum über die tatsächlichen
Voraussetzungen eines existenten Rechtfertigungsgrunds vorliegt,

---

§ 16 I liegt darin, daß die entscheidende Frage (was „zum gesetzlichen Tatbestand
gehört") nicht beantwortet wird.
  [9] So im Falle einer irrigen Annahme der tatsächlichen Voraussetzungen eines
existenten Rechtfertigungsgrundes, eingeschränkte Schuldtheorie, st. Rspr. seit
BGHSt 3, 105.
  [10] Wie hier *Baumann*, LB, § 27 III 3 b α; *Werner*, AT S. 65. – Vom Ges. überholt
Otto, S. 99.
  [11] *Maurach*, AT, § 24 I A.

ist diese Differenzierung beim Irrtum (also in der Schuld) abzuhandeln.

Welcher Theorie ist zu folgen? Da die eingeschränkte Schuldtheorie der gefestigten Rechtsprechung entspricht und in der Literatur im Vordringen begriffen ist, da zudem sowohl die Vorsatz- als auch die strenge Schuldtheorie auf eine Problemvereinfachung hinausläuft, empfiehlt es sich dringend, einen Fall vom Boden der eingeschränkten Schuldtheorie aus zu lösen, vgl. dazu schon oben 5. Teil, § 10 1 b und zur Frage eines Hilfsgutachtens unten 3.

Beispiel 78:
T tötet den Angreifer O in Notwehr, Aufbau?

(1) Kausal, zwei- oder dreistufiger Aufbau[12]
(a) Durch sein (willensgetragenes)[13] Tun hat T den Erfolg i. S. des § 212 verursacht, d. h. den O getötet.
(b) Fraglich Notwehr, § 32. Voraussetzungen liegen vor, einschließlich Verteidigungswille des T. Also Rechtfertigung.

(2) Final, zwei- oder dreistufiger Aufbau[12]
(a) T hat O vorsätzlich getötet. Der Tatbestand des § 212 ist erfüllt.
(b) Fraglich Notwehr, § 32. Voraussetzungen liegen vor, einschließlich Verteidigungswille des T. Also Rechtfertigung.

Beispiel 79:
T tötet den O, weil er irrig annimmt, O greife ihn an. Bei gehöriger Aufmerksamkeit hätte O seinen Irrtum bemerken können, Aufbau?

(1) Kausal (eingeschränkte Schuldtheorie)
(a) Durch sein (willensgetragenes) Tun hat T den Erfolg i. S. des § 212 verursacht, d. h. den O getötet.
(b) Keine Rechtfertigung, insbesondere fehlt es für § 32 am Angriff.
(c) *Erste Formulierung:*[14]
T wollte O töten, hatte also Tatbestandsvorsatz i. S. des § 16 I. Da er an Rechtfertigung kraft Notwehr glaubte, fehlte ihm das Unrechtsbewußtsein. Ein solcher Irrtum schließt gem. § 17 die Bestrafung wegen vorsätzlicher Tat nicht aus, es sei denn, der Irrtum war unvermeidbar (hier vermeidbar). Es ist jedoch mit der Rspr. davon auszugehen, daß dem Irrtum i. S. des § 16 die irrige Annahme der tatsächlichen Voraussetzungen eines existenten Rechtfertigungsgrundes gleichzustellen ist. Dann hier Irrtum i. S. des – so erweiterten – § 16, da T an Angriff und damit an die tatsächlichen Voraussetzungen des § 32 geglaubt hat. § 212 entfällt.

Zweite Formulierung:[14]
T wollte O töten, hatte also insoweit den Tatbestandsvorsatz i. S. des § 212. Zu den Tatumständen i. S. des § 16 I gehört jedoch (als negativer Umstand) das Wissen, daß

---

[12] Stichwortartige Lösung im Urteilsstil.
[13] Zum Unterschied des Willensmoments der kausalen Handlungslehre und der Finalität vgl. *Baumann,* Grundbegriffe, S. 46 ff. – Das Willensmoment im Sinne der kausalen Lehre liegt – anders als die Finalität – in aller Regel so offen zutage, daß es gar nicht der Erwähnung bedarf.
[14] Selbstverständlich bleibt es jedem unbenommen, den Vorsatzbegriff anders zu fassen, deshalb Formulierung in zwei Alternativen.

die tatsächlichen Voraussetzungen eines existenten Rechtfertigungsgrundes nicht vorliegen. Da T von einem Angriff ausging, hat er die tatsächlichen Voraussetzungen der Notwehr angenommen, also nicht vorsätzlich i. S. des § 16 gehandelt. Zu diesem Ergebnis kommt die in der Rechtsprechung ganz herrschende eingeschränkte Schuldtheorie, deren Vertreter in der Begründung jedoch meist von einem engeren Vorsatzbegriff ausgehen (vgl. weiter 1. Formulierung). Vom hier (2. Formulierung) vertretenen Standpunkt aus ist § 16 dagegen direkt anzuwenden.

Obwohl 1. und 2. Formulierung von verschiedenen Vorsatzbegriffen ausgehen, beeinflußt das die Reihenfolge der Prüfung in den Abschnitten (a) und (b) nicht.

(d) Gem. § 16 I 2 kommt man zu § 222, da der Irrtum auf Fahrlässigkeit[15] beruht (die aus näheren Sachverhaltsangaben heraus erschlossen und begründet werden müßte).

(2) Final (eingeschränkte Schuldtheorie)

(a) T hat O vorsätzlich getötet. Der Tatbestand des § 212 ist erfüllt.

(b) Wie vorstehend (b).

(c) Wie vorstehend (c) 1. Formulierung, nur entfällt der erste Satz.

Faustregel und Fazit: Liegt kein Irrtum vor, ist die Grenze zwischen Tatbestand und Rechtswidrigkeit in aller Regel irrelevant. Man kann zwei- oder dreistufig aufbauen. Man darf der Zuordnung von Grenzfällen zu Tatbestand oder Rechtswidrigkeit – weil sie keine sachlichen Konsequenzen nach sich zieht – nicht nachgehen, dazu unten e. – Liegt ein Irrtum vor, so empfiehlt sich eine Lösung nach der eingeschränkten Schuldtheorie. Dann ist dreistufiger Aufbau ratsam. Die für die eingeschränkte Schuldtheorie charakteristische Differenzierung im Rahmen des Irrtums über Rechtfertigungsgründe ist bei der Schuld zu behandeln.

Literaturhinweis und abweichende Meinungen: Die vorstehende Darstellung dürfte mit der h. M. übereinstimmen.[16] *Lampe*[17] meint, wer den Vorsatz zum Tatbestand rechne und der eingeschränkten Schuldtheorie folge, *müsse* zweistufig aufbauen. Der Witz der eingeschränkten Schuldtheorie liegt jedoch darin, daß sie in erster Linie Schuldtheorie ist (so daß sich wie bei der strengen Schuldtheorie

---

[15] Wer bei (c) die 1. Formulierung gewählt hat, sieht sich dabei der Schwierigkeit gegenüber, zur Bestrafung wegen fahrlässiger Tötung zu kommen, obwohl er erst *Vorsatz* bejaht hatte. Das liegt daran, daß eine vorsätzliche Tötung mit Rücksicht auf den – beschriebenen – besonderen Verbotsirrtum wie eine fahrlässige Tötung behandelt wird (obwohl keine Fahrlässigkeit vorliegt!). – Wer bei (c) die 2. Formulierung gewählt hat, hatte dagegen Vorsatz abgelehnt und kann hier zu einer „echten" fahrlässigen Tötung kommen.

[16] So wendet sich z. B. *Baumann*, LB, § 19 III; Grundbegriffe, S. 70ff., 74, gegen einen materiellen Unterschied zwischen Tatbestand und Rechtswidrigkeit, befürwortet also den zweistufigen Verbrechensbegriff und folgt in der Fallsammlung (Strafrechtsfälle und Lösungen AT) trotzdem der Gliederung a) Tatbestand, b) Rechtswidrigkeit, c) Schuld. Das Verhältnis des Tatbestands zur Rechtfertigung wird dabei als Regel-Ausnahme-Beziehung betrachtet. – Entschieden wie hier gegen jede Überbewertung der Zwei- oder Dreistufigkeit und gegen Versuche, die Behandlung des Irrtums aus dem Aufbau zu folgern auch *Stratenwerth*, AT, Rdnrn. 179, 180, 520–523.

[17] *Lampe*, JuS 1967, 564, 568 anhand eines Falls.

eine entsprechende aufbaumäßige Trennung und damit die Dreistufigkeit empfiehlt). Daß die eingeschränkte Schuldtheorie dann im Rahmen des Irrtums über die Rechtswidrigkeit eine weitere Unterteilung vornimmt, ist bei den Ausführungen über den Irrtum, also in der Schuld, zu beachten. Auch von der eingeschränkten Schuldtheorie aus ist der zweistufige Aufbau (entgegen *Lampe*) demnach weder zwingend anzuwenden noch auch nur empfehlenswert.[18]

Im folgenden werden wichtige Sonderfälle behandelt, in denen die aufbaumäßig richtige Problemstellung besondere Schwierigkeiten macht. Dabei geht es nicht um Aufbau-, sondern um Sachprobleme. Dem Versuch, sich für alle möglichen Sonderfälle ein besonderes Schema einzuprägen, stehe ich skeptisch gegenüber. Wer diese Skepsis nicht teilt, sei auf die Schrift von *Hupe*[19] verwiesen, die eine Fülle detaillierter, je nach dem zugrunde gelegten Verbrechenssystem unterschiedlicher Aufbaumuster enthält.

b) Besondere Aufbauschwierigkeiten und Durchbrechung der Reihenfolge Tatbestand, Rechtswidrigkeit, Schuld, Sonstiges

Nach diesen allgemeinen Hinweisen zur Reihenfolge Tatbestand, Rechtswidrigkeit, Schuld, Sonstiges (und zur Problematik jeder Schematisierung) sei auf einige *immer wiederkehrende Schwierigkeiten* hingewiesen, die bei diesem Grundschema auftreten. Zu den Sonderfällen „Versuch" bzw. „mehrere Beteiligte" anschließend 2 bzw. 3.

So elementar die dogmatische Trennung von Tatbestand, Rechtswidrigkeit, Schuld und sonstigen Strafbarkeitsvoraussetzungen ist und so sehr sie regelmäßig einen entsprechenden Aufbau verlangt, so wenig lassen sich doch daraus für alle Fälle zwingende Folgerungen für die Reihenfolge der Darstellung ableiten. Die *objektiven Strafbarkeitsbedingungen* bilden anschauliche Beispiele dafür, wie sich die Sachprobleme der Schematisierung und dem Aufbauschema entziehen können.

Beispiel 80:
Überlegen Sie, welche systematische Reihenfolge bei der Prüfung des § 186 oder § 330a einzuhalten ist.
Bei § 186 (regelmäßig nur ein Randproblem, vgl. oben 5. Teil, § 10 2b) kann es sich empfehlen, die objektive Bedingung der Strafbarkeit schon im Rahmen des Tatbestandes zu erwähnen, also zu vermerken, daß *T* über *O* eine ehrenrührige *und nicht erweislich wahre* Tatsache verbreitet hat. Wer so verfährt, muß später die Vorsatz- und Schuldirrelevanz der objektiven Bedingung beachten. Die Erörterung der Nichterweislichkeit zusammen mit der Ehrenrührigkeit schon im Tatbestand hat den Vorteil,

---

[18] Wie hier *Stratenwerth*, AT, Rdnrn. 179, 180, 520; *Wessels*, AT, § 18 IV A.
[19] *Hupe*, Das System der allgemeinen Strafrechtslehre. Aufbauschemen, Übersichten und Begriffsbestimmungen für die Bearbeitung praktischer Strafrechtsfälle, 1970.

daß der sachliche Zusammenhang, der zwischen diesen beiden Eigenschaften der behaupteten Tatsache besteht, nicht auseinandergerissen wird.

Bei § 330a (vgl. den oben 2. Teil, § 5 1, Beispiel 16 mitgeteilten Fall) empfiehlt es sich, schon bei der Tatbestandsprüfung zu vermerken, daß *T* im Rauschzustand eine rechtswidrige Tat begangen hat.[20] Dieses „Vorziehen" der objektiven Strafbarkeitsbedingung erlaubt es, beim subjektiven Tatbestand (finale Handlungslehre) bzw. bei der Schuld (kausale Handlungslehre) zu erörtern, ob und in welchem Umfang sich Vorsatz oder Fahrlässigkeit auf die im Rausch begangene Tat erstrecken muß. Das ist dann praktisch, wenn – wie bei § 330a – zweifelhaft ist, wieweit wirklich eine objektive Strafbarkeitsbedingung vorliegt. Diese Sachfrage darf nicht durch einen Aufbau verlorengehen, der das Ergebnis dadurch präjudiziert, daß die im Rausch begangene Tat auf der Tatbestandsebene nicht erwähnt, sondern nach Tatbestand, Rechtswidrigkeit und Schuld unter dem Stichwort „objektive Strafbarkeitsbedingung" geprüft wird.

Die gefährlichste Wirkung eines Aufbauschemas liegt in dem Denken in Stationen, das den Blick für Sachzusammenhänge erschwert. In dem in Beispielen 80 und 16 behandelten Fall geht es um eine Tat, bei der ungeklärt blieb, ob sie in einem Rausch mit der Wirkung der Schuldunfähigkeit gem. § 20, in einem Rausch mit der Wirkung des § 21 oder in einem Rausch, der die Schuldfähigkeit unberührt ließ, begangen worden war. Wie oben 2. Teil, § 5 1, Beispiel 16 gezeigt, wird hier die Zulässigkeit einer Wahlfeststellung relevant. Die rechtsethische und psychologische Vergleichbarkeit des § 330a mit der im nüchternen Zustand begangenen „Rauschtat" hängt mit davon ab, ob man die im Rausch begangene Tat streng als objektive Strafbarkeitsbedingung ansieht oder ob man mehr oder weniger weitgehende subjektive Anforderungen aufstellt. Wenn man letzteres tut, also verlangt, der Täter müsse seine generelle Gefährlichkeit im Rausch gekannt haben oder er müsse gar um seine Neigung gewußt haben, im Rausch eine der Rauschtat ähnliche Straftat zu begehen, dann wird man eher die rechtsethische und psychologische Vergleichbarkeit zwischen einer im Rausch und einer im Zustand der Schuldfähigkeit begangenen „Rauschtat" bejahen, als wenn man die Rauschtat strikt als objektive Strafbarkeitsbedingung begreift.[21]

Sogar eine so selbstverständliche Aufbauregel wie die Behandlung des Antragserfordernisses *nach* Tatbestand, Rechtswidrigkeit und Schuld (dazu unten 4) schließt nicht aus, daß es ausnahmsweise

---

[20] Soweit Aufbauschemata gegeben werden, wird – dogmatisch korrekt – die Erörterung der objektiven Strafbarkeitsbedingungen meist hinter die Schuldausschließungsgründe verwiesen (so z. B. *Geerds*, JuS 1962, 28; *Schmidhäuser*, StrafR, 1970, Anh. A, S. 691; *Welzel*, § 80 A d IV). Beispiel 80 zeigt, daß das unzweckmäßig sein kann; übereinstimmend speziell zu § 330a *Schramm*, S. 66. – *Kienapfel*, S. 30, 35, schlägt vor, objektive Bedingungen der Strafbarkeit generell als „Tatbestandsannex" zu prüfen; so auch *Hupe*, S. 13 f. (für höhere Semester); *Eb. Schmidt*, Strafrechtspraktikum, 1949, S. 19; *Wessels*, AT, § 18 IV A.

[21] Vgl. dazu *Hardwig*, GA 1964, 140.

nützlich sein kann, sich die Frage der *Antragsbefugnis* schon auf der Ebene der Tatbestandserfüllung zu stellen.

Beispiel 81:

In dem oben 5. Teil, § 11 5 behandelten Fall, daß *A* und *B* gemeinsam eine *C* gehörende Sache zerstören wollen, aber irrtümlich eine dem *A* gehörende Sache vernichten, sollte man beim error in obiecto an den Antrag, beim Antrag an den error in obiecto denken. So richtig es vom materiellen Recht her betrachtet ist, die Vorstellung des Täters über die Identität des Opfers (das er töten, verletzen oder dessen Sache er beschädigen will) für unbeachtlich zu erklären[22] – bei Antragsdelikten sind wir, spätestens bei der Prüfung des Antragsberechtigten, gezwungen, einen bestimmten Verletzten zu benennen. Beispiel 76 wirft also – vom Antragserfordernis aus – die interessante Frage auf, ob es wirklich angeht, den error in obiecto regelmäßig[23] mit der Begründung für unbeachtlich zu erklären, der Tatbestand stelle nur auf irgendeinen „anderen (Menschen)" ab (so §§ 212, 223) bzw. auf eine „fremde Sache" (§ 303), die irgendeinem anderen gehöre. Konkret: Ist *C* oder *A* oder sind beide berechtigt, gegen *B* Strafantrag zu stellen?

c) Besondere *Aufbauschwierigkeiten bei der Irrtumsproblematik*

Wer sich für die kausale Handlungslehre entscheidet, wird *Vorsatz und Fahrlässigkeit nach* Tatbestand und Rechtswidrigkeit im Rahmen der Schuld behandeln. Wer die finale Handlungslehre vertritt, muß jedenfalls den Vorsatz beim Tatbestand prüfen, weil es bei nicht vorsätzlichem Verhalten am Tatbestand eines Vorsatzdeliktes fehlt.

Wer der kausalen Handlungslehre folgt, wird auf die *Irrtumsproblematik* erst bei der Schuld eingehen. Wer der finalen Handlungslehre folgt, steht vor dem Dilemma, daß es bei fehlendem Vorsatz am Tatbestand des (vorsätzlichen) Delikts fehlt. Damit werden Grenzfälle im Irrtumsbereich zu Aufbaufragen: Handelt es sich um einen Tatbestandsirrtum, ist er schon im Tatbestandsbereich zu erörtern. Handelt es sich um einen Verbotsirrtum, ist die Behandlung dagegen bis in den Schuldbereich zu verschieben. Diese Verschiebung ist dann unschädlich, wenn man entsprechend den Ausführungen oben a) den Irrtum über die tatsächlichen Voraussetzungen eines existenten Rechtfertigungsgrunds nicht als vorsatzausschließend betrachtet, ihn aber *wie* einen vorsatzausschließenden Irrtum behandelt. Dann kann man ihn erst im Schuldbereich erörtern, vgl. *Wessels,* § 18 IV A. – Geht es jedoch um die Grenzziehung zwischen einem „echten" vorsatzausschließenden Irrtum und einem Verbotsirrtum, wie es insbesondere bei normativen Tatbestandsmerkmalen häufig der Fall ist, vgl. oben 5. Teil, § 11 5, Beispiel 75, dann zieht man sich mit einer erst im Schuldbereich ge

---

[22] So *Baumann,* LB, § 27 I 2 b γ; vgl. auch Fall Nr. 23 bei *Baumann-Arzt-Weber.*

[23] Zur Ausnahme, daß die Sache einem Mittäter gehört (Einwilligung?), vgl. 5. Teil, § 11 5, Beispiel 76.

troffenen Entscheidung für Vorsatzausschluß gewissermaßen selbst
den Teppich unter den Füßen weg (weil man bei der Schuld fest-
stellt, daß der Tatbestand nicht vorliegt). Kaum weniger unange-
nehm wäre der Vorgriff auf die Schuld im Tatbestandsbereich. Eine
solche mißliche *Verschiebung der Sachfragen in ein Aufbauproblem läßt
sich von der finalen Handlungslehre aus kaum vermeiden.*

d) Besondere Aufbauschwierigkeiten bei subjektiven unrechtsbegründenden Merkmalen

Zweifelhaft kann auch die Behandlung subjektiver unrechtsbe-
gründender Merkmale sein. *Gesinnungsmerkmale* wie Habgier (§ 211)
sind schon im Rahmen des Tatbestandes zu erörtern. Dasselbe gilt
für *Tendenzen*, wie die wollüstige Tendenz bei den Sittlichkeitsdelikten. Bei dem praktisch bedeutsamsten Beispiel für die sog. *subjektiven
Unrechtsmerkmale*, die Absicht der (rechtswidrigen[24]) Zueignung,
gilt folgendes: Die finale Handlungslehre rechnet die Absicht zum
Tatbestand, weil sie den Sinn der Wegnahmehandlung zum Ausdruck bringt.[25] Die Zueignungsabsicht ist danach im Anschluß an
den Wegnahmevorsatz zu behandeln. – Sieht man dagegen im Vorsatz ein Schuldelement, käme man bei starrem Festhalten an der
Reihenfolge Tatbestand/Rechtswidrigkeit/Schuld im Rahmen des
Unrechtstatbestandes zur Zueignungsabsicht, dann im Rahmen der
Schuld zum Wegnahmevorsatz, also zu der umgekehrten Reihenfolge. Das ist unpraktisch, weil die Zueignungsabsicht auf dem
Wegnahmevorsatz aufbaut und über ihn hinausführt (kupiertes
Erfolgsdelikt). Wieweit man sich aus derartigen Zweckmäßigkeits-
erwägungen heraus von dieser Reihenfolge freimachen kann, ist
fraglich.[26] Mir scheint es vertretbar, den Aufbau so zu wählen, daß
der Sachzusammenhang zwischen Wegnahmevorsatz und Zueignungsabsicht nicht zerrissen wird.[27] Es zeigt sich immer wieder, daß
eine allzu enge Bindung des Aufbaus an die Strafrechtstheorien zu
Spannungen führt, vgl. vorstehend c) zur Behandlung der Irrtumsproblematik vom Boden der finalen Handlungslehre aus und unten
2. zur Behandlung des Versuchs.

---

[24] Bezüglich der Rechtswidrigkeit der Zueignung genügt dolus eventualis, vgl.
Schönke-Schröder, § 242 Rdnr. 60.

[25] *Welzel*, § 48 II 2.

[26] An der dogmatisch konsequenten Reihenfolge will *Mezger*, AT, Anh. A I 1 b, II 2,
festhalten; ebenso *Hupe*, S. 65 f.

[27] Auch *Petters-Preisendanz*, Praktische Strafrechtsfälle, 1968, S. 14 f., betonen, daß
man dem sachlichen Zusammenhang zwischen Wegnahmevorsatz und Zueignungsabsicht auch dann Rechnung tragen kann, wenn man nicht der finalen Handlungslehre folgt (m. Nachw.). – Außerdem ist daran zu erinnern, daß zweifelhaft ist, ob
§ 242 wirklich objektiv Wegnahme in subjektiv weitergehender Zueignungsabsicht
voraussetzt oder ob objektiv *Zueignung durch Wegnahme* gemeint ist. Dazu näher *Maiwald*, Der Zueignungsbegriff im System der Eigentumsdelikte, 1970, S. 172 ff.

e) Besondere Aufbauschwierigkeiten beim Übergang von einer Station des Schemas zur nächsten

Sehr *fraglich* ist, *ob man den Übergang von einem Punkt des Schemas zum nächsten deutlich machen soll,* etwa durch die Untergliederung a) Tatbestand, b) Rechtswidrigkeit, c) Schuld oder durch den Satz „Rechtfertigungsgründe (Schuldausschließungsgründe) liegen nicht vor". – Was diesen Satz anbetrifft, kann er nützlich sein, *wenn* sich der Bearbeiter beim Hinschreiben die Frage vorlegt: „Liegen *wirklich* keine Rechtfertigungsgründe vor?"[28] Deshalb ist er dem Anfänger anzuraten. Der Fortgeschrittene kann ihn ohne Schaden fortlassen. Der routinemäßige Vermerk, daß etwas nicht vorliegt, ist überflüssig (wenn er stimmt) oder falsch (wenn doch Rechtfertigungsgründe eingreifen).

Ich möchte sogar einen Schritt weitergehen und raten, dogmatische *Übergänge der Erörterung* (besonders vom Tatbestand zur Rechtswidrigkeit) *nur deutlich zu machen, wenn es auf die Grenzziehung ankommt,* vgl. näher zu dem Abschweifen ins Grundsätzliche oben 2. Teil, § 3; 5. Teil, § 10 1. Ist das nicht der Fall, genügt es, daß man in der Reihenfolge Tatbestand/Rechtswidrigkeit/Schuld/Sonstiges vorgeht, dabei aber zugleich die Einordnung der Grenzfälle offenläßt.

Beispiel 82:
Bei sozialadäquatem Verhalten sollte man sich nicht den Kopf zerbrechen, ob (schon) der Tatbestand nicht gegeben ist oder (erst) Rechtfertigung anzunehmen ist.
Wenn *T* den *O* veranlaßt, statt seiner eine Strafe abzusitzen (Examensfall Tübingen 1965), ist klar, daß *T* nicht aus § 239 bestraft werden kann (Einwilligung des *O*). Ob die Einwilligung den Tatbestand oder die Rechtswidrigkeit ausschließt, ist streitig, aber ein hier irrelevantes Sachproblem. Darauf ist nicht etwa deshalb einzugehen, weil der Verfasser glaubt, seinen Aufbau und damit die Behandlung der Einwilligung bei a) = Tatbestand oder erst bei b) = Rechtswidrigkeit begründen zu müssen.
Dasselbe gilt bei § 240. Die (streitige) Frage, ob die Verwerflichkeit der Zweck-Mittel-Relation ein Tatbestandselement darstellt oder zur Rechtswidrigkeit gehört, wird allenfalls bei einem Irrtum des Täters sachlich relevant. Bei Einordnung in den Tatbestand wäre die irrige Annahme, die Verwerflichkeit sei nicht gegeben, Irrtum über ein normatives Tatbestandsmerkmal und damit grundsätzlich Tatbestandsirrtum.[29]

---

[28] Darin liegt der Sinn eines solchen Satzes; übereinstimmend *Baumann-Arzt-Weber,* Fall Nr. 1; *Schneider,* S. 13; *Schramm,* S. 61.

[29] Freilich wird ein solcher Tatbestandsirrtum bei normativen Tatbestandsmerkmalen meist als ein „Subsumtionsirrtum" behandelt und für gänzlich unbeachtlich erklärt oder allenfalls den Regeln des Verbotsirrtums unterworfen, vgl. 5. Teil, § 11, 5, Beispiel 75. – Für Einordnung in den Tatbestand *Schönke-Schröder,* § 240 Rdnr. 16. – Differenzierend *Jescheck,* § 25 II 2, der die Mittel-Zweck-Relation zum Tatbestand, ihre Bewertung als „verwerflich" dagegen zur Rechtswidrigkeit zieht. Vom Boden der Schuldtheorie aus ist dann der Irrtum über die dem Verwerflichkeitsurteil zugrunde liegenden Umstände als Tatbestandsirrtum, dagegen die irrige Annahme, die Zweck-Mittel-Relation sei nicht verwerflich, als Verbotsirrtum anzusehen, *Jescheck,* § 41 II 3 d. – Klare Übersicht über die verschiedenen Lösungsmöglichkeiten bei *Lackner,* § 240 Bem. 6.

In anderen Fällen darf man sich dieses Problem nicht dadurch künstlich schaffen, daß man im Gutachten Tatbestand und Rechtswidrigkeit trennt und deshalb Überlegungen darüber anstellt, ob man die Verwerflichkeit beim Tatbestand oder bei der Rechtswidrigkeit prüfen soll.

Besonders bei *unechten Unterlassungsdelikten* klammern sich viele Bearbeiter an ein kompliziertes Aufbauschema, dessen Berechtigung ausführlich erörtert wird, obwohl solche Ausführungen für die Fallösung irrelevant sind. Beim unechten Unterlassungsdelikt war und ist umstritten, ob die Begrenzung auf Garanten eine Frage des Tatbestandes oder der Rechtswidrigkeit darstellt.[30] Der *BGH*[31] folgt nach anfänglichem Schwanken der kompliziertesten (weil differenzierenden) Anschauung. Danach gehört die Garantenstellung in den Tatbestand, die Garantenpflicht in die Rechtswidrigkeit. Wichtig wird das nur in Irrtumsfällen. Im übrigen darf man diese Frage nicht dadurch hochspielen, daß man vom Aufbauschema her Tatbestand und Rechtswidrigkeit unterscheidet und das zum Anlaß nimmt, auf die Einordnung der Garantenpflicht einzugehen.

2. Sonderfall Versuch

Vor jede Versuchsprüfung gehört die *Überlegung, ob* wirklich *keine Vollendung* vorliegt – ohne daß diese Überlegung immer zu Papier gebracht werden müßte. Ein routinemäßig hingehauener Einleitungssatz, wie „*T* hat an *O* vorbeigeschossen, folglich scheidet vollendete Tötung aus. Es könnte aber Versuch vorliegen" – ist nur dann nützlich, wenn man sich dabei die Frage stellt, ob Vollendung tatsächlich ausscheidet. Vorschnelle Ablehnung der Vollendung kann den Zugang zur Erörterung, ob eine erhebliche oder unerhebliche Abweichung im Kausalverlauf gegeben ist, verbauen. Umgekehrt kann vorschnelle Annahme der Vollendung den Zugang zu Versuchs- und Rücktrittsfragen verbauen.

Beispiel 83:
Nimmt der Täter an, sein Versuch (z. B. des Giftmords) sei unbeendigt und läßt er von weiterer Tätigkeit (z. B. Giftbeibringung) ab – reicht sein vorheriges Verhalten aber schon aus, den Erfolg herbeizuführen (Opfer war zur Zeit des „Rücktritts" schon tot oder stirbt an der ersten, nach Meinung des Täters nicht ausreichenden Dosis), stellt sich folgende Alternative: Entweder vollendete Tötung (Argument: Unterschätzen der ersten Dosis als unerhebliche Abweichung im Kausalverlauf) oder freiwilliger Rücktritt von der versuchten Tötung, § 24 I 1. Alt. (Argument: für unbeendeten Versuch ist die Vorstellung des Täters maßgebend). Vom *Aufbau* her ist diese Alternative nur schwer zu bewältigen.[32]

[30] Ausf. Nachw. (auch zum Entwicklungsgang) bei *Baumann*, § 18 II 2b. – § 13 spricht für eine Begrenzung im Tatbestandsbereich.
[31] *BGHSt (GS)* 16, 155. – Zu diesem Urt. o. 2. Teil, § 4, Beispiel 14.
[32] Vgl. *Baumann-Arzt-Weber*, Fall Nr. 20.

Ein weiterer typischer Fehler durch vorschnelle Ablehnung der Vollendung wird bei § 263 begangen. Bei dem Argument, die Schädigung sei nicht eingetreten, folglich komme nur versuchter Betrug in Frage, ist größte Vorsicht geboten. Hier wird allzu leicht die Problematik übersehen, wieweit man über die schadensgleiche Vermögensgefährdung zur Vollendung kommen kann. *Vor jede Versuchsprüfung* gehört ferner die *Überlegung, ob der Versuch* des betr. Delikts überhaupt strafbar ist. Weil das Gesetz nicht gelesen wird, wird oft § 239 II (und damit das Problem des Versuchs des erfolgsqualifizierten Delikts) übersehen, vgl. oben 2. Teil, § 5 1. Häufiger ist der Fehler, daß das Gesetz nicht gelesen wird und deshalb bei Vergehen nicht bemerkt wird, daß der Gesetzgeber die Versuchsstrafbarkeit nicht angeordnet hat, Beispiel § 223 (das hat sich herumgesprochen, weil der Gegensatz zu § 303 frappant ist) und § 266 (wo man ohne weiteres davon ausgeht, daß wie bei den verwandten Tatbeständen der §§ 246, 263 der Versuch strafbar sei).

An den *Anfang der Versuchsprüfung* gehört die *Prüfung des Entschlusses* = Vorsatzes. Dabei wird überwiegend empfohlen, das Schema Tatbestand/Rechtswidrigkeit/Schuld/Sonstiges auch hier anzulegen. Zum Tatbestand werden dann Entschluß und Ausführung gerechnet. Danach wird die Rechtswidrigkeit und schließlich die Schuld erörtert. Dieses Schema ist schwerer zu handhaben, als es auf den ersten Blick scheinen mag. Insbesondere bereitet die Rechtswidrigkeit Schwierigkeiten, vgl. dazu die anschließenden Beispiele. Es empfiehlt sich daher die *Projektion auf die in Aussicht genommene Tat.* Man fragt, ob die vom Täter geplante Tat tatbestandsmäßig, rechtswidrig und schuldhaft gewesen wäre. Erst dann ist die *Ausführungshandlung* zu prüfen, d. h. ob die Grenze der Vorbereitung überschritten ist. Bei diesem Schema stecken die Rechtswidrigkeits- und Schuldprobleme in der Prüfung der geplanten Tat. Es ist mißverständlich, wenn untersucht wird, ob die Ausführungshandlung gerechtfertigt oder entschuldigt ist. Maßgebend ist, ob die geplante Tat gerechtfertigt oder entschuldigt ist, d. h. man kann die Rechtfertigung und Schuldausschließung vor der Ausführungshandlung erörtern und sollte das meines Erachtens tun.

Zunächst zur *Reihenfolge der Prüfung der in Aussicht genommenen Tat:*

Beispiel 84:
T glaubt sich von O angegriffen. Er bringt O mit Tötungsvorsatz eine Stichverletzung bei, die O überlebt. Bei gehöriger Aufmerksamkeit hätte T erkennen können, daß O ihn nur nach dem Weg fragen wollte. – Vgl. zum Aufbau (Vollendung) oben § 12, 1 a, Beispiele 78, 79.
Bei der *Lösung* geht es um die Sachprobleme. Es wäre falsch, sie in Aufbauprobleme umzuwandeln. Zuerst untersucht man Wissen und Wollen der in Aussicht genommenen Tatbestandsverwirklichung (*hier:* § 212, Tötung des O). Im übrigen ist die Prüfung der vom Täter geplanten Tat in derselben Reihenfolge wie bei vollendeter Tat zu

empfehlen. Das bedeutet, daß man im Anschluß an Wissen und Wollen der geplanten Tatbestandsverwirklichung die Rechtswidrigkeit der in Aussicht genommenen Tatbestandsverwirklichung erörtert (*hier:* Notwehr liegt nicht vor). Im Anschluß daran kommt man zum Vorsatz = Entschluß bezüglich der Rechtswidrigkeit, *Vorsatztheorie* (*hier:* Vorsatz nicht gegeben, weil *T* Notwehr annimmt) bzw. man prüft Unrechtsbewußtsein oder Möglichkeit des Unrechtsbewußtseins bezüglich der in Aussicht genommenen Tat, *strenge Schuldtheorie* (*hier:* Möglichkeit des Unrechtsbewußtseins gegeben) bzw. man prüft Vorsatz = Entschluß bezüglich des Nichtvorliegens der tatsächlichen Voraussetzungen eines existenten Rechtfertigungsgrundes, im übrigen wie strenge Schuldtheorie, *eingeschränkte Schuldtheorie* (*hier:* Putativnotwehr, kein Entschluß). Schließlich erörtert man Schuldfähigkeit und Schuldausschließungsgründe (nach allen Theorien).[33]

Wie das Beispiel zeigt, bleibt die Reihenfolge der Prüfung und die Erörterung der Sachprobleme gleich, unabhängig von der Theorie, die man vertritt. *Ergebnis: T =* § 212 (strenge Schuldtheorie, Anfang der Ausführung unproblematisch) bzw. *T =* § 230 (Vorsatz- und eingeschränkte Schuldtheorie). – Die Hinweise zur Lösung nach der obsolet gewordenen Vorsatztheorie sollen das Umlernen erleichtern.

Die Frage der *Rechtswidrigkeit der Ausführungshandlung* ist vom hier vertretenen Standpunkt aus nur aufzuwerfen, wenn die Ausführung von der geplanten Tat abweicht. In allen anderen Fällen folgt die Rechtswidrigkeit der Ausführung daraus, daß schon zuvor Rechtswidrigkeit (und Schuld) der geplanten Tat bejaht war.

Beispiel 85:
T ärgert sich über die Hecke des Nachbarn *O*. Eines Tages will *T* sie schneiden. Als er gerade dazu ansetzt, kommt *O* hinzu und bedankt sich bei *T*, daß er dabei sei, seine (*O*'s) Hecke zu schneiden. – *Abwandlung:* Als *T* mit der Schere auf die Hecke zugeht, kommt *O* und bittet ihn, seine Hecke zu schneiden. – *T* stutzt die Hecke.

Lösung: Was den vollendeten § 303 angeht, könnte die dem *T* bekannte Einwilligung des *O* entgegenstehen (problematisch, weil *T* nicht aufgrund der Einwilligung handelte). – Was den Versuch gem. § 303 anbetrifft, hatte *T* den Entschluß zur rechtswidrigen Sachbeschädigung. Mit dem Ansetzen der Schere lag auch schon eine Ausführungshandlung vor. – Bei der *Abwandlung* lag vor der Einwilligung des *O* dagegen noch keine Ausführungshandlung vor. Die Frage, ob die spätere Ausführungshandlung durch Einwilligung gerechtfertigt ist, ist wie die gleichliegende Frage bezüglich der Vollendung des § 303 zu beantworten. Nimmt man Rechtfertigung an, wäre *T* im ersten Fall wegen versuchter Sachbeschädigung zu bestrafen, nach der Abwandlung straflos. Man könnte letzteres damit begründen, daß zwar nicht der Entschluß, wohl aber die Ausführungshandlung gerechtfertigt sei. In Wirklichkeit hat die Einwilligung die Sachlage wesentlich verändert = die Ausführungshandlung entspricht nicht dem Entschluß des *T* (wesentliche Abweichung im Kausalverlauf, der Entschluß wurde nicht verwirklicht).

Auch die Frage des *Verschuldens bezüglich der Ausführungshandlung* stellt sich in dieser Form nicht mehr. Wie die Rechtswidrigkeit der

---

[33] Bei scharfer Konstruktion müßte man von der kausalen Handlungslehre aus die Möglichkeit leugnen, daß ein Schuldunfähiger einen Entschluß fassen kann, so *Geerds*, JuS 1962, 29; vgl. aber *Mezger*, Anh. B II 3 a. – Praktisch ist es nicht bedeutsam, ob man einen natürlichen Entschluß annimmt und die Straffreiheit auf Schuldunfähigkeit, § 20 stützt, oder ob man wegen Schuldunfähigkeit schon einen Entschluß leugnet und die Straflosigkeit so begründet. Gegen Wegfall des Entschlusses *Baumann-Arzt-Weber*, Fall Nr. 2.

Ausführungshandlung folgt das Verschulden daraus, daß schon zuvor die Schuld im Hinblick auf die geplante Tat bejaht war. Liegt bezüglich der geplanten Tat ein Schuldausschließungsgrund vor, so besteht normalerweise[34] keine Veranlassung zu untersuchen, ob der Täter diese Tat, die – wäre sie vollendet – entschuldigt wäre, nur vorbereitet hat oder ob er mit der Verwirklichung schon begonnen hat. Wie bei der Rechtswidrigkeit wird das Verschulden bezüglich der Ausführungshandlung erst dann bedeutsam, wenn die Ausführung von der geplanten Tat abweicht.

Beispiel 86:
T möchte O mit einem Beil töten. Beim Schleifen des Beiles wird T schuldunfähig. In diesem Zustand sucht er O auf und verletzt ihn mit einem Beilhieb.

Lösung: Die von T geplante Tat ist als eine rechtswidrige und schuldhafte Tötung des O zu beurteilen. Als Ausführungshandlung kommt das Schleifen nicht in Betracht (bloße Vorbereitung). Beim Beilhieb kann man entweder eine Ausführungshandlung – begangen im Zustand der Schuldunfähigkeit (§ 20) – annehmen oder man argumentiert wie zur Rechtswidrigkeit der Ausführungshandlung bei Beispiel 85. Die Realisierung des Entschlusses im Stadium der Schuldunfähigkeit stellt eine Abweichung vom Kausalverlauf dar. Der Entschluß (Vorsatz) bezieht sich natürlich nicht auf die Schuldunfähigkeit. Er muß jedoch den Ursachenzusammenhang in groben Zügen umfassen. Da T nicht vorhergesehen hatte, daß er schuldunfähig werden und in diesem Zustand O töten würde, weicht der wirkliche vom vorgestellten Kausalverlauf ab. Hält man diese Abweichung für erheblich, erstreckt sich der Entschluß nicht auf diese Ausführungshandlung, d. h. es liegt keine Ausführung des Entschlusses sondern eine Abweichung vom Entschluß vor.[35]

Ans Ende der Versuchsprüfung gehört die Frage nach dem *Rücktritt.* Das gilt natürlich nur dann, wenn der Sachverhalt dazu Anlaß gibt.

Die Meinungen über die am zweckmäßigsten einzuhaltende Reihenfolge bei der Versuchsprüfung gehen weit auseinander. Das hat verschiedene Ursachen. Gerade der Versuch entzieht sich immer wieder einem schematischen Aufbau, ein Phänomen, das Veranlassung gibt, nach neuen, besseren Schemata zu suchen. Der Meinungsstreit über den richtigen Aufbau wird jedoch vor allem dadurch genährt, daß man vom Aufbau die Entscheidung der Sachfragen ableitet (und umgekehrt), also z. B. aus der aufbaumäßigen Stellung des Vorsatzes bei der Versuchsprüfung ein Argument für dessen dogmatische Einordnung zu gewinnen sucht.[36] Auf diese Auseinandersetzung soll hier nicht eingegangen werden.

An vom hier vertretenen Standpunkt *abweichenden Aufbauratschlägen* sind zu nennen: Die Reihenfolge objektiver Tatbestand (Aus-

---

[34] Anders bei Teilnahme mehrerer (wegen der limitierten Akzessorietät).

[35] Beispiel 86 stellt eine Abwandlung des Blutrausch-Falls *BGHSt* 7, 325 dar. Dort war der Täter während der Ausführung (also nicht schon während der Vorbereitung) schuldunfähig geworden und hatte in diesem Zustand die Tat zu Ende geführt; ähnlich *BGHSt* 23, 133. – *BGHSt* 23, 356 hat in einem Beispiel 86 entspr. Fall mit einer dogmatisch wenig befriedigenden Begr. freigesprochen.

[36] Vgl. *Welzel,* § 11 I 3.

führungshandlung) – subjektiver Tatbestand (Entschluß) – Rechtswidrigkeit – Schuld.[37] Die wichtigsten, m. E. durchschlagenden
Nachteile liegen darin, daß der objektive Tatbestand davon abhängt,
worauf der Wille des Täters gerichtet war. Hat der Täter Gift in die
Suppe geschüttet, hängt die Zuordnung dieses Verhaltens als Ausführungshandlung zu einem bestimmten Tatbestand (§ 229? § 212?
§ 211?) vom Entschluß des Täters ab. Hinzu kommt, daß nach h.
M. auch bei der Abgrenzung der Vorbereitung vom Versuch der
Plan des Täters mit zu berücksichtigen ist. Das spricht dafür, mit
der h. M. und der hier vertretenen Ansicht erst den Entschluß, dann
die Ausführungshandlung zu prüfen.

Überwiegend wird – wie schon eingangs dargelegt – beim versuchten Delikt zum Tatbestand der Entschluß *und* die Ausführungshandlung gerechnet. Daran schließt sich die Prüfung von Rechtswidrigkeit und Schuld an.[38] Dieses Schema hat den unbestreitbaren
Vorteil, daß Rechtswidrigkeit und Schuld als selbständige „Stationen" erhalten bleiben. Wer damit zurechtkommt, sollte dabei bleiben. Vielfach trägt dieses Schema jedoch dazu bei, daß sich die
Bearbeiter in Aufbauprobleme verstricken. Wem die Lösung der
Beispiele 84 und 85 vom Boden der h. M. aus aufbaumäßig schwer
fällt, sollte es mit dem hier vorgeschlagenen Aufbau versuchen.[39]
Die Sachfragen bleiben dieselben. Auf sie kommt es an.

3. Sonderfall mehrere Beteiligte

Aus der Abhängigkeit der Teilnahme von einer Haupttat folgt
die zum Elementarwissen zu zählende *Faustregel: Haupttäter geht vor
Teilnehmer.* Ist die Bestimmung schwierig, wer Täter und wer Teilnehmer ist, muß man sich gedanklich vorweg entschließen, wen
man als Täter betrachtet und mit ihm beginnen. Man wird dann am
Ende der Erörterung (also nach Tatbestand, Rechtswidrigkeit,
Schuld) vermerken, daß *T* als Täter anzusehen ist (weil er Täterwille hatte, subjektive Theorie; oder weil das Gewicht seines Tatbeitrages und seine Tatherrschaft ihn als Täter erscheinen lassen,
materiell-objektive Theorie).[40]

---

[37] So *Welzel*, § 80 A β (bis einschließlich 9. Aufl.).

[38] Vgl. – jeweils anhand eines Falles – *Sax*, JuS 1962, 193; *Warda-Faber*, JuS 1965,
442 (Erl. 5). Ebenso *Kienapfel*, S. 50; *Mezger*, Anh. B; *Roxin-Schünemann-Haffke*, Fall 1.

[39] *Geerds*, JuS 1962, 29, kommt der hier vertretenen Meinung nahe. Sein Schema:
Entschluß (in diesem Rahmen Schuldfähigkeit, Vorsatz, evtl. Unrechtsbewußtsein,
Schuldausschließungsgründe); Anfang der Ausführung; Rechtswidrigkeit. – M. E.
verwirrt, daß die Rechtswidrigkeit als selbständige Station genannt ist, ohne daß auf
sie eine Schuldprüfung folgt. – Gegen *Geerds* und entschieden i. S. der h. M. *Sax*,
JuS 1962, 193 Erl. 13.

[40] Übereinstimmend wohl *Hupe*, S. 43. – Man kann auch schon im Rahmen des Tatbestandes das Gewicht der betr. Tatbeiträge gegeneinander abwägen, insb. wenn man

Bei *Mittäterschaft* wird man meistens so vorgehen, daß man bezüglich eines Beteiligten (*A*) begründet, daß er Täter ist. Dann wird man sich dem nächsten Beteiligten (*B*) zuwenden und bemerken, daß er bei der Tatbestandsverwirklichung bewußt und gewollt mit *A* zusammengewirkt habe, also Mittäter sei, § 25 II. – Vertretbar[41] und bei verteilten Rollen nützlich kann es sein, schon beim ersten Tatbeteiligten (*A*) zu bemerken, daß er einen bestimmten Tatbeitrag geleistet habe, sich aber außerdem noch den Tatbeitrag des *B* als eigenen zurechnen lassen müsse, weil er mit *B* bewußt und gewollt zusammengewirkt habe, § 25 II. Ein solches Verfahren erleichtert eine ungezwungene Feststellung, daß der Tatbestand verwirklicht ist. Diese Vorabbehandlung der Mittäterschaft darf allerdings nicht losgelöst von einem konkreten Tatbestand im luftleeren Raum erfolgen. Man kann gar nicht klären, ob *A* und *B* in einem bestimmten Geschehensabschnitt alle Straftaten als Mittäter begangen haben. Vielleicht liegen eigenhändige Delikte oder Sonderdelikte vor, außerdem kommt es auf eine genaue Würdigung des Tatplanes an, die auf einen bestimmten Tatbestand zugeschnitten sein muß. Man kann deshalb nur im Hinblick auf einen konkreten Tatbestand vorab feststellen, daß (ob) *A* und *B* – falls dieser Tatbestand überhaupt verwirklicht sein sollte – die Tat gemeinschaftlich begangen haben.

Beispiel 87:
Wenn *A* bemerkt, daß *O* verreist ist, und mit dem Vorschlag des Einbruchs (Beuteteilung) sich an *B*, *C*, *D*, *E* wendet; wenn *B* bereit ist, Schmiere zu stehen, *C* ein Auto stellt, *D* die Sachen aus dem Fenster wirft, *E* sie zum Auto schleppt und *C* davonfährt, fällt es schwer, einen herauszugreifen und die Verwirklichung aller Tatbestandsmerkmale des § 242 in einer Person festzustellen. – Hier sichert das Überblenden auf die Beiträge der anderen Beteiligten eine praxisnahe Begründung.

Bei der *mittelbaren Täterschaft* ist ein solches Überblenden auf das dem Hintermann zuzurechnende Verhalten des Werkzeugs unvermeidbar. Je klarer es ist, daß ein Tatbeteiligter nur „Werkzeug" ist, desto näher liegt es, gleich mit der Prüfung des Hintermannes zu beginnen. Im Rahmen dieser Untersuchung ist (schon auf der Ebene des objektiven Tatbestandes) auf das Werkzeug überzublenden, d.

---

der materiell-objektiven Teilnahmelehre folgt. Lange Ausführungen zu Täterschaft/ Teilnahme im Tatbestand sind jedoch dann wenig sinnvoll, wenn ein Rechtfertigungs- oder Schuldausschließungsgrund durchgreift. – Vgl. zum Aufbau noch *Schmidhäuser*, AT, Anh. C.

[41] Dagegen *Geerds*, JuS 1962, 71: *Mezger*, Anh. C (von Mittäterschaft dürfe nie die Rede sein, bevor nicht die Täterschaft der einzelnen Mittäter feststehe), *Otto*, S. 25 f. Beispiel 86 zeigt, daß man sich damit die Feststellung der Täterschaft der einzelnen Mittäter erschwert. – Wie hier *Blei*, JA 1970, 411; *Maurach-Gössel*, S. 15; *Roxin-Schünemann-Haffke*, S. 23; *Schneider*, S. 10; *Schramm*, S. 62; *Schweichel-Schmidt*, S. 51; *Welzel*, § 80 C I 3.

h. dem Hintermann ist das Verhalten des Werkzeuges wie eigenes Verhalten zuzurechnen,[42] er begeht die Straftat „durch einen anderen", § 25 I. Diese Vermittlung der Täterschaft setzt allerdings voraus, daß es sich um kein eigenhändiges oder Sonderdelikt handelt.

4. Vor- und Rückblende

Immer wieder steht man bei der rechtlichen Beurteilung eines Sachverhalts vor der Frage, wieweit man sich an die Reihenfolge „seines" Schemas halten muß oder wieweit man einzelne Stationen überspringen oder offenlassen kann. Wenn ein Element der Straftat fehlt, darf dieses Merkmal dann vorgezogen werden? Die Frage erlaubt keine generelle Antwort. Keinesfalls darf man sich sklavisch an ein Schema halten und langatmige Erörterungen zu Tatbestandsfragen anstellen, wenn feststeht, daß dieser Tatbestand (und damit die aufgeworfenen Fragen) aus anderen Gründen nicht relevant wird. Die schon oben 2. Teil, § 3; 5. Teil, § 10 1 entwickelte allgemeine Regel, daß man sich auf die Probleme des konkreten Falles beschränken soll, gilt auch hier. Mitunter kann so offenbar sein, daß ein Tatbestand ausscheidet, daß er gar nicht zu erörtern ist, bei einer etwaigen Erörterung jedenfalls sofort auf das maßgebende Kriterium einzugehen ist (unter Umgehung aufbaumäßig „an sich" zuvor zu erörternder Fragen). Das kann sogar dann der Fall sein, wenn Tatbestand, Rechtswidrigkeit und Schuld vorliegen.

Beispiel 88:
Ein, wie ich meine, ganz klares Beispiel für die Zulässigkeit des „Springens" innerhalb eines Aufbauschemas kann man im Anschluß an Beispiel 80 zu § 330a bilden. Hat sich *T* in einen Vollrausch versetzt, der folgenlos geblieben ist (keine Rauschtat), wird man § 330a gar nicht erwähnen oder allenfalls in der Form, daß man sofort auf die fehlende Strafbarkeitsbedingung hinweist. Es wäre ganz verkehrt, hier die aufbaumäßig früher liegenden Tatbestands- und Schuldprobleme zu erörtern, obwohl es an der Rauschtat fehlt.

In Form einer *Faustregel* läßt sich die Zulässigkeit des Springens etwa so umreißen: Vorgriffe auf aufbaumäßig später zu behandelnde Punkte sind dann erlaubt, wenn es zweifelsfrei ist, daß wegen dieses späteren Punktes der Tatbestand ausscheidet. – Diese Faustregel bringt auch die *Tücken dieses abgekürzten Verfahrens* zum Ausdruck. Wer abkürzt, verläßt den normalen Weg. Das setzt ein besonders hohes Maß an Übersicht und „Ortskenntnis" voraus. Wer einen Tatbestand mit Hilfe einer vorgezogenen Erwägung ablehnt und dabei einen Fehler macht, verbaut sich zusätzlich den Zugang zu den Fragen, die an sich vorher zu erörtern waren.

---

[42] Wie hier *Schneider*, S. 11. – Abw. *Geerds*, JuS 1961, 365; *Kienapfel*, S. 59; *Schmidhäuser*, Anh. C II.

Besonders häufig steht man vor der Frage, wieweit *Konkurrenzüberlegungen* vorgezogen werden dürfen und sollen. Darauf läßt sich nur schwer mit einer allgemeinen Regel antworten. Hält man sich vor Augen, daß Tatbestände, die wegen Gesetzeskonkurrenz nicht zum Zuge kommen, zumeist nur von nebensächlicher Bedeutung sind (dazu oben 5. Teil, § 10 2 b), empfiehlt sich, nach folgender *Faustregel* vorzugehen: Soweit unstreitig ist, daß der in Frage stehende Tatbestand nach den Regeln der Gesetzeskonkurrenz (Spezialität, Subsidiarität, Konsumtion) entfällt, kann man die Prüfung von Tatbestand, Rechtswidrigkeit und Schuld radikal abkürzen. Man begnüge sich mit der Behauptung, „das Verhalten des *T* erfüllt auch die Voraussetzungen des § . . .“, ohne auf Einzelheiten einzugehen. Daran schließe man unmittelbar das Ergebnis an, daß dieser Tatbestand gegenüber einem anderen, früher geprüften Tatbestand zurücktritt (Spezialität, Subsidiarität oder Konsumtion). Dagegen sollte man die Frage, ob der Tatbestand überhaupt vorliegt, nicht mit der Begründung offenlassen, „jedenfalls“ trete er aus Konkurrenzgründen zurück.[43]

Beispiel 89:
Nach h. M. liegt in vielen Fällen, in denen jemand zur Hinnahme einer Straftat gezwungen wird, neben dieser Straftat auch § 240 oder § 239 vor. So sind bei einer primär nach §§ 223 ff. zu würdigenden Balgerei je nach Sachlage häufig auch §§ 239, 240 erfüllt.[44] – Nach h. M. schließt die Tötung zugleich notwendig die Körperverletzung ein.[45] – Vielfach liegt neben Mittäterschaft noch Anstiftung vor (Täter *A* wirbt einen weiteren Täter *B* als Mittäter an, so daß *A* sowohl Täter als auch bezüglich derselben Tat Anstifter ist). – Gelegentlich geht der Verbrechensausführung eine Verabredung eben dieses Verbrechens voraus, § 30.

Die Aufzählung in Beispiel 89 ließe sich leicht erweitern. In allen diesen Fällen rechtfertigt es das aus der Konkurrenz folgende Ergebnis, die Ausführungen zu Tatbestand, Rechtswidrigkeit und Schuld äußerst kurz zu halten. Diesen Rat kann man allerdings nur dann befolgen, wenn man bei mehreren in Betracht kommenden Tatbestanden die gravierenden zuerst prüft. Wer beim Raubmord mit §§ 223 ff. beginnt, kann diese Prüfung nicht so kurz abmachen, wie er es vernünftigerweise müßte, weil er sonst darauf hinweisen müßte, daß diese Tatbestände hinter einen anderen, noch nicht geprüften, zurücktreten. Auch dieses Vorziehen der Konkurrenzüberlegungen unterstreicht die Notwendigkeit, bei mehreren in Betracht kommenden Tatbeständen mit dem Schwergewicht des deliktischen Unrechts zu beginnen, dazu anschließend § 13 1.

---

[43] Noch weitergehend gegen Prüfung der wegen Gesetzeskonkurrenz entfallenden Delikte *Schmidhäuser*, Anh. G; weniger weitgehend *Schramm*, S. 67.
[44] Vgl. *Schönke-Schröder*, § 239 Rdnr. 17; § 240 Rdnrn. 31 ff.
[45] Vgl. *BGHSt* 16, 122; *R. Schmitt*, JZ 1962, 389.

Bei *Antragsdelikten* wird man in der Praxis zuerst nachsehen, ob ein ordnungsgemäßer Antrag gestellt ist. Soweit der Text der Aufgabe dazu nichts besagt, sollte man angesichts der uneinheitlichen Praxis der Prüfungsämter davon ausgehen, daß die Behandlung etwaiger Antragsdelikte erwartet wird. Das gilt besonders für die neuen Antragsdelikte im Bereich der Vermögenskriminalität, wie z. B. § 248 a. Auch soweit der Sachverhalt ergibt, daß der Täter wegen des Antragsdeliktes nicht verfolgt werden kann, weil kein Antragsberechtigter (außer u. U. dem Täter selbst) existiert (vgl. oben § 12 1 b, Beispiel 81), sollte man das nicht zum Anlaß nehmen, die betreffenden Tatbestände nicht zu erörtern.[46] Daß die Hauptprobleme eines Falles nicht bei Antragsdelikten liegen, ist oben 5. Teil, § 10 2 b ausgeführt.

Regelmäßig sollte man sich jedoch an die Reihenfolge Tatbestand – Rechtswidrigkeit – Schuld – Sonstiges halten. Man darf es sich nicht ersparen, einen Rechtfertigungsgrund zu erörtern, weil der Täter jedenfalls einen solchen irrig angenommen habe. Ebenso kann man der Abgrenzung von Tatumstandsirrtum und Verbotsirrtum nicht mit dem Argument ausweichen, falls „nur" ein Verbotsirrtum anzunehmen sei, sei er „jedenfalls" unvermeidbar, so daß der Täter sich entweder im vorsatzausschließenden Tatumstands- oder im schuldausschließenden Verbotsirrtum befunden habe. Diese Bindung an systematisches Vorgehen ist weder kleinlich noch unpraktisch. Der *BGH* hat die Praxis (d. h. die Tatrichter) immer von Urteilen auf hypothetischer Grundlage abgehalten. Dahinter steht die weise Überlegung, daß eine Hypothese der Wirklichkeit nicht gleichzusetzen ist. Der Tatrichter darf nicht sagen, unterstellt, die Zeugin *X* liefert dem Angeklagten ein Alibi, würde ich ihr nicht glauben, also höre ich sie erst gar nicht, vgl. § 244 III 2 StPO. Der Tatrichter darf auch nicht sagen, die Tat mag unter § 221 oder unter § 330 c fallen, jedenfalls hat der Angeklagte deswegen 1 Jahr Freiheitsstrafe verdient. Auch beim Gutachten kann es sein, daß die Hypothese das Ergebnis beeinflußt und es anders ausfallen würde, wenn der Gutachter die unentschieden gelassene Frage entscheiden würde.

Beispiel 90:
    Kann der Richter die – oft sehr mühsame – Klärung des äußeren Tathergangs unterlassen (also z. B. offenlassen, ob eine Patentverletzung vorliegt oder ob bei §§ 263, 266 das Opfer rechtswidrig geschädigt wurde etc.), weil der Täter „jedenfalls" nicht vorsätzlich gehandelt habe? – Der *BGH*[47] hat das grundsätzlich verneint, denn „in der Regel kann sich . . . der Richter eine zuverlässige Überzeugung über den Vorsatz und

---

[46] So auch *R. Schmitt*, JuS 1969, 326 (Fußn. 2); abw. *Schramm*, S. 62. – *Schneider*, S. 50, scheint Verfahrensvoraussetzungen an erster Stelle prüfen zu wollen.
[47] *BGH*, bei *Dallinger*, MDR 1956, 272, im Urt. weitere Rspr.-Nachw.

die Verantwortlichkeit eines Angeklagten nur bilden, wenn er sich darüber klar geworden ist, was dieser getan und mit seinem Tun gewollt und bezweckt hat". Dem ist noch hinzuzufügen, daß der Richter Gefahr läuft, sich andernfalls selbst zu täuschen. Könnte er sich die Feststellung der äußeren Tatsachen mit dem Argument ersparen, daß „jedenfalls" die innere Tatsache (Vorsatz) fehlt, so könnte der Wunsch, sich so die Arbeit zu erleichtern, zum Vater der Überzeugung werden, der Angeklagte habe nicht vorsätzlich gehandelt.

Kann der Richter die Klärung des äußeren Hergangs deshalb unterlassen, weil er den Angeklagten „jedenfalls" als schuldunfähig i. S. des § 20 ansieht? – Auch diese Frage hat der *BGH*[47] grundsätzlich verneint, weil das Hemmungsvermögen und damit die Schuldfähigkeit von der Bedeutung des angegriffenen Rechtsguts abhänge. Das ist richtig. Natürlich sind auch Fälle denkbar, in denen es auf der Hand liegt, daß der Angeklagte schuldunfähig ist.[48] Auch dann wird man regelmäßig den äußeren Tathergang im Hinblick auf eine Maßregel der Besserung und Sicherung klären müssen, weil die Tat Licht auf die künftige Gefährlichkeit des Täters wirft und die Tat außerdem für die Verhältnismäßigkeit einer etwaigen Maßregel entscheidend ist, vgl. dazu § 62.

Was oben, besonders 2. Teil, § 4 a. E. und § 5 2 zum Wert der Theorien und der Dogmatik ausgeführt wurde, gilt mit den eingangs zum 6. Teil gemachten Abstrichen auch für die Regelhaftigkeit des Aufbaus. Solche Regeln sind kein Selbstzweck und dürfen nicht zu Verkrustungen und mühsamen Umwegen führen. *Regeln sind jedoch Hindernisse für einen Kurzschluß und insofern unentbehrlich.* Mir wird als drastisches Beispiel der Fall eines schwäbischen Schöffen in Erinnerung bleiben, der bei einem unsympathischen Angeklagten und einer Beweissituation, über die die Richter verschiedener Ansicht waren, bei der Beratung sich schweigend die verschiedenen Argumente seiner Kollegen anhörte und dann bei der entscheidenden Abstimmung über die Schuldfrage sagte: „Schuldig. – Gwä isch er's et – aber dem ghört's" (d. h. dem Angeklagten „gehört" eine Strafe, obwohl er es nicht gewesen ist, also schuldig). – So geht es nicht. Unser Bemühen um Regeln ist nichts anderes als ein Versuch, uns vor solchen – auch weniger drastischen – Kurzschlüssen zu schützen. Gerechtigkeit wollte auch dieser Schöffe. Damit ist es nicht getan.

§ 13. Reihenfolge bei mehreren Straftaten; Bildung von Sachverhaltskomplexen

1. Reihenfolge nach der Schwere der Delikte

Meistens wird man sich bei der Fallösung mit mehreren Tatbeständen auseinandersetzen müssen. Angesichts der Mannigfaltigkeit der Situationen kann man hier für die einzuhaltende Reihenfolge nur

---

* Siehe Fußn. 47 auf S. 114.
[48] Z. B. in den Fällen einer manifesten Geisteskrankheit.

schwer allgemein gültige Ratschläge geben. Vielfach ist es auch ganz gleichgültig, mit welchem Tatbestand man beginnt. Hält man sich vor Augen, daß man für die Praxis lernt, lassen sich jedoch einige elementare Regeln aufstellen. Sie werden häufig ignoriert. Das kann damit zusammenhängen, daß gelegentlich – wie ich meine, irreführend – behauptet wird, im Gegensatz zum Zivilrecht sei im Strafrecht historisch vorzugehen. Inwiefern das irreführend ist, werden die anschließenden Hinweise ergeben.

Wie bei mehreren Beteiligten mit der tatnächsten Person zu beginnen ist, auf der regelmäßig auch das Schwergewicht des Interesses ruht, ist bei mehreren Straftaten mit derjenigen zu beginnen, die den *deliktischen Schwerpunkt* bildet. Als *Faustregel* sollte man sich merken: Schwere Straftaten vor leichteren erörtern, vollendete Taten vor Vorbereitungs- oder Versuchshandlungen, sicher vorliegende Taten vor möglicherweise vorliegenden Taten (die der Gutachter jedoch ablehnen will).

Beispiel 91:
A schlägt dem *B* vor, *O* zu töten. *B* stimmt zu. Beide eilen in den Laden des *O* und erschießen *O*. – Hier interessiert in erster Linie die vollendete Tötung. Damit ist zu beginnen, nicht mit der historisch davorliegenden Verabredung (§ 30), dem vorausgehenden – eventuellen – Hausfriedensbruch und dem Tötungsversuch (mit Ziehen der Waffe). – Wer sich hier an die zeitliche Reihenfolge der Straftaten hält, wird auf ungeduldige Leser stoßen. Zunächst interessiert die vollendete Tötung, alles andere ist, jedenfalls für die Praxis, Beiwerk. Die möglichen anderen Straftaten entfallen entweder unter Konkurrenzgesichtspunkten oder sie wiegen so relativ leicht, daß man in der Praxis zur Einstellung nach § 154 StPO käme. Dem muß die Darstellung Rechnung tragen. Hinzu kommt eine *klausurtaktische Überlegung*. Wer historisch aufbaut, läuft Gefahr, sich bei weniger wichtigen Tatbeständen festzubeißen. Im Beispiel könnte dies leicht bei § 123 geschehen.[1] Das kann zu einem Zeitdruck führen, unter dem dann ausgerechnet die wichtigen Tatbestände leiden.
Freilich kann man nicht immer mit den schwereren Straftaten beginnen. Insbesondere dann, wenn die schwerere Tat durch unechtes Unterlassen begangen wird, kann es erforderlich sein, erst die leichtere Begehungstat abzuhandeln. Diese leichtere Tat kann als gefährliches vorangegangenes Verhalten die Grundlage für die Garantenstellung und damit für die spätere schwerere Tat bilden. Beispiel 35, oben 4. Teil, § 8 nachlesen!

Im Gegensatz zu der hier angebotenen Faustregel wird in anderen Anleitungen zur Fallbearbeitung eine sehr viel strengere Befolgung der zeitlichen Reihenfolge der Straftaten empfohlen, und dieser Rat wird durch entsprechende Musterlösungen untermauert, die von dem im Beispiel 91 verwandten Schema abweichen.[2] Der so

---

[1] Wieweit folgt aus der Absicht des Täters, im Hause oder Geschäftsraum strafbare Handlungen zu begehen, die fehlende Befugnis, diese Räume zu betreten? Vgl. dazu *Schönke-Schröder*, § 123 Rdnrn. 15–15 d.
[2] *Ohr*, JuS 1962, 316, beginnt bei einem gewalttätigen Kunden mit § 123, obwohl der Problemschwerpunkt bei §§ 255, 263 ruht; ebenso *Schramm*, S. 57 ff. – Gegen derartigen Beginn mit § 123 zutr. *Blei*, JA 1970, 476 und JA 1974, 538.

widersprüchlich Beratene muß sich selbst ein Urteil bilden darüber, welches Verfahren er für praktischer hält.[3] Mit Nachdruck sei hier die eingangs zum 6. Teil aufgestellte Behauptung wiederholt, daß es stets um die Sachfragen geht und Aufbauregeln nicht mehr sind als Hinweise zur zweckmäßigen Darstellung der Sachfragen, Hinweise, über die man geteilter Auffassung sein kann. Der insbesondere von *Schramm*[4] unternommene Versuch, bestimmte Aufbauregeln als „allein" richtig hinzustellen und ihre Befolgung dadurch zu erzwingen, daß die Folgen eines Verstoßes als so „schwerwiegend" bezeichnet werden, daß man „selbst bei im übrigen zutreffenden Ausführungen ... kaum mit einer ausreichenden Benotung rechnen (sc. könne)", unterstellt den Prüfern im 1. und 2. Staatsexamen Intoleranz und mangelnden Blick für das Wesentliche (nämlich die „zutreffenden Ausführungen" des Kandidaten in der Sache trotz des unzweckmäßigen Aufbaus). Zum Glück sind solche Unterstellungen nicht berechtigt. Man sollte denen, die, statt sachlich zu überzeugen, auf die Autorität einer allein richtigen Lehre pochen und mit schrecklichen Konsequenzen drohen, falls man ihre Lehre nicht befolge, mit Skepsis begegnen. Auch zeigt sich bei *Schramm*, daß man bei Befolgung solcher starren Aufbauregeln Gefahr läuft, sachlich fehlerhaft zu argumentieren.

Beispiel 92:
Daß „im Strafrecht ... allein die historische Methode zum richtigen Ergebnis führen (kann)", belegt *Schramm*, S. 7, mit dem Beispiel, daß *A*, der dem *B* ein Buch gestohlen hat, von *B* – der Verdacht geschöpft hat – zur Rede gestellt wird und den Diebstahl abstreitet. *Schramm* meint, „würde der Fallbearbeiter sich nicht an die historische Reihenfolge halten, so müßte er einen Betrug bejahen, um sein Ergebnis später, d. h. nach der Feststellung des Diebstahls, zu korrigieren". Die Reihenfolge der Erörterung ergibt jedoch nichts für die Beantwortung der Sachfrage. Hat der Bearbeiter § 242 *und* § 263 bejaht (egal in welcher Reihenfolge), muß er sich der Konkurrenzfrage stellen (nicht: sein Ergebnis korrigieren). Es ist nicht ersichtlich, daß das jedenfalls vertretbare Ergebnis (§§ 242, 263, wobei § 263 als straflose Nachtat zurücktritt) „allein" durch die historische Methode erreicht werden kann. Natürlich empfiehlt sich in einem Fall wie diesem, historisch vorzugehen. Verstößt man dagegen, kann es passieren, daß man übersieht, daß eine „Zueignung" in Wirklichkeit deshalb nicht tatbestandsmäßig ist, weil ihr eine frühere strafbare Zueignung vorangegangen ist (vorausgesetzt, man folgt *BGHSt* 14, 38). Die Sachfrage beeinflußt den Aufbau, nicht umgekehrt (vgl. aber *Schramm*, S. 57: „Da Sie nach der historischen Methode zunächst einen Diebstahl festgestellt haben, müssen Sie nunmehr eine Unterschlagung ab-

---

[3] Wie hier *Warda-Faber*, JuS 1965, 442. Treffend gegen chronologischen Aufbau, der Nebensächliches in den Vordergrund schiebt, auch *Sax*, JuS 1962, 193.

[4] Die im Text folgenden wörtlichen Zitate sind S. 7 der 1. Aufl. entnommen. In der Auseinandersetzung mit der hier vertretenen Auff. hat *Schramm* erfreulicherweise eingeräumt, daß es auf die Sache, nicht auf den Aufbau ankommt („trotz schwerer Aufbaufehler kann es mal gutgehen"). Leider werden die Studenten weiter mit dem nicht amüsanten, sondern drohenden Hinweis auf intolerante Prüfer eingeschüchtert.

lehnen"). Gewiß ist es richtig, daß häufig die Strafwürdigkeit eines Verhaltens von den Vortaten abhängt. Aber es ist falsch, deshalb die Lösung *jeder* strafrechtlichen Klausur nach der historischen Methode zu verlangen (so aber *Schramm*, S. 57). Schließlich kann die Strafwürdigkeit eines Verhaltens auch von den Nachtaten abhängen (straflose Vortaten!).

Aus der Faustregel, mit dem deliktischen Schwerpunkt zu beginnen, folgt auch, daß man bei der Fallösung vom Gesetzgeber erreichte Rationalisierungseffekte nicht rückgängig machen sollte. Die dogmatische Einsicht, daß § 249 eine Zusammensetzung von § 242 und § 240 ist, sollte bei der Fallösung nicht dazu führen, daß man erst § 242, dann § 240 und erst am Ende § 249 erörtert (obwohl „praktisch" nur § 249 interessiert). Entsprechend sollte man gleich mit dem qualifizierten (privilegierten) Tatbestand beginnen, wenn man die Qualifikation (Privilegierung) bejahen wird.[5] Andernfalls spannt man den Leser unnötig auf die Folter. Lehnt man die Qualifikation (Privilegierung) ab, ist dagegen mit dem Grundtatbestand zu beginnen und im Anschluß daran die Qualifikation (Privilegierung) zu prüfen. Das ist jedoch nicht sehr wichtig, und die Meinungen sind auch hierüber geteilt.[6]

Bei den *Regelbeispielen* (z. B. § 243) ist zuerst der Grundtatbestand zu untersuchen. Wegen der Einzelheiten muß ich auf meine Darstellung in JuS 1972, 385 ff. verweisen, zu Aufbaufragen besonders S. 577f.).

Über diese allgemeinen Hinweise hinaus ergibt sich für das Verhältnis bestimmter Tatbestände zueinander eine Reihenfolge, die zwar nicht zwingend ist, die jedoch den Zugang zu den Sachproblemen erleichtert. Am deutlichsten wird das bei *Begünstigung und Hehlerei*. Diese Delikte schließen an eine Vortat an. Wie Teilnahme eine Haupttat voraussetzt – also Haupttäter vor Teilnehmer zu prüfen ist, oben § 12 I 3 – so setzen §§ 257–259 eine Vortat voraus: also *Vortat vor §§ 257–259 prüfen!*

Beispiel 93:
Die *T* probiert beim Juwelier *O* zahlreiche Ringe an. Sie bringt *O* dabei so durcheinander, daß dieser nicht merkt, daß *T* ihm einen wertvollen Ring nicht zurückgibt. Mit diesem Ring und dem Bemerken, sie wolle sich vor dem Kauf alles noch einmal überlegen, verläßt *T* das Geschäft. – *T* berichtet ihrem Freund *H*, wie sie zu dem Ring gekommen ist und macht ihn *H* zum Geschenk. *H* lehnt das zunächst ab, weil er es unmännlich findet, einen Ring zu tragen. Als er jedoch bemerkt, daß *T* gekränkt ist und seine Weigerung das Ende seines intimen und für ihn auch finanziell vorteil-

---

[5] So auch *Grünwald*, JuS 1965, 311, sowie *Sax*, JuS 1962, 193 Fußn. 12, und *Schneider*, S. 10, beide mit dem treffenden Argument, daß man sonst u. U. die Versuchsstrafbarkeit übersehen könnte. – Anders aber *Roxin-Schünemann-Haffke*, S. 14.

[6] Ich halte es im Gegensatz zu *Schramm*, aaO, S. 58f. für ohne weiteres vertretbar, den Grundtatbestand vor der Qualifikation zu prüfen und würde innerhalb des qualifizierten Tatbestandes mit dem Grundtatbestand beginnen. *Wichtig sind solche Aufbaufragen nicht.*

haften Verhältnisses zu *T* bedeuten könnte, akzeptiert er den Ring. (Sachverhalt in Anlehnung an *BGH*, N JW 1958, 678).

Fehlerhafte Lösung (richtige Lösung bitte erst selbst skizzieren – die zwei problematischen Sachfragen und den Aufbau überlegen): Zu prüfen ist bei *T* Anstiftung zur Hehlerei. Dazu wäre erforderlich, daß *H* eine Hehlerei begangen hat. Sie könnte hier in der Annahme des Rings liegen. Dieser Ring steht noch im Eigentum des *O*, ist also eine fremde Sache, die *H* erlangt hat. Verschaffen i. S. des § 259 setzt abgeleiteten Erwerb vom Vortäter voraus. Vortäterin könnte *T* sein. Es ist jedoch zweifelhaft, was hier als Vortat anzusehen ist. *T* hat *O* vorgespiegelt, den Ring nach Anprobe entweder zurückzugeben oder zu bezahlen . . . Folgt Prüfung des § 263 und Ablehnung unter Hinweis auf fehlende Unmittelbarkeit zwischen Vermögensverfügung und Schaden (nur Gewahrsamslockerung, keine freiwillige Aufgabe des Gewahrsams durch *O*) . . . Folgt Prüfung des § 242, der – zutreffend – bejaht wird, weil *T* den Gewahrsam des *O* gebrochen hat (keine freiwillige Aufgabe durch *O*; bei Anprobe eines Rings hat der Kunde keinen Gewahrsam an diesem Ring, obwohl er ihn am Körper trägt, soziale Betrachtung; allenfalls hat *T* Mitgewahrsam, *BGH*, GA 1966, 244). Also Vortat § 242, Vortäterin *T*; *H* erwirbt derivativ von *T* eigene Verfügungsgewalt, also Verschaffen. Problematisch ist die Bereicherungsabsicht des *H*. Die Neufassung des § 259 durch das EGStGB stellt auf Bereicherung, also auf wirtschaftliche Vorteile ab, so daß anders als früher („Vorteil") jetzt klar ist, daß in der Fortsetzung des intimen Verhältnisses keine Bereicherung des *H* liegt. Trotzdem bleiben zwei Fragen: (1) Liegt Bereicherungsabsicht vor, obwohl *H* der Ring *unerwünscht* ist? – Nein, es fehlt am Nutzen (mit dieser Begründung hat der *BGH* sogar die – weitere – Vorteilsabsicht abgelehnt).[7] (2) Genügt für § 259 eine Bereicherung, die nicht aus der gehehlten Sache stammt, wie hier die Fortsetzung der finanziell für *H* günstigen Beziehungen? – Nein, man wird § 259 i. S. einer *unmittelbaren* Bereicherung durch die gehehlte Sache interpretieren müssen.[8] (3) Wer zu (2) a. A. ist, muß sich noch mit der Erwägung des *BGH* auseinandersetzen, insoweit gehe *H's* Streben nicht auf Bereicherung i. S. eines Wertzuwachses, sondern *H* vermeide nur den Verlust einer sonst sicheren Anwartschaft. Das soll nach *BGH*, aaO, kein Vorteil i. S. der a. F. des § 259 sein. (Die Argumentation ist wenig überzeugend, denn Habgier – beim Mord – liegt nach Meinung des *BGH* auch dann vor, wenn jemand die Belastung mit Verbindlichkeiten, also wohl auch das Erleiden von Verlusten, vermeiden will. Wenn man freilich einem sehr weit ausgedehnten Tatbestandsmerkmal Grenzen zu setzen sucht, läßt sich dies stets nur schwer überzeugend begründen.) – Bejaht man entgegen *BGH* Bereicherungsabsicht bei *H*, hat man die Haupttat § 259 und damit bei *T* Anstiftung zu § 259; u. U. mit § 28 I, wenn man die Absicht bei § 259 als persönliches strafbegründendes Merkmal ansieht.

Was ist an dieser Lösung fehlerhaft? Trotz der nur stichwortartigen Darstellung ist die Kompliziertheit zu spüren. In die Prüfung bei *T* wird zunächst die Frage eingeschachtelt, ob *H* Hehlerei begangen hat, und in diese Frage wird die Vortat der *T* (§§ 263, 242) eingeblendet und so eine weitere Verschachtelung erreicht. Aus dieser Umständlichkeit des Lösungswegs folgt die Gefahr, daß man sich verirrt. Schon das spricht gegen diesen Aufbau. *Zudem provoziert der verfehlte Aufbau sachliche Mängel.*

---

[7] *Zweifelhaft*, doch dürfte dies den Sachverhalt von den Fällen unterscheiden, in denen Bereicherungsabsicht bejaht wurde, obwohl es dem Täter letztlich auf etwas anderes ankam (Bereicherung als Zwischenziel), *BGHSt* 16, 1; *Schönke-Schröder*, § 263 Rdnr. 129.

[8] Zumal auf mittelbare Vorteile, die bisher eine große Rolle spielten (Weiterbeschäftigung des zugunsten des Geschäftsherrn hehlenden Angestellten etc.), jetzt nicht mehr zurückgegriffen zu werden braucht, wenn die Absicht des Hehlers auf einen unmittelbaren Vermögensvorteil zugunsten eines Dritten gerichtet ist.

Hier ist es beispielsweise für § 259 bei *H* gleichgültig, ob *T* den Ring durch § 263 oder § 242 erlangt hat. Diese Frage braucht also im Rahmen des § 259 bei *H* und der §§ 259, 26 bei *T* nicht entschieden zu werden. – *Richtiger Aufbau:* (1) *T* erlangt den Ring, §§ 263, 242? – (2) *H* erlangt den Ring, §§ 259, 246? – (3) *T* Anstifterin zu (2)?

Nicht zwingend geboten, aber zu empfehlen ist es, *§ 246 vor § 266* und *§ 267 vor § 263* zu erörtern. Hier wie in ähnlichen Fällen liegt der Grund darin, daß bei dieser Reihenfolge die Subsumtion unter den später behandelten Tatbestand durch die früheren Ausführungen vorbereitet wird.

Beispiel 94:
Hat man § 246 bejaht, bedarf es zu § 266 keiner langen Ausführungen mehr, worin die Verletzung der Pflicht, fremde Vermögensinteressen wahrzunehmen, zu erblicken ist. – Wer dagegen mit § 266 beginnt, gerät in die mißliche Lage, im Rahmen des § 266 den Unterschlagungstatbestand abhandeln zu müssen, weil mit der Unterschlagung die Pflichtverletzung i. S. des § 266 zu begründen ist.[9]
Häufig liegt die Täuschungshandlung i. S. des § 263 im Gebrauch einer unechten oder verfälschten Urkunde. Es ist leicht einzusehen, daß aus der gleichzeitigen Verwirklichung beider Tatbestände nicht folgt, daß die Reihenfolge ihrer Behandlung gleichgültig ist. Bei der Täuschungshandlung i. S. des § 263 baut man auf der Erkenntnis auf, daß der Täter eine unechte Urkunde gebraucht hat – folglich wird man erst § 267, dann § 263 prüfen.

2. Sachverhaltskomplexe

Ist ein Sachverhalt so kompliziert, daß die Gefahr besteht, daß man entweder selbst die Übersicht verliert oder daß jedenfalls der Leser nicht mehr mitkommt, muß man den Sachverhalt teilen. Man handelt einzelne Sachverhaltskomplexe getrennt voneinander ab. Die wichtigsten Anwendungsfälle dieser Darstellungstechnik sind ein Ausfluß des oben § 1 2 3 behandelten Grundsatzes „Haupttäter geht vor Teilnehmer". Sobald der Tatbeteiligte *T* bezüglich einiger Tatbestände Täter, bezüglich anderer Tatbestände nur Teilnehmer ist, während es sich bei seinem Komplizen *A* umgekehrt verhält, kann man an der Gliederung nach Personen nicht festhalten, ohne von der sich aus der Akzessorietät der Teilnahme ergebenden Reihenfolge abzuweichen. Das ist der zutreffende Kern des Rats, Komplexe zu bilden.

---

[9] Ob zwischen § 246 (regelmäßig 2. Var.) und § 266 Idealkonkurrenz besteht oder ob § 266 vorgeht, ist streitig, Nachw. bei *Schönke-Schröder*, § 266 Rdnr. 63 a. Sieht man mit *BGHSt (GS)* 14, 38, 47 das Verhältnis des § 266 zu § 246 so, „daß nicht Unterschlagung ist, was als ... Untreue mit Strafe bedroht ist", so spricht vieles dafür – anders als im Text empfohlen – die Prüfung mit § 266 zu beginnen. Zwingend ist allerdings auch das nicht, denn mit dieser mißverständlichen Formulierung wollte der *BGH* wohl nur sagen, daß bei der Erstzueignung § 246 aus Gründen der Subsidiarität entfalle (Ausschluß des Tatbestandes nur bei späterer erneuter „Zueignung" – i. d. S. verstehen das Urt. auch: *OLG Köln*, NJW 1963, 1993; *Baumann*, NJW 1961, 1143 und *Schröder*, NJW 1963, 1961).

So wichtig und richtig die Komplexbildung in derartigen Fällen ist, so sehr ist zugleich davor zu warnen, durch Zerstückelung des Sachverhalts zusammengehörige Sachprobleme zu zerlegen. Gegenüber der verbreiteten Empfehlung, grundsätzlich nach Tatkomplexen aufzubauen,[10] ist deshalb Vorsicht am Platze. Die dem Aufbau nach Personen anhaftende Gefahr, daß „schon in den ersten Zeilen der Arbeit eine Entscheidung gefallen ist, die der Bearbeiter oft nicht übersehen kann",[11] besteht auch bei der Bildung von Tatkomplexen. Hier geht man das Risiko ein, vorschnell Einschnitte vorzunehmen und durch die getrennte Betrachtung der einzelnen Komplexe Fragen zu übersehen, die erst bei einer Gesamtbetrachtung sichtbar werden. Angesichts der Mannigfaltigkeit der Sachverhalte kann ich auch dazu nur eine *Faustregel* anbieten, mit deren Hilfe sich typische Fehler infolge voreiliger Bildung von Sachverhaltskomplexen reduzieren lassen.

Vor der Aufteilung eines Sachverhalts in Komplexe frage man sich bei Delikten gegen die Person, ob der vermeintliche Einschnitt nicht in Wirklichkeit bei einer Gesamtbetrachtung das Problem der Abweichung im Kausalverlauf oder des Rücktritts vom Versuch oder des Übergangs der Vorbereitung ins Versuchsstadium betrifft. – Allgemein zur Sachverhaltserfassung oben 3. Teil. Oben 4. Teil, § 8, Beispiel 35 und 5. Teil, § 10 2 b, Beispiel 53 wird falsche Komplexbildung bei Delikten gegen die Person behandelt. – *Bei Vermögensdelikten* frage man sich, ob der vermeintliche Einschnitt nicht in Wirklichkeit bei einer Gesamtbetrachtung einen einheitlichen Schaden oder eine einheitliche Zueignung wirklichkeitsfremd verdoppelt. Besonders dann, wenn als Folge der Komplexbildung mehrere Betrugskonstruktionen auftreten, sollte man prüfen, ob nicht *ein* täuschendes Gesamtverhalten zu *einem* wirtschaftlichen Schaden (bei Gesamtbetrachtung) geführt hat. – Gefährlich ist es auch, §§ 257 bis 259 als einen Komplex von der Vortat abzuspalten. Oft liegt die Problematik des Falles gerade in dieser Abgrenzung, vgl. die zahlreichen Grenzfälle zwischen Teilnahme an der Vortat und Hehlerei, so *BGHSt* 13, 403; *BGH*, NJW 1959, 1377. – Allgemein zum Zusammenhang der Konkurrenzen mit den Sachverhaltskomplexen oben 5. Teil, § 10 2 b.

---

[10] *Geerds*, JuS 1961, 364; *Krey*, JuS 1970, 290; *Schneider*, S. 6. – Daß sich ein bestimmter Aufbau „eingebürgert" hat oder daß er „üblich" ist (*Schramm*, S. 56), macht es nur um so dringlicher, auf Gefahren für die sachliche Richtigkeit der Ergebnisse hinzuweisen, die die Befolgung eines eingebürgerten Schemas mit sich bringt. – Wie hier *Blei*, JA 1973, 542 (Bespr. der 1. Aufl.).

[11] *Blei*, JuS 1963, 405.

3. Konkurrenzen, Gesamtergebnis

Aus den Ausführungen vorstehend § 12 4, § 13 1, 2 ergibt sich
schon der *Zusammenhang zwischen Subsumtion unter einen Tatbestand
und Konkurrenzüberlegungen.* Demgegenüber ist die Annahme weit
verbreitet, die Feststellung, welche Tatbestände erfüllt seien, könne
und müsse säuberlich von den Konkurrenzen geschieden werden,
also von der sekundären Frage, in welchem Verhältnis diese verschiedenen Tatbestände zueinander stehen. Das ist irrig und führt
regelmäßig zu einer unnötig komplizierten Darstellung, nicht selten sogar zu Fehlern.

Beispiel 95:
Der Dieb *T* räumt in einer Nacht eine Villa aus. Die Beute schleppt er Stück für
Stück in seine Wohnung. – Die Subsumtion unter § 242 mit dem *Ergebnis, ein Diebstahl,*
ist mit Konkurrenzüberlegungen (natürliche Handlungseinheit) verschmolzen. – Auch
die Beziehung der lex generalis zur lex specialis, die man üblicherweise als Konkur-
renzverhältnis (Spezialität) begreift, ist zugleich eine Frage der Tatbestandsauslegung.
Wenn die h. M. § 212 als lex generalis gegenüber § 211 ansieht, dann setzt das eine
entsprechende Auslegung des Tatbestandes des § 212 voraus, könnte man doch auch
sagen, § 212 sei tatbestandsmäßig nicht erfüllt, wenn jemand einen Mord begangen
habe, denn dann habe er nicht vorsätzlich getötet, „ohne Mörder zu sein". – Noch
größere Schwierigkeiten hat die neuere Auffassung zu überwinden, die § 154 als lex
specialis gegenüber § 153 ansieht. In Wiederholung der Ausführungen oben 5. Teil,
§ 10 2 b: Ist – liegt § 154 vor – wirklich zugleich der generelle Tatbestand des § 153
erfüllt, der uneidliche Falschaussage verlangt? Wie steht es mit der Partei, die falsch
aussagt und diese Aussage durch einen Eid bekräftigt?

Die Zahl derartiger Beispiele für den engen Zusammenhang und
die Austauschbarkeit von Tatbestands- und Konkurrenzüberlegungen läßt sich nahezu beliebig vermehren. Wer eine fremde Sache
wegnimmt, um sie zu vernichten, begeht nach der ganz h. M. keinen
Diebstahl, sondern „nur" eine Sachbeschädigung nach § 303, wenn
er seinen Plan ausführt. Der Grund für diese Privilegierung der
Zerstörung gegenüber der Zueignung ist dunkel.[12] Das macht das
Streben nach einer Abgrenzung der §§ 303, 242 auf der Tatbestandsebene begreiflich. Man könnte auch an eine Lösung auf der Ebene
der Konkurrenzen denken, d. h. man könnte § 303 als lex specialis
ansehen. Zerstören wäre Zueignung, weil es ein besonders inten-
siver und dem Eigentümer vorbehaltener Einsatz des im Eigentum
steckenden Potentials darstellt, man vgl. § 903 BGB. Die ganz h. M.
ist statt dessen den anderen Weg gegangen und hat die Zueignung –
und d. h. den Tatbestand der Zueignungsdelikte – so definiert, daß
die Zerstörung herausfällt. Die vielen Windungen, die nötig waren,
um die Zueignung um die Zerstörung herum zu definieren, haben
zur gegenwärtigen Kompliziertheit, wenn nicht Verdrehtheit des

---

[12] *Maiwald,* Der Zueignungsbegriff im System der Eigentumsdelikte, 1970, S. 233.

Zueignungsbegriffs beigetragen. Die Addition von furtum usus, der keine Zueignung ist, und Zerstörung, die auch keine Zueignung darstellt, soll Diebstahl ergeben. – Weitere Beispiele oben 5. Teil, § 10 2 b.

Daraus folgt für Darstellung und Aufbau: Der Zusammenhang zwischen Tatbestandsauslegung und Konkurrenzen sollte auch in der Darstellung zum Ausdruck kommen. Bei jedem neuen Tatbestand ist zugleich an sein Verhältnis zu zuvor untersuchten Delikten zu denken. *Faustregel für Fortgeschrittene:* Konkurrenzen schrittweise entwickeln und nicht in einem an den Schluß der Arbeit gestellten gesonderten Abschnitt untersuchen. – Anfänger und ganz schwache Kandidaten sind mit diesem Rat gelegentlich überfordert, weil sie dann früh Zeit für Konkurrenzüberlegungen aufwenden und dabei oft zu viel Zeit investieren. Wer stets in Zeitnot gerät, beläßt die Konkurrenzen besser am Ende des Gutachtens.[13]

Die Befolgung der Faustregel bringt jedoch folgende Vorteile mit sich: Weist man zeitig auf Gesetzeskonkurrenz hin, kann man die Tatbestände, die zurücktreten, entsprechend kurz abmachen, vorstehend § 12 4. Um das tun zu können, wird man mit den wichtigen Tatbeständen, also mit den Hauptfragen beginnen, läuft damit nicht Gefahr, sich mit Nebensächlichkeiten über Gebühr aufzuhalten, vorstehend § 13 1. – Geht man so schrittweise vor, kann man in den Fällen, in denen man über Tatbestandsauslegung *oder* Konkurrenzlehre zum selben Ergebnis kommt, in denen aber streitig ist, ob man den einen oder anderen Weg einschlagen soll, mit Hilfe einer kurzen Alternativbegründung dem Streit aus dem Wege gehen, so etwa bei der Frage der wiederholten Zueignung, *BGHSt (GS)* 14, 38, dazu oben 5. Teil, § 10 2 b, Beispiel 52. – Die frühzeitige Frage nach dem Verhältnis der untersuchten Tatbestände zueinander kann ferner bewirken, daß man bei der Konkurrenz bemerkt, daß man es nach h. M. schon mit einem Tatbestandsproblem zu tun hat, so daß man sich noch rechtzeitig korrigieren kann. Bei einem ans Ende gestellten Abschnitt „Konkurrenz" beschränken sich dagegen die Bearbeiter erfahrungsgemäß völlig darauf, die bejahten Tatbestände auf drei Haufen (Realkonkurrenz, Idealkonkurrenz oder Gesetzeskonkurrenz) zu werfen.

Beispiel 96:
T klingelt bei der Rentnerin O. T behauptet, er komme vom Wasserwerk, um den Leitungsdruck zu prüfen. Er schickt O zwecks Abstellen des Haupthahnes in den Keller, durchstöbert den Küchenschrank, findet dort einen Teil des von O versteckten Geldes und macht sich nach Rückkehr der O mit dem Geld und dem Bemerken davon,

---

[13] Jedenfalls die Gesetzeskonkurrenzen sollten jedoch gleich und nicht erst am Schluß der Arbeit erörtert werden, übereinstimmend *Blei*, JuS 1963, 405, 409 Anm. 7; *Roxin-Schünemann*, JuS 1969, 372, 374; *Roxin-Schünemann-Haffke*, S. 20.

der Druck stimme. – Angenommen, der Bearbeiter bejaht erst § 263 (Täuschung/Irrtum, ein Beauftragter der Stadt zu sein; Vermögensverfügung Alleinlassen des $T =$ Gewahrsamslockerung; Vermögensschaden entweder die darin liegende schadensgleiche Gefährdung des gesamten Geldes oder der Verlust des von T gefundenen Geldes; entsprechende Vorteilsabsicht bei T). Bejaht der Bearbeiter dann auch § 242 (Wegnahme, denn O behält im Keller Gewahrsam am Geld in der Küche), so besteht die Chance, daß demjenigen, der sich des Zusammenhangs von Konkurrenz und Tatbestand bewußt bleibt, diese tatbestandsmäßige Verdoppelung des (weitgehend) zusammenfallenden Schadens merkwürdig vorkommt. Dieser Denkanstoß kann genügen, um den Gasmann und die Unmittelbarkeit Verfügung/Schaden bei § 263 ins Gedächtnis zurückzurufen. § 263 liegt schon tatbestandsmäßig nicht vor, vgl. oben 5. Teil, § 10 2 b.

Wer ignoriert, daß Tatbestandsauslegung zugleich Tatbestandsabgrenzung ist und mit Blick auf andere Tatbestände vorzunehmen ist, läuft Gefahr, falsch aufzubauen und Überflüssiges zu erörtern.

Beispiel 97:
Nur allzuoft wird nach der Sachbeschädigung, § 303, bezüglich desselben Sachverhalts[14] noch die Frage gestellt, ob § 242 oder § 246 vorliege. Auch wenn das oft nach langen Ausführungen zu Gewahrsamsbruch und Zueignungsbegriff schließlich zutreffend abgelehnt wird, sind solche Ausführungen fehlerhaft. Wer so tut, als sei – nach Annahme des § 303 – die Entscheidung für § 242 oder § 246 noch offen, zeigt, daß er sich über das Verhältnis der §§ 303, 242, 246 nicht im klaren ist. Die Kehrseite der Annahme des § 303 ist die Ablehnung der Zueignung, dazu Beispiel 95. Das versteht sich von selbst, braucht also nicht ausgesprochen zu werden.
Hinzu kommt, daß überflüssige Erörterungen oft zu zusätzlichen Fehlern führen. Dazu als *Beispiel* eine Examensklausur (Heidelberg 1970 = Celle 1972). Mutter M findet eine vom Sohn S in ihrer Wohnung versteckte – gestohlene – Kamera. M trägt sie zum Hafen, um sie ins Wasser zu werfen (was sie dann jedoch nicht tut, das weitere Schicksal der Kamera interessiert hier jedoch nicht).[15] Wer hier bei M versuchte Sachbeschädigung gem. § 303 bejaht hat (sehr zweifelhaft, ob schon Ausführungshandlung vorliegt) und daran anschließend prüft, ob das Werfen ins Wasser, das zuvor als Zerstörung betrachtet wurde, eine Zueignung sei, ist nach versuchter Sachbeschädigung auch zu versuchter Unterschlagung gekommen. Das ist nicht nur überflüssig, sondern enthält einen zusätzlichen Denkfehler: Zwar tritt die Beschädigung erst mit dem Versinken im Wasser ein (also hier allenfalls versuchte Sachbeschädigung). Wenn jedoch der Wurf ins Wasser Zueignung wäre, wäre § 246 wohl schon vollendet, wenn M die Kamera an sich nimmt, um in dieser Weise damit zu verfahren. Wenn man also Zueignung prüft, dann muß man sich mit § 246 (nicht nur mit Versuch) befassen. Zumindest bedarf die Versuchsprüfung (also der Nichteintritt des Erfolgs) bei § 246 – anders als bei § 303 – der Begründung.

Wenn man Konkurrenzen schrittweise behandelt, kommt man schließlich zu einem *Gesamtergebnis.* Daß man sein Gutachten mit einem Ergebnis abschließt, sollte sich von selbst verstehen. Freilich ist das zunächst nur ein Ordnungsgesichtspunkt und als solcher nicht sehr wichtig, zumal es für die Bewertung nicht auf das Er-

---

[14] *Anders,* wenn zur Zueignung die Vernichtung *hinzukommt.* Dann ist jedoch nach dem vorstehend § 13 1 Gesagten erst das Zueignungsdelikt festzustellen und dann zu fragen, ob späteres anderes Verhalten Sachbeschädigung sei.
[15] Vgl. *BGHSt* 15, 53.

gebnis, sondern auf die Begründung ankommt. Wichtig ist das Gesamtergebnis, weil es sachliche Fehler insbesondere als Folge übermäßiger Komplexbildung offenbaren kann. Zeit zu einer solchen sachlichen Überprüfung wird allerdings in der Regel nur bei Hausarbeiten bleiben. *Faustregel:* Treten Tatbestände, die ähnliche oder gleiche Rechtsgüter schützen, zueinander in Realkonkurrenz, sollten die zugrunde liegenden Sachverhaltskomplexe auf ihre Richtigkeit überprüft werden.

§ 14. Eventualgutachten

Es gibt nur wenige Situationen, in denen ein Eventualgutachten angebracht ist. Bei *Zweifeln in rechtlicher Hinsicht* muß sich der Verfasser entscheiden.[1] Die von ihm abgelehnte Alternative ist dann grundsätzlich nicht weiter zu verfolgen, andernfalls entstehen so viele Verzweigungen, daß das Gutachten rasch (weil sich die Alternativen potenzieren) zum Labyrinth wird, in dem weder der Verfasser noch der Leser den Überblick behält.[2] Eine *Ausnahme* gilt dann, wenn sich von der h. M. oder einer gefestigten Rechtsprechung aus Probleme ergeben, auf die der Verfasser vom Standpunkt einer ihm richtig erscheinenden Minderheitsmeinung nicht eingehen müßte. Diese *Fälle der problemvereinfachenden Minderheitsmeinung* sind schon oben 5. Teil, § 10 1 b mit Beispiel 45 angesprochen. Auch hier gilt, daß sich der Bearbeiter entscheiden muß, er also nicht (ohne selbst Stellung zu nehmen) alternativ argumentieren darf. Erst die Entscheidung für die Minderheitsmeinung führt zum Alternativgutachten. Bei der Entscheidung gegen die Minderheitsauffassung bleibt es bei der Regel, daß die Alternative nicht zu verfolgen ist.[3]

Dieses *Gebot, sich in Rechtsfragen zu entscheiden, setzt voraus, daß die Rechtsfrage entscheidungserheblich ist.* Kommt man mit Hilfe aller gängigen Theorien zum selben Ergebnis, kann man offenlassen, welche die besseren Argumente für sich hat.

Beispiel 98:
Nehmen wir den Fall, daß der Angeklagte *T* bemerkt, daß seine Freundin *F* als Zeugin aus Eitelkeit ihr Alter falsch angibt und dabei ist, diese Aussage zu beschwören, und daß *T* dagegen nicht einschreitet, weil er befürchtet, daß die im übrigen wahrheitsgemäße, ihn entlastende Aussage insgesamt unglaubhaft werde. – Bei der *Lösung* taucht die Frage auf, ob *T* wegen seiner Untätigkeit als Gehilfe zu § 154 zu bestrafen ist. Unterstellt, der Bearbeiter möchte der Minderheitsauffassung folgen, die

---

[1] Übereinstimmend *Zipf*, JuS 1968, 529.
[2] Diese Verästelungen kann man anhand eines Falles graphisch dargestellt verfolgen bei *Baumann-Arzt-Weber*, Nr. 25.
[3] Weitgehend wie hier *Mezger*, Anh. S. 317f.

eine Bestrafung wegen unechten Unterlassens im Hinblick auf Art. 103 II GG generell
für unzulässig hält – dann muß er den Fall alternativ vom Boden der h. M. aus
weiterverfolgen. Dabei ergibt sich, daß *T* nicht verpflichtet ist, *F* vom Meineid abzuhalten, weil er sie nur einem prozeßadäquaten Risiko ausgesetzt hat und das Liebes-
verhältnis keine Pflicht begründet, Straftaten des Partners zu verhindern. – Daraus
folgt, daß die Frage des Verstoßes der von der Lehre und Praxis entwickelten unechten
Unterlassungsdelikte gegen das Bestimmtheitsgebot auf die Lösung keinen Einfluß
hat. Sie bedarf daher weder der Entscheidung noch eingehender Behandlung. Beim
Gutachten kann man entsprechende Kenntnisse nur in einem Nebensatz „unter-
bringen", etwa so: „Prüft man die Untätigkeit des *T* unter dem Gesichtspunkt der
Beihilfe zu § 154, so bestehen die aus dem Bestimmtheitsgebot herrührenden allgemeinen Bedenken gegen die Bestrafung wegen unechten Unterlassens. Setzt man sich mit
der h. M. (d. h. der Verfasser entscheidet sich nicht!) über diese Bedenken hinweg,
fehlt es hier jedenfalls an einer Garantenstellung (folgen Ausführungen dazu)."

Bei *Zweifeln in tatsächlicher Hinsicht* ist zu unterscheiden: Entweder
läßt der Sachverhalt bewußt mehrere Möglichkeiten offen und
schließt zugleich eine weitere Klärung aus, dann ist bei der Lösung
von dieser Unklarheit auszugehen. Man muß mit in dubio pro reo
und Wahlfeststellung argumentieren. Es wäre ganz falsch, wollte
man statt einer Lösung auf doppeldeutiger Grundlage versuchen,
zwei Eventuallösungen auf eindeutiger Grundlage zu liefern. So
entgeht man allen Problemen, die in der fehlenden Eindeutigkeit
liegen.

Beispiel 99:
Man vergleiche zunächst die oben 3. Teil, § 7 1, Beispiel 23, dargestellte Examensklausur. – Die Versuchung, sich der Problematik mit Hilfe einer Eventuallösung zu
entziehen, wird besonders deutlich, wenn im Sachverhalt geschildert wird, daß *A* die
H durch langes Zureden veranlaßt, ihm für 10 DM für die schwangere *B* einen Abtreibungstee zu geben, es aber nicht zur Abtreibung kommt und es dann heißt: „In
dem eingeleiteten Strafverfahren macht die *H* geltend, sie hätte sich wohl gehütet,
dem *A* ein taugliches Mittel zu liefern; sie habe den harmlosen Tee nur hergegeben,
um *A* loszuwerden" (Bonner Klausur 1960; oben 3. Teil, § 7 3 b, Beispiel 31, als Sachverhaltsauslegungsproblem behandelt). Hier geht es nicht um die banale Eventuallösung, daß *H* § 263 (Absicht problematisch) begangen hat, wenn ihre Einlassung
stimmt, und Beihilfe zur versuchten Abtreibung, wenn sie nicht stimmt. Fraglich ist,
welche rechtlichen Konsequenzen die tatsächliche Ungewißheit nach sich zieht
(Wahlfeststellung – hier unzulässig).

Viel häufiger ist jedoch der Fall, daß der Sachverhalt objektiv
eindeutig ist, der Bearbeiter aber mehrere Deutungsmöglichkeiten
sieht. Diese mißliche Situation kann man durch entsprechende
Erprobung der Fähigkeit zur Sachverhaltsauslegung vermeiden.
Das ist oben 3. Teil eingehend behandelt. Allzuoft werden statt
dessen nur die eigenen Rechtskenntnisse erprobt und verbessert.
Steht man aber vor einem solchen mehrdeutigen Sachverhalt, sollte
man sich überlegen, zu welchen Problemen man bei den verschiedenen Alternativen gelangt. Mit Hilfe einer nur im akuten Notfall
zu verwendenden *Faustregel* sollte man sich dann für *eine* Auslegung

entscheiden: Würde eine mögliche Auslegung zu einem neuen Problemkreis führen, der mit dem bisher behandelten Stoff nur lose zusammenhängt, entscheide man sich *gegen* diese Möglichkeit (im Zweifel gegen Tötungsvorsatz, im Zweifel gegen Irrtumsproblematik). – Im Rahmen des angeschnittenen Problemkreises wähle man dagegen die problemfreundlichere Auslegung (im Zweifel bösgläubiger Erwerb bei Hehlerei; dagegen gutgläubiger Erwerb beim Betrug – in beiden Fällen wird der Fall rechtlich problematischer, als wenn man sich für die umgekehrte Interpretation entscheiden würde). – Dagegen *ist von einem Eventualgutachten in Klausuren und Hausarbeiten abzuraten.*[4] Der Zeitdruck – unter dem man auch in Examenshausarbeiten steht – wird es kaum zulassen, die Alternativen gleichwertig zu behandeln. Außerdem argumentiert man gewissermaßen gegen sich selbst. Zunächst hatte man dargestellt, daß die Auslegung des Sachverhalts zweifelhaft sei, und sich für eine bestimmte Interpretation entschieden. Wenn man dann eine Alternativlösung anschließt, zeigt man deutlich, wie wenig sicher man sich seiner Sache ist.

Wer bei der Sachverhaltsinterpretation fehlgeht, wird allerdings immer wieder hören, daß er wenigstens in einem Eventualgutachten zu den Rechtsproblemen hätte vordringen müssen, die bei anderer Sachverhaltsauslegung relevant werden. Verhält es sich jedoch so, daß der Verfasser nach gründlicher Sachverhaltsauslegung und kurzem Durchdenken der rechtlichen Auswirkungen eine bestimmte Auslegung als ernstzunehmende Möglichkeit erkennt, dann wird er sie (und nicht die Alternative) wählen. Erkennt er sie jedoch nicht als ernstzunehmende Möglichkeit, wird er auch keinen Grund zu einem Eventualgutachten sehen. Schwächen in der Sachverhaltsauslegung können also nur in Ausnahmefällen durch ein Eventualgutachten kompensiert werden.

Beispiel 100:
In einer Bonner Klausur (1969) sperrt *B* den herumirrenden Pudel des *A* in seinen Keller, um ihn tags darauf zum Fundamt zu bringen. *C* (Vermieter des *B*) liest die Annonce des *A*: „Schwarzer Pudel entlaufen: Wiederbringer erhält 20 DM Belohnung.“ Er bricht den Keller auf, nimmt den Pudel und bringt ihn zu *A* „in dem Glauben, daß ihm dafür die ausgeschriebene Belohnung zustehe. Wie *C* erkennt, zahlt *A* in der Annahme, *C* sei der Finder“. Bei der *Lösung* kommt man im Rahmen der Prüfung der Strafbarkeit des *C* (§ 263 zum Nachteil des *A*) zu der Frage, ob *C* „Wiederbringer“ ist, ob ihm also die 20 DM zustehen. Das ist zu verneinen. Bei vernünftiger Auslegung (§§ 133, 157 BGB) ergibt sich, daß mit der Auslobung der redliche Wiederbringer gemeint ist.
Bei verschwundenen Juwelen oder Bildern mag eine Auslobung als Versprechen, an den nicht redlichen Wiederbringer zu leisten, zu interpretieren sein. Bei einem entlaufenen Hund besteht für *A* kein Anlaß, diese Möglichkeit in seine Betrachtung

---

[4] Gleicher Ansicht *Geerds*, JuS 1961, 363 (auch für Hausarbeiten) m. Nachw. über entgegengesetzte Ratschläge, *Roxin-Schürmann-Haffke*, S. 11 und *Schneider*, S. 7.

auch nur einzubeziehen. Daß der Ausdruck „Wiederbringer" gebraucht wird, steht demnach nicht entgegen. Auch aus § 660 I BGB ergibt sich, daß das Verdienst des *C* an der Wiedererlangung des Hundes durch *A* gleich Null ist, das Verdienst und der Verdienst ganz *B* zustehen. Die sich aus dem Sachverhalt ergebende gegenteilige Auffassung des *C* beruht also auf einem Irrtum. Das Beispiel unterstreicht die Bedeutung der Fähigkeit, Lebenssachverhalte natürlich zu interpretieren. Wer hier am Worte „Wiederbringer" klebenbleibt, kommt nicht dazu, Wissen zu § 263 oder zur Irrtumsproblematik anzubringen. Er wird gar nicht bemerken, daß sich *C* irrt, sondern davon ausgehen, daß *C* ein Anspruch auf die Belohnung zustehe. – Der Fall zeigt zugleich, wie schwierig es ist, eine etwaige Unsicherheit bezüglich der Auslegung[5] mit einem Alternativgutachten zu kompensieren.

Sehr selten sind schließlich die Fälle, in denen ein *Sachverhalt bewußt unklar oder lückenhaft* abgefaßt ist, um ein Eventualgutachten zu erzwingen[6] (nicht zu verwechseln mit der Unklarheit, die zu einer auf dieser Unklarheit aufbauenden Lösung führt, Beispiel 99). Nach rechtlich interessanten Abweichungen bei Sachverhaltsänderungen wird in aller Regel offen durch eine *Zusatzfrage* gefragt. Dagegen kommt es häufiger vor, daß ein Sachverhalt in einem Einzelpunkt unklar ist, weil diese Unklarheit das Resultat nicht beeinflußt. Hier wird nur eine für kurze Zeit zweigleisige Begründung des Ergebnisses erwartet, also eine knappe *Eventualbegründung*, kein durchgehendes Eventualgutachten.

Beispiel 101:
Verkauft *T* die von ihm unterschlagene Sache an *X* und läßt der Sachverhalt nicht erkennen, ob *X* grobe Fahrlässigkeit bezüglich der Nichtberechtigung des *T* zur Last fällt, kann man das Ergebnis kurz alternativ begründen (war X grob fahrlässig, liegt sein Schaden im Nichterwerb des Eigentums; war *X* nicht grob fahrlässig, liegt sein Schaden im Prozeßrisiko, das hier besonders hoch ist, weil ein Grenzfall zur groben Fahrlässigkeit vorliegt).

Genug der Ratschläge! Daß es nicht möglich ist, ein in allen Fällen brauchbares Schema zu entwickeln oder eine alle denkbaren Situationen einkalkulierende Anleitung zu verfassen, versteht sich. Für Hinweise auf wichtige Fragen, die offengeblieben sind, bin ich ebenso dankbar wie für Mitteilungen, daß (und warum) hier angebotene Faustregeln in typischen Situationen nicht zum Erfolg geführt haben.

[5] Genaugenommen liegt hier keine zweifelhafte Sachverhaltsfrage vor, da die Auslegung der Willenserklärung eine Rechtsfrage ist. Aber diese für die strafrechtliche Bearbeitung präjudizielle zivilrechtliche Vorfrage läuft letztlich darauf hinaus, daß sich der Bearbeiter vor zwei verschiedene „Sachverhalte" gestellt sieht: bei der einen Sachlage (die hier zugrunde gelegt wird) hat *C* keinen Anspruch, bei der anderen Sachlage hat er Anspruch auf die ausgelobte Summe.

[6] In solchen seltenen Fällen ist ein Eventualgutachten geboten. Übereinstimmend *Kienapfel*, S. 20; *Mezger*, S. 317 – der Sache nach zust. *Kern-Schmidhäuser*, 7. Aufl. (1975), Anm. zu Aufgabe 145 mit dem Hinweis auf mangelnde Entscheidungsreife. Es versteht sich, daß die Praxis Sachverhaltslücken schließt, statt die verschiedenen Möglichkeiten der Rechtsanwendung *im einzelnen* alternativ zu prüfen.

Paragraphenregister

Die angegebenen Fundstellen beziehen sich auf die Seitenzahlen

Sachverzeichnis

9*

JuS-Schriftenreihe

Verlag C. H. Beck München

JuS-Schriftenreihe

Verlag C. H. Beck München